U0921093

MASTERS & HISTORIES
"长廊与背影"书系
SERIES

# 梁漱溟的最后39年

刘克敌◎著

中国文史出版社

**图书在版编目(CIP)数据**

梁漱溟的最后39年／刘克敌著. —北京：中国文史出版社，2005.4
ISBN 7-5034-1625-4

Ⅰ.梁… Ⅱ.刘… Ⅲ.(1893～1988) -生平事迹 Ⅳ.K825·4

中国版本图书馆CIP数据核字（2005）第023454号

**责任编辑**：韩淑芳 **封面设计**：80零

**出版发行**：中国文史出版社
**社　　址**：北京太平桥大街23号 100811
**印　　刷**：北京瑞达方舟印务有限公司 **邮编**：101402
**经　　销**：全国各地新华书店
**开　　本**：787毫米×1092毫米 1/16
**印　　张**：20.5 **字数**：250千字
**印　　次**：2005年4月第1版 2005年4月第1次印刷
**书　　号**：ISBN 7-5034-1625-4/K·1103
**定　　价**：28.00元

敬文东

20世纪的中国一方面多灾多难，一方面又充满了变数和希望：这两者都绝好地汇聚在了中国知识分子的身上。知识分子是20世纪中国的标本，解剖知识分子就是解剖20世纪的中国；分析知识分子，就是分析中国的20世纪。这就是我们这套丛书能够得以存在的最大理由；也正是这个理由，能保证读者通过中国知识分子的命运认真地审视中国的20世纪和20世纪的中国。

在这些知识分子群落中，有作家、诗人、历史学家、翻译家、哲学家、思想家；有革命斗士、自由主义者、新儒家的代表，也有汉奸文人。他们的命运折射了中国的命运。他们都有过属于自己的辉煌历史，也有过属于自己的耻辱和充满变数的命运。但无论是辉煌历史、耻辱还是充满太多变数的命运，当我们站在新世纪的入口处回望前尘和来路时，我们就会发现，一切都不再单属于个人，一切都将、都已永久性地属于20世纪的中国，属于中国的20世纪。

审视中国知识分子的命运和他们的心路历程，不是为了向历史撒娇，更不是为了向历史索赔，甚至不是为了简单地证明谁对谁错，而是为了保证今天和明天的我们活得更理智、更聪明、更幸福、更踏实。先人的错误或光荣如果不能被我们清楚地分辨，我们就是不合格的子孙；20世纪的遗产如果不能被有效地清点，21世纪就有可能是变了形的20世纪，时间就有可能在流动中处于静止的状态。我们再也不需要这样的悖论，而我们曾经确实受制于这样的悖论。事实上，我们今天之所以还拥有晴朗的天空，我们还没有全方位地愧对先人，靠的就是我们对遗产的清点，对错误的洗涤，对光荣的分辨。

我们并不是注定热爱遗忘的民族，只是有些事情我们羞于提及，宁愿将它埋在内心的最深处；实际上，我们是热爱在内心深处进行考古研究的民族，因为那些深埋内心的事情总是被我们一次次地咀嚼，无论是午夜梦回还是其他一些独处的时刻。尽管发掘过去从逻辑上并不必然指向光辉的前程，但这也同样不能从逻辑上证明我们的内心考古学毫无意义，也没有能力宣布内心考古学完全失效。这套丛书不过是内心考古学偶尔的文字表述而已。它仅仅是冰山理论的一个小例证罢了，因为还有更多的东西来不及出土。任何一个公正而心怀善意的读者都将不难看出，这里边没有哀悼，没有凭吊，没有唁电，也没有其他任何不良爱好；反抗遗忘、指向未来、歌颂美德和力求聪明，才是内心考古学的本意。我不敢说这本意已经得到了完美的实现，但本意被表达出来却是这套丛书追求的首要目标。其他的一切都是后置性的东西。事实上，不带偏见的读者肯定会发现，这套丛书中的每一本的最后一页，遗忘都被击倒在地，内心考古学和它的本意却悄然站立了。

反思成了内心考古学的第一要务；但反思必须建立在事实之上：它需要反思者具有侦探一样的能力。西谚说，上帝也大不过一个细节。因为只有细节才能证明上帝。同样，反思的正确与否必须要征得无数细节的认同和首肯。因此，所谓的内心考古学，不过是发掘细节。在此，细节的意义要么是不重要的，要么就是意义早已溶解在了至高无上的细节之中。但不能因此认为这套丛书只是细节的罗列和堆砌。鉴于上面说过的原因，它也提供意义。但那是融细节和意义于一体的意义。在这里，所谓意义，是充满细节的意义；所谓细节，是充满意义的细节。这保证了内心考古学的实现，也保证了反思的有效、诚恳和善意，当然还有深度。

感伤是没有用的，悲观主义是一条绝路，积极和乐观才是我们的必须品。反思意味着乐观，内心考古学则指称着积极。没有这样的品质，反思和内心考古学将共同归于失败。这套丛书的作者都从不同的角度各自表达了自己的积极和乐观。他们努力将20世纪的一些蛛丝马迹摆在了我们面前，努力将过去了的中国的某些角落摆放在了我们眼前。因为他们的目的是指向今天和未来，所以他们的忧患已经不再是忧患，而是特殊形式的乐观。他们辩证地将忧患和乐观融在了一起。在这套丛书中，忧患是乐观的忧患，乐观则是忧患着的乐观。因此，这套丛书有效地将矫情给最大限度的抑制住了，也将任何性质的抱怨踢出门去。从某种意义上说，这套丛书正好接续和推演了20世纪中国知识分子最优秀的传统。愿以此与读者诸君共勉。

2005年3月2日

MASTERS & HISTORIES
目录
SERIES

1 1984年10月，济南，那是这个号称“泉城”的城市秋色最浓最美的季节。我记得是在一个“无边落木萧萧下”的黄昏，在一个就要关门的小书店里，我买到一册刚刚出版不久的《人心与人生》，这是我平生第一次拥有梁漱溟先生的著作。说老实话，之所以在经济窘迫的状况下买这本书，在很大程度上是因为它的名字。而且，过了很久，我才知道，这是梁漱溟先生自费出版的著作。不料匆匆读完一遍后，我竟然对梁漱溟先生以及他的著作，产生了浓厚的兴趣，并萌生了想更多地了解梁先生生平及其思想的念头。

这个五四时期与蔡元培、陈独秀、李大钊和胡适等人同在北京大学任教的人，这个被毛泽东和蒋介石都曾尊为座上宾而后来他与他们皆因政见不同而分道扬镳的人，这个自称其前身是和尚而终生以儒家思想奔走为民请命的人，这个曾两次试图自杀却因终生食素得以95岁高龄寿终正寝的人，这个曾放言“我不能死，我若死，天地将为之变色”的人，这个敢在廷堂之上与毛泽东当面争吵的人，这个因在“文革”之中反对批判孔子而遭受围攻时毅然坚称“三军可夺帅也，匹夫不可夺志”的人…… 究竟是一个怎样的人？又当有着怎样的人生经历和怎样的思想？

我相信不光是我，任何一个青年在获知他所面临的是这样一个奇人、怪人、仁者、智者、勇者和贤者时，都会有一种渴望了解他之一切的愿望。

但是，20世纪最后20年的中国，正是因改革开放导致社会变化最剧烈的时期。我当时也正在为改变自己的命运而奋斗——试图以考研的方式改变自己中学语文教师的身份，而最容易选择的专业自然是文学。为此我付出了几乎所有的业余时间，自然顾不上进一步阅读和理解梁漱溟先生。

没有想到，阴差阳错，我从此与“梁漱溟”这几个字日渐疏远。我只能理解为我既还没有理解梁先生的能力，也还没有逢到机缘。

此后，因种种原因，我有幸走近了另一位20世纪中国的文化大师——选择了陈寅恪及其学术思想作为自己博士学位论文的题目，很快，陈寅恪以其特殊的魅力把我征服。不过，在进行这方面研究的过程中，我还会不时想到梁漱溟先生及其著作，并不由自主地把他们二人进行各方面的比较。这已经是20世纪的90年代，我暗下决心，一旦对陈寅恪学术思想的研究告一段落，我就要为梁漱溟先生及其著作写点什么。

也许，这个愿望正来自20年前——那个暮色苍茫的秋日。

冥冥之中，我似乎听到一个声音：你早就该为梁先生写点什么了！

我当然不是梁先生的学生，甚至一次也没有见过梁先生，能够把他写好、把他的坎坷人生和学术思想比较到位地阐述出来吗？更何况，有关梁漱溟先生生平及其思想的介绍性和评述性的著作，已经出版了不少，它们大都出自熟悉和了解梁先生的家人、学生以及方家之手，相比之下，我没有任何优势。因此，当这本小书现在就要与读者见面的时候，对于它是否会受到读者的关注，我没有多少把握，但我相信我的真诚和付出不会白费。

2004年春天，我来到山东，从济南到邹平，在梁漱溟当年兴办乡村学院的地方徘徊，在梁漱溟墓前凭吊，在梁漱溟纪念馆内寻找大师的音容笑貌。还有，我的故乡就是山东郓城，那里也是梁漱溟实行乡村实验的地方，而那里的风土人情我是再熟悉不过。

2004年初夏，我来到北京，拜访了梁漱溟先生的后人，从他们那里，进一步加深了对梁先生一生和思想的了解。在北京大学和清华大学的校园里，我寻找当年梁漱溟以及他的同时代人的踪迹……

而更多的时间，我沉浸于对梁漱溟先生著作的阅读之中，同时认真阅读了自己所能得到的有关研究著作和论文。

我感到，我开始真正理解梁漱溟先生了，一闭上眼睛，我就仿佛看到了他的音容笑貌。假以时日，我会走进他的世界。于是，我坦然地拿起了笔，开始写我所理解的梁漱溟，以及与他同时代的那些曾在历史上留下记录的一些人。

2 2004年1月，中共中央下发《中共中央国务院关于促进农民增加收入若干政策的意见》，成为改革开放以来中共关于农村工作的第六个“一号文件”。同年年初，农村和农民生存状况问题再次成为社会焦点，解决“三农”问题的迫切性和重要性再一次摆在全社会面前。在一本描述中国农民生存现状的作品中，不无忧虑地写下这样的文字："一个不争的事实是，中国的农业、农村和农民问题，已经成为影响我国未来现代化发展的主要因素，它已经关系到我们整个国家的命运，关系到我们现有的现代化水平能不能维持，关系到我们通过20多年努力奋斗好不容易创造出的改革开放的成果有可能毁于一旦的严峻问题！"

这不由得让人想起当年梁漱溟先生对中国农村问题的关注。梁漱溟把中国农村问题提到了无以复加的重要位置，认为中国的经济建设必然是乡村建设。他认为，中国是农村大国，要改造中国，必须针对其"伦理本位、职业分途"的特殊社会形态，从乡村着手，以教育为手段来改造社会。1931～1937年，梁漱溟在山东邹平开展乡村建设实验，这里一度成为全国乡村建设的中心。这长达7年的乡村建设实验也引起国外学术界的注意，至今仍有西方学者来邹平参观考察。

70多年过去了，当中国农村在经历了20多年的改革，依然存在许多问题的今天，让我们再回头看看梁漱溟先生走过的路吧！"我为人民鼓与呼"，当年彭大将军愤激的呼喊，难道不也是梁漱溟的心声？

其实，大自然已经以自己的特殊语言做出了回应。2004年7月，中国最大的两个城市北京和上海，在短短三天之内，在几乎没有任何预兆的情况下，先后遭受暴雨和大风的袭击。大自然的两次漫不经心的、小小的发威，竟然一下击中它们的要害，使得这两个大都市都不同程度地陷于短期的瘫痪之中，对此人们应该还有深刻的印象吧！

与此同时，全国大部分省份因为缺电，致使经济建设和人民生活受到极大影响，不少地区的人们在摄氏三十七八度的高温下，却只能在黑暗中度过漫长而炎热的夜晚，至于有多少企业由于电力供应不足而使生产受到影响，就更是一个虽然很难统计、却必然是十分巨大的数字了。中国民营企业最为发达的浙江，近年来竟然成为中国最为缺电的省份，而政府为了鼓励企业让电于民，制定了许多奖励措施。例如2004年7月6日的《杭州日报》，就刊登了如下的奖励规定：

我市昨天出台迎峰度夏期间对主动让电企业的奖励办法。

记者从奖励办法制定部门获悉，对让电企业的奖励额度是每一万千瓦时奖励1000元。该办法的执行时间是7月1日起至9月30日止。奖励条件是，企业是在除严格执行有序用电各级预警方案及有关文件规定限电以外，按照与市三电办签订的机动负荷让电协议，在电力局调度指令下实施了让电，或在电网紧张期间，主动让电并经三电办同意，应三电办要求在高峰时段（8:00—23:00）主动实施并经电力部门核实的企业。

计算方法是，主动承担市区紧急避险让电，不论高峰时段与否，均与让电时间的乘积累计以一万千瓦时为单位；主动安排在高峰时段计划外让电，其减少的平均高峰用电负荷和让电时间的乘积累计以一万千瓦时为一计奖单位。每一计奖单位奖励人民币1000元。

相当长一个时期以来，中国的经济一直处于高速发展状态，其增长率之高令世界震惊，被称为“中国奇迹”。然而，这种高速发展的背后，也有着太多的弊病：环境的恶化、资源的浪费和破坏、东西部地区发展的不平衡、“三农”（农业、农村和农民）问题的日益突出……

中国的现代化进程，在进入21世纪之后，正在面临着重大选择：是沿着这一“重发展”的道路继续走下去，还是反思已经走过的历程，检讨前进过程中的失误后，再决定以后发展的方向？

对于这些问题，也许从梁漱溟先生的著作中，人们可以得到启示。

然而，当代中国社会，对梁漱溟其人似乎已经淡忘。请看一篇原出自《中国青年报》的一则报道：

## 灯红酒绿围攻北京最后的人文绿水

据什刹海管理处统计，目前什刹海地区开张的酒吧已有34家之多。用不了多久，什刹海将被彻底包围在一片灯红酒绿之中。

有北京地方媒体称，北京市西城区政府认为什刹海酒吧经济确实拉动了地区经济，同时涵养了特色文化。但是一些专家担心酒吧经济会破坏什刹海的历史文化原貌。“梁漱溟故居，拆啦！”什刹海研究会的赵会长向记者介绍时情不自禁地拍了下大腿。赵会长认为，什刹海地区应当以保护为主，“能不动的地方尽量不动”。规划者并不都了解当地的实际情况，很可能造成破坏。

据北京传统文化专家徐城北先生介绍，什刹海畔的张之洞故居曾一度为北京八大庄之一会贤堂旧址，后来又为哲学大家冯友兰先生的住所。冯友兰先生在这里完成不少著作。“这里的价值不得了。”徐先生说。

像张之洞故居这样的重要历史遗址在什刹海地区不下十处，其中就包括已经拆掉的梁漱溟故居。徐城北说，……梁漱溟先生的父亲在60大寿当日从小铜井胡同的家里出来投积水潭自尽。此举与王国维先生自沉昆明湖有相似的文化意义。

徐城北先生称什刹海历史文化保护区是北京最后一片人文绿水，本来是城里老百姓惟一可以休闲纳凉的公共区域。他认为酒吧热兴起的好处是可以把地安门商圈带动起来，坏处则是把这里的历史文化环境给破坏了。

梁漱溟先生倘若地下又有知，当然不会为自己的故居被拆感到遗憾，因为“文革”后他本有机会收回属于自己的故居，他却甚至连看也没有去看过一次。但他一定会为当今中国社会所出现的许多现象而痛心疾首。当年他的父亲梁巨川先生有感于民国初年社会之黑暗，在自己的生日前三天愤然投水自尽——社会已然如此，他不能容忍自己还能过什么生日！当时，其家人正准备为梁巨川做寿而打扫房间，梁巨川遂以此为借口说去亲戚处借住几天，生日那天自己会回来——其实他已经下定了自杀的决心。

为了不留下遗憾，梁巨川把以前借他人的一笔钱还掉，然后到自己的老师处提前奉上贺寿的礼金，最后又为侄孙女买了一些画册。当这些琐事已了，就是他告别尘世的时候。

临行之前，梁巨川先生与梁漱溟之间进行的最后一次对话，应当让我们永远铭记：

父亲：这世界还会好吗？

儿子：我相信世界是一天天往好里去的。

父亲：能好就好啊！能好就好！……

然后梁巨川先生出门而去，不知那一刻，他对他所面对的世界，是留恋还是憎恨？

请记住他投水自尽的这一天吧：1918年11月10日。

梁巨川先生在他的绝笔《敬告世人书》中写下了这样沉痛的文字：

> 在中国历史上，每个王朝的灭亡总有人为之殉生，惟独清亡却无一人以殉。这是道德水准下降的表现，非常不好。既然那些有责任殉清的王公大臣都不肯死，我愿意替他们做这件事。

同时作为中国人，他也希望民国昌盛。梁巨川请自己的好友千万将这封《敬告世人书》发表在报纸上，以便警醒世人。至于他的遗体，用门板抬回家即可，不要有官派作风。清晨他在写最后的遗书时，甚至非常周到地提醒说，大柳根一带道路泥泞，请下车步行前往并为此表示歉意。[①]

很难想像一个人在赴死之际，还会如此的从容和镇定。

父亲的死，改变了梁漱溟的人生道路，使梁漱溟感到自己的责任重大。多年后，他对自己的学生说，父亲给他的印象太深，使他“非为社会问题拼命不可”。[2] 这既是为了完成先辈的希望，也是作为后人应尽的神圣职责。

而今天，面对这样一个急剧变化中的社会，我们是否还有梁漱溟的责任感？是否还有其父梁巨川先生那样的感叹？

## 3

尽管人们把梁漱溟当作新儒家的代表人物之一，他却多次自称自己前世是一个和尚，并坚持认为自己真正信仰的还是佛教，那就让我们从一个佛教故事开始。

佛教教义注重思考和顿悟，很多僧徒因此善于辩难。但有一位佛弟子像迦旃延尊者，使很多想要问难的人，总有几分畏惧。

有一次，像迦旃延走在街上托钵乞食的时候，给一位迎面走来的修道者见到，他向像迦旃延招呼以后就问道：“尊者！今天遇到你，真是难得的缘分，我想有一个问题请教你，希望你可以破除我的疑惑！”

“请不必客气，你对什么问题生起了疑惑？”

“尊者！我看世间上，刹帝利与刹帝利相争，婆罗门与婆罗门相争，他们争来争去，究竟是什么原因呢？”

“是贪欲在蛊惑他们！”像迦旃延回答。

“婆罗门和婆罗门相争，刹帝利和刹帝利相争，是为了贪欲。尊者！我再问你，你们比丘和比丘相争，又为的是什么原因呢？”

“是我见和法执！”

---

①梁培恕：《故人与故宅》，原载《老照片》第三十四期，山东画报出版社，2004年版。

②梁培恕先生对作者的口述。

婆罗门的修道者，闭起眼睛用手摸着头，好像是在很用力地思考尊者的话。

婆罗门闭起眼睛摸着头的那奇怪的样子，引起街道两旁的民众注意。本来，比丘和婆罗门在街市中论道，就已经引人注目，何况这位婆罗门的修道者，又做出古怪的样子。一位是披着黄色袈裟的比丘，严肃庄重地站着。一位是编着头发，身上穿了表示苦行的粗衣的婆罗门，还在闭着目，摸着头。四周围满观看的群众。

婆罗门的修道者想了一会儿，睁开眼，又问道：

“尊者！你的回答很公正合理，不过，我想知道世间什么人才能离开贪欲、我见和法执呢？”

像迦旃延毫不犹豫地回答道：

“现时在舍卫城说法的我的老师佛陀，他没有贪欲的烦恼，没有我法的执著，他是三界的导师，是人天的师范！”

婆罗门的修道者，很感激像迦旃延的说法，他当即要求尊者介绍他皈依佛陀，做一个在家学佛的居士。

说服了婆罗门的修道者，围观的群众向像迦旃延一阵欢呼，还有很多人跪在地上向尊者顶礼，像是在祝贺尊者的胜利。

可是，尊者没有一点骄傲自得的表情，他谦虚地向大家答礼，再和那本是婆罗门而今要做居士的修道者告别，仍然去行着他托钵乞食的生活。

世间上人和人之间有争论，佛教里为了一些问题也有人争论，但尊者像迦旃延，就有不同的看法和解说，这是最好的解说。

按照佛教的说法，认为诸法无我。佛陀从万物在空间彼此的相关上来观察，一切有为法，既是因缘和合的，离开因缘，即便散灭；如人身是五蕴四大积聚的，生命是无常的，不过数十寒暑的假相，暂有还归于灭。佛陀说诸法无我的意旨，是因为一切有情(众生)执著妄见；以为我是有自主体的，由此妄执有“我”，叫做“我见”。我见有二：在有情上起执的，名

"人我见"；在法上起执的，名"法我见"。也名"我执"和"法执"。人间因有此二妄执，就起贪、嗔、痴等烦恼，造恶损人，肆无忌惮，使社会不安，陷入争斗现象，失去人生社会和睦相处的幸福。

是否有些难懂？不过，当我们了解了梁漱溟的一生后，就会对佛教的教义有更深刻的理解了。

梁漱溟 —— 一个始终自称是一个佛教徒的人，却因其一系列社会实践被认为是著名的社会活动家，又因其一系列著作被认为是新儒家的代表人物。那么，在20世纪的中国，他究竟又是怎样度过长达近百年之人生历程的呢？

而相对于他的前半生，其后半生的经历更加富有传奇色彩。本书的叙述，即从1949年开始。

# 第一章 从朝天门到天安门

## 1

公元1949年，中国，一个新的历史时期就要开始。

而重庆，这座有着悠久历史的美丽山城，在这一年的春天，当北国的大地上已经开始了新旧两个时代的转换时，却依然处于暂时的平静之中。

让我们稍稍回顾一下作为重庆标志之一的朝天门的历史，也许更能感受到“沧海桑田”这个说法的涵义。

——公元前316年，秦国大将张仪在重庆（古称江州）建筑城堡，修建码头，开通水陆通道。从那时起，朝天门作为港的雏形开始形成。

——明洪武四年（公元1371年），重庆已有门十七，九开八闭。朝天、东水、太平、储奇、金紫、南纪、通远、临江、千厮为九开门，翠微、金汤、人和、凤凰、太安、定远、洪崖、西水为八闭门。朝天门自此开始闻名。

——1891年3月1日，远在内陆的重庆也感受到帝国主义列强的咄咄逼人，重庆开埠，设海关在朝天门。

——1898年3月9日，英人立德国乐带领“利川号”小火轮抵达重庆，成为进入朝天门的第一艘外国轮船。

——1927年2月，重庆商埠督办公署出资拆除朝天门城门、城墙，修建道路，扩建码头。

——1949年9月2日，朝天门一带发生特大火灾，延续16小时，伤死人数逾千。12月3日，中国人民解放军接管港口，在港口工人的努力下，仅用10天时间，就在火灾废墟上恢复了生产。12月15日，“民族”、“民联”轮从朝天门港区驶往汉口，恢复了重庆至长江中下游的航运。至此，朝天门开始了新的历史。

位于中国西部的重庆，如果不是它在20世纪30年代后那一段辉煌，恐怕与中国其他大城市没有多少不同。正是由于抗战初期，中国主要大城市悉数沦陷之后，原属四川省管辖内的重庆却因成为中国战时首都达8年之久而享誉世界。

1938年2月，蒋介石在《抗战必胜的条件与要素》一文中称：

> 我们有四千万方里的国土，如此广阔辽远的山河，如此绵亘浩荡的幅员，不仅一个日本倾他所有全部的力量，不能全部侵占，就是两个三个日本以两倍三倍于现在日本的力量，也不能侵占我们全国的土地。……其次，我们是一个有五千年悠久历史的民族，拥有全球人类四分之一的人口——有四亿五千万的同胞！

以如此历史悠久、人口众多的伟大国家，一个小小日本要来吞并我们，要想全部消灭我们，是绝对做不到的事！

这段文字，就气势而言还是相当不错。但蒋介石似乎忘记了，他手下的队伍是多么的不堪一击，以致短短几个月后，国民政府就不得不选择重庆作为战时的首都。

1937年10月29日，淞沪会战失利、南京蒙尘之际，蒋介石在国防最高会议发表《国府迁渝与抗战前途》讲话，首次正式提议：国民政府迁都重庆，借以争取战略退却之主动地位，力避全盘溃败之忧。次日，国民政府举行国务会议，决定接受提议，迁都重庆。可以说，正是抗战成就了重庆，从此开始了20世纪中国历史上重庆的辉煌。抗战胜利后，重庆的地位和影响虽然下降了，但仍然处于举足轻重的地位。1946年10月10日，《世界日报》载文引述国民政府当局决议称："重庆市为战时首都，抗战八年中，为战时政治经济之司令台，在任何危疑震撼的局势下，重庆始终屹立不动，成为抗战精神的堡垒。"政府"感于重庆对国家的伟大贡献，和将来所处地位的重要，所以在抗战胜利前夕，即明定重庆为永久陪都，以示国家重视重庆之意"。至此，重庆作为中国抗战指挥中心和行政首都的地位宣告结束，但其在国民心中的特殊地位并未改变，这种状况一直持续到1949年。

至于数十年后，重庆终于被定为中华人民共和国的第四个直辖市，是否与当年之陪都的历史有关，就不是三言两语可以说清楚的了。

2 我们这部书的主人公——梁漱溟先生，1949年时，就居住于重庆。然而他并非重庆人：原籍广西，出生于北京，且自他祖父一代，就长期在北京居住。那么，在这样一个改天换地的时刻，他为什么还留在重庆？

因为，就在1948年和1949年，大批原在国统区的民主人士和知识分子，都在纷纷北上，迎接一个新的政权的诞生。当然，也有一些人选择南下，去了台湾，还有很少的人选择了到国外。而他们今后截然不同的命运，就由此不同的选择而定——对此，也许他们当中的大多数，当时并没有意识到他们已经做出了一生中最重要的抉择。

且看数十年后，中共中央统战部对这一时期民主人士北上的叙述：

1948年4月30日，随着解放战争的胜利发展，中共中央在纪念五一劳动节的口号中，号召“各民主党派，各人民团体及社会贤达，迅速召开政治协商会议，讨论并实现召集人民代表大会，成立民主联合政府”。中共“五一”号召发表后，得到了主要以香港为基地开展民主斗争的各民主党派和民主人士的热烈响应。与此同时，中共中央开始想方设法接送在香港的各民主党派领导人进入解放区，筹备新政协。当时的香港，国民党特务云集，港英当局倾向国民党。在这种情况下，大批的民主人士离开香港去解放区，困难很大。中共华南分局、香港工委和中共中央派往香港工作的同志，根据中共中央和周恩来的指示，作了很大努力，从1948年8月开始一直到1949年3月，分四批把民主人士从香港安全接送到解放区。第一批接送北上的民主人士有沈钧儒、谭平山、蔡廷锴、章伯钧等10余人，他们于1948年8月，乘坐中共开办的“联和公司”租借苏联货轮，以运货为名，经台湾海峡、大连，到北朝鲜的罗津，然后赴哈尔滨。第二批是11月23日出发，乘由中共新开设的“华润公司”租借挂挪威国旗的货船。船上有郭沫若、马叙伦、许广平母子、陈其尤、沙千里等人。船经大连，在大东沟抛锚后改乘小船上岸，再经丹东到哈尔滨。

第三批民主人士有李济深、茅盾夫妇、朱蕴山、章乃器、彭泽民、邓初民，王绍鏊、柳亚子、马寅初、洪深、施复亮、翦伯赞、梅龚彬、沈志远、孙起孟、吴茂荪、李民欣等30余人。如此多的民主人士离港，目标很容易暴露。对此，周恩来十分重视，直接电示具体安排，要求确保安全。这次仍租苏联货船，时间是12月26日晚。为了安全，负责接运工作的同志，事先都个别通知上船地点，互相都不知道何人同行。他们打扮成经理、客商、学者等各种类型的人物。李济深是在当晚参加完一次国民党要员的宴会后上船的。船到大连后，这批人由大连乘专列经沈阳抵达哈尔滨。第四批民主人士是1949年3月14日从香港出发的，有黄炎培、盛丕华等人，3月25日到达北平。当时国民党对这数百名民主党派领导人和民主人士的突然离港，感到非常惊奇，只有自叹丧失民心、回天乏术了，不得不承认其政治上的失败。[1]

不过，有几个人的选择很有意思。一个是吴宓，他与梁漱溟早在1925年就已相识，此后两人多有往来，如今与梁漱溟一样选择了入川。入川之前，吴宓时在武汉大学任教。据其日记记载，当时的吴宓本来有北上清华，南下广州中山大学，西去成都、重庆以及仍然留在武汉大学等多种选择，而他自己也常常犹疑不决。最后，他却阴差阳错地选择了在重庆北碚的西南师范大学任教，并在那里走完了自己的后半生。

一个是陈寅恪，他与梁漱溟也是多年的老相识了。1949年，他正在北平，最后选择的是与胡适同机离开北平南下，却没有像胡适那样去了美国，而是最终落脚在广州的岭南大学，开始了其生命中最后20年的辉煌与凄凉。

---

① 引自“中共中央统一战线工作部”网站首页之“统战理论”中的“用人篇”，2004年7月28日引者下载。

而梁漱溟，这位毛泽东的同龄人，虽然已经56岁，也要走出四川，走进一个新的时代，但他的后半生，他的那些坎坷和辉煌，其实刚刚开始。

事实上，尽管梁漱溟在四川过着近于半隐居的生活，但作为那个时代极有影响的政治活动家、学者和民主人士，作为抗战胜利后曾经充当国共两党调解人的第三方势力的代表之一，梁漱溟的行止显然不会被人忘记。且看他本人对这段历史的回忆和对自己1946年年底来到重庆的解释：

近者自政府倡导和平以来，各方面的朋友因我过去既曾为和平尽力，都责望我此时亦出来奔走。但我此次却实不能如大家之所望而行事。所以特写此文，说明自己意思，敬求朋友原谅。现在我公开声明，今后三年内我对国事将守定下面这一原则：只发言，不行动；只是个人，不在组织。这一原则，实早在三十四年胜利后就决定了。其中包含两点。先解说后一点。后一点“不在组织”是由前一点“不行动”来的。凡对于国事有所主张而继之以行动，就要组织。组织是为行动的；不行动就不要组织。过去我在抗战中为致力全国党派团结，曾随同朋友发起民主同盟一组织。胜利后即不打算有何政治行动而想脱离。却又为追随同人致力国内和平运动而继续。追和平不成功，便已坚决辞去民盟职务。虽尚非脱盟，亦正差不多。因已从行动上退出也。到三十六年九月政府强迫解散民盟，我又声明脱离，那不过补一形式。今天民盟组织可能恢复存在，我要再度表示脱盟——此即为后一点。

再解说前一点，为何不行动呢？这可以说是为要发言之故。要知道我在思想见解上，是不能苟同于国内任何党派的。而在过去好多年，恒为行动之故，使我在言论上多所保留。因当我行动时，即求各方团结时，或求全国和平时，我必须与许多朋友联合

——此即民盟组织，乃至亦必须与中共方面相配合。为了联合或配合，就只能把平素思想见解上许多异同之处闷在肚里不说。只要大家团结抗敌就好，或只要国内和平了就好。若妨碍团结，我是要争的。其他一切，我都暂时不谈。任你思想见解与我不合，我亦绝不争辩。但我不能永远保留不谈呀！卅五年一月政协闭幕时，我即曾函告毛泽东先生，说我要结束行动，而致力言论。岂料时机尚不到，以此迟迟至今，今天是三十八年一月了，或者该我说话时候；为要说话，我至少要三年不行动。

……

漱自十八岁参加辛亥革命至今，对于国事未敢一日自惜其力，但却要审量如何善用其力。在今后二年内，我将专力于文化研究工作，陆续以其思想见解主张贡献于国人。对于时局，在必要时是要说几句话的，但不采取任何行动。目前和平运动，假如需中间人奔走，则张澜、黄炎培、张东荪诸先生尽能作了，实在用不着我。谨此自白，唯国人鉴之，幸甚！①

自抗战胜利后，梁漱溟与其他第三方面的代表即奔走于国共两党之间，致力于促进和谈，以实现和平建国。但政治斗争的复杂性远远超过梁漱溟的预想，而最后内战的全面爆发更使他对政坛中的是是非非感到厌倦：为了在国共两党之间调解，他费尽气力，最后却两面都得罪，而内战终于还是不可避免，这让他感到沮丧和绝望。

于是，他迅速决定退出政治，回到自己一直向往的纯学术的研究之中，也就是开展对中国文化的系统研究工作。

1946年11月6日，梁漱溟宣布辞去民盟秘书长一职，然后离开南京

① 《梁漱溟全集》第六卷，第796～798页，山东人民出版社1993年版。为省文计，以下凡引自《梁漱溟全集》者，只注明著作名、卷次和页码。

这个政治旋涡的中心，经北京转往四川，最后来到重庆的北碚——这里有他的勉仁中学。勉仁中学是他1940年创办的，1941年迁到北碚。1946年底，梁漱溟回到北碚后，即聘请民主同盟成员、中央大学毕业的杨新德先生为校长。杨新德当时是一个爱国青年，可惜1957年划为右派，“文革”中去世。由杨推荐，经梁漱溟同意，学校还吸收了一批共产党员和进步教师到校任教。后来，梁漱溟又创办了勉仁国学专科学校。1948年又改名为勉仁文学院，先后招生数百人。

梁漱溟十分关心青年的成长，除正规招生外，又根据青年的特点和具体困难，个别吸收了一些学生入学，有一个叫唐宦存的青年就是被特别吸收入学的。1947年初唐宦存原准备去延安，因内战已开，封锁了去延安的道路。这时重庆地下党即介绍唐宦存到北碚天府煤矿子弟学校工作。1947年夏，人民反对打内战，国民党在城市大量捕杀共产党员和进步人士，不少人被迫去农村隐蔽。在天府子弟学校的一些进步青年，大多离开了，唐宦存受到威胁，即写信给梁漱溟，表示希望到勉仁国专读书。

梁漱溟接信后即亲自给唐宦存回信表示欢迎。拿着这封信，唐宦存直接来到梁漱溟家，果然受到热情招待。最终唐宦存得以免费在学校读书，而在此之前唐宦存仅仅知道梁漱溟先生奔走国内和平，热心教育事业，并不认识他。

一个青年，只是写了一封信，就得到梁漱溟的亲切关怀，特别勉仁国专系私立学校，是完全靠学生缴纳学费来维持的，却允许有困难的青年免费入学，这样的例子在梁漱溟的一生中还有很多。

入川后的梁漱溟极少离开北碚，更不用说离开重庆了。真正的远行只有一次，即最后一次参加政协参政会，那也是梁漱溟为挽救和平的最后尝试。此后三年间，梁漱溟把绝大部分时间都放在讲学著述方面。这一时期最重要的成果，就是《中国文化要义》的出版，时间是1949年11月。

梁漱溟自己非常看重《中国文化要义》这部书，早在1942年就开始此书的写作，但只写了数万字就停了下来。直到1946年底他参与调解国共两党和平谈判失败后，心灰意冷的他才决心远离政治，埋头著述，重新开始撰写《中国文化要义》，并在1949年6月完稿，同年11月出版。

“认识老中国，建设新中国”，这是梁漱溟一直坚持的口号，也是他撰写《中国文化要义》的初衷。他认为，只要“于老中国有认识后，则于近几十年中国所以纷扰不休者，将必恍然有所悟，灼然有见；而其今后政治上如何是路，如何不是路，亦遂有可得而言者”。①

那么，他是怎样分析和论述古老的中国文化及其社会结构特色的呢？

首先，他认为中国文化是很有个性的文化，这种个性大致可以分为这样几个方面：

第一，中国文化是独立形成和发展的文化，并非像日本、美国文化那样是在外来文化的影响下才逐渐形成的。

第二，中国文化自具特征，（如其文字）自成体系，与其他文化差异很大。

第三，历史上曾与中国文化处于同一时期的许多古代文化，如埃及、巴比伦等，或已夭折，或已转移，只有中国文化依然保持其特性并至于今日岿然独存。

第四，中国文化具有伟大的同化他种文化的力量，能吸收外来文化而不被其动摇变更。

第五，由于有伟大的同化力，所以能吸收融化外来民族，最终形成一个大中华民族。

第六，中国文化在其悠久历史中，后两千多年变化与进步甚少，显示其内部具有高度调和性，已达到成熟的境界。

第七，中国文化放射于四周之影响，既远且大。而中国文化之相形见绌，以致受外来文化影响而发生根本动摇者，只是最近百年之事而已。

---

① 《梁漱溟全集》第三卷，第6～7页。

由上述个性，再结合当时其他学者的观点，梁漱溟总结出中国文化的14个特征：

第一，广土众民；

第二，民族同化融合力强；

第三，历史悠久，并世中莫与之比；

第四，中国文化力量之伟大，不关乎科学知识，也不在政治经济或军事力量；

第五，历久不变的社会、停滞不进的文化；

第六，几乎没有宗教的人生，以道德代宗教，以礼俗代法律；

第七，家庭生活是中国人第一重的社会生活，亲友关系是第二重的社会生活；

第八，缺乏科学，中国学术不向着前进；

第九，缺少民主、自由、平等诸思想以及缺少法制；

第十，道德气氛特重；

第十一，中国不像一般国家类型中的一国，或者说不像国家；

第十二，无兵的文化；

第十三，孝的文化；

第十四，中国隐士与中国社会。

而所有这些，“归根结底，一切一切，总不外理性早启文化早熟一个问题而已”[1]。因此，梁漱溟认为，中国社会近百年来与西方相比并非落后，而是因为双方所走的道路不同，中国较之西洋，并非不及，而是太过。有些思想，中国古代早有萌芽，但后来没有成长，是因为它到别的地方发展去了。而到西方发展的时候，中国已不能再发展，不能倒退重新来过了。应当承认，梁漱溟对中国文化和社会结构特征的分析是深刻的，但由此得出中西文化发展路径不同的结论，以及所持的“文化相对论”观点，却有

① 《梁漱溟全集》第三卷，第289页。

些过于简单，也是一些学者提出异议的原因。

不过，梁漱溟根据中国社会特征所概括的“伦理本位、职业分途”，确实相当精彩。“伦理本位”的提出，是梁漱溟针对以往认为中国社会是“家庭本位”的说法所做的修正。他认为，社会结构可以分为家族本位、伦理本位、个人本位和社会本位四种类型，如果说西方近代社会是个人本位，苏联是社会本位，则中国是伦理本位的社会。为什么不能说中国社会是家族本位呢？因为首先只有宗法社会才存在着家族本位，而中国社会已经走出了宗法社会；其次，伦理自然始于家庭，但却不止于家庭，中国人习惯于以家庭关系推广发挥，用伦理来组织整个社会。因此，与其说中国是一个家族本位的社会，不如说是伦理本位更确切。伦理本位在维系中国社会稳定和延续中最重要作用，就在于它在很大程度上起到了宗教的作用，也即以道德代宗教。梁漱溟认为，由于中国人可以从伦理生活中获得人生的趣味和生活的意义，可以从家庭生活中找到精神的寄托，从现实眺望未来所构成的想像足以满足他们对理想的追求，则眼睛始终可以看着现实，而关注来生的宗教就成为不必要的了。

至于“职业分途”，按照梁漱溟的解释是为与“阶级对立”相区分而提出的。他认为，如果说西方社会是一个阶级对立的社会，则中国就是一个职业分途的社会。所谓“职业分途”指的是在中国，并没有西方社会中那样典型的阶级对立，因为在中国，人的经济、政治地位具有相当大的流动性，“朝为田舍郎，暮登天子堂”，就是这种变化的写照。统治者和被统治者的换位不时发生，所谓阶级对立也就是相对的，不能产生西方意义上那种绝对对立的阶级。他把自己对古代中国社会的分析归纳为：

一、独立生产者之大量存在。此即自耕农、自有生产工具之手艺工人、家庭工业等。各人做各人的工，各人吃各人的饭。

二、在经济上，土地和资本皆分散而不甚集中，预期是常在流动转变，绝未固定地垄断于一部分人之手。

三、政治上机会亦是开放的。科举考试且注意给予各地方以较均平之机会。功勋虽可荫子，影响绝少，政治地位未尝固定地垄断于一部分人之手。①

但梁漱溟并不否认中国存在着剥削和统治，只是与西方所不同处在于一是集中而不免固定，一是分散而相当流动。因此，他认为，中国历史上只有“士农工商”的职业分途，没有统治与被统治者的阶级对立。

上述“伦理本位、职业分途”等特性，决定了中国文化是向内用力的文化，是重视理性的文化，也是一个早熟的文化。这样特殊的社会结构、特殊的文化，导致中国的政治与西方的巨大差异，以致长期以来，中国只有一治一乱的历史循环，而没有一次一次的革命。

对于梁漱溟的理论，此处无意加以臧否，但可以肯定地说，梁漱溟为了实现他“认识老中国，建设新中国”的理想，不仅身体力行地从事乡村建设的实践，而且在民族命运转折的关头挺身而出，为和平建国奔走，其行为和精神都是值得赞颂的。至于其理论上的失误或不足，自有方家批评，也自有历史评说的。

## 3

梁漱溟在重庆过着差不多半隐居生活的这三年，却正是中国社会发生急剧变化的三年。短短三年间，国共两党的地位竟然换了位置，吹嘘“三个月打败共匪”的国民党三年后开始呼吁共产党方面重开和谈了。此时，那些当年轻率地否定梁漱溟调解工作的国民党上层，才又想到了梁漱溟。

1949年初，蒋介石被迫宣布下野，由李宗仁接任总统。面对已经是

① 《梁漱溟全集》第三卷，第155～156页。

千疮百孔的烂摊子，李宗仁却试图做最后的努力拯救"党国"。蒋介石隐居老家溪口，正冷眼旁观李宗仁的一举一动，并没有真正放弃对国民党的控制，这注定了李氏任何谋求重开和谈的努力，都不可能成功。

在共产党方面，毛泽东于1949年元旦发表的《将革命进行到底》一文，已经再清楚不过地表明，中国共产党及其人民解放军，必将以解放全中国为革命胜利的标志，不会再给老对手一次喘息的机会。

一个改朝换代的时代已经来临，对此梁漱溟有清醒的认识和准备。他知道自己该说些什么和做些什么。

何况，对于中国的未来和命运，梁漱溟一向认为自己负有特殊的责任。且看他在1949年8月19日的日记：

> 从人类文化发展说，当前需要则在中国文化，而非佛法之时机。同时我于当前中国建国问题及世界文化转变问题，自觉有其责任，更无第二人代得……①

梁漱溟的这种自信由来已久，早在抗战时期，他由香港脱险后写给家人的信中，就非常清楚地显示出一种"天将降大任于斯人"的感觉。他认为自己无论处于何种险境，都不能死，甚至写出了这样被视为狂言的话："孔孟之学，现在晦塞不明。或许有人能明白其旨趣，却无人能深见其系基于人类生命的认识而来，并为之先建立他的心理学而后乃阐明其伦理思想。此事唯我能作。又必于人类生命有认识，乃有眼光可以判明中国文化在人类文化史上的位置，而指证其得失。此除我外，当世亦无人能作。前人云：'为往圣继绝学，为来世开太平'，此正是我一生的使命。《人心与人生》等三本书要写成，我乃可以死得；现在则不能死。又今后的中国大局以至建国工作，亦正需要我，我不能死。我若死，天地将为之变色，历

① 《梁漱溟全集》第八卷，第424页。

史将为之改辙，那是不可想像的。乃不会有的事。”[1]（着重号为引者所加）

梁漱溟的自负，近代以来也许惟有康有为和章太炎可比。康有为曾有诗云：“吾生信天命，自得大无畏。”戊戌变法后，他自述曾十一次死里逃生，“留吾身以有待，其兹中国不记亡，而大道未绝耶？”也是将自己的生死与中国的存亡联系在一起了。有意思 的是，康有为也被称为“最后的儒者”，他也同样以圣人自居，人称“康圣人”。

至于章太炎，1914年被袁世凯囚禁北京龙泉寺，在家书中竟称“吾死以后，中夏文化亦亡矣！”

自负也好，自信也好，历史已经证明他们的“狂”还是有道理的。

梁漱溟自认不是一个纯粹的学者，他虽然出入于课堂和书斋之间，对于中国大地上正在进行的内战始终非常关注。眼下，随着国民党军队的节节败退，中华民族的命运又面临重大转折的关头，梁漱溟决心以个人名义，再次呼吁国共两党重开和谈，以避免人民生命财产的更大损失。从1949年初蒋介石下野至2月间，他在重庆的《大公报》上接连发表多篇文章，并写信给有关方面，希望他们能够以民族利益为重，迅速实现和平。不过，在有了上次调解国共两党和谈失败的经历后，这一次他虽然写文章呼吁和平，却一再声明只言论不行动；只代表个人，不代表任何组织。

因此，当李宗仁上台后，为了重开和谈，马上想到梁漱溟这位广西老乡，即致电后者，请其迅速赴南京商谈国事，却遭到梁漱溟的拒绝。

后来，李宗仁到重庆时，还派其亲信程思远来到北碚，请他去重庆和李宗仁见面，并送给梁漱溟一大笔钱。梁漱溟对程思远说：“谢谢李总统的关心和盛情邀请，不过，如今和平无望，我又声明只言论不行动，恐怕不能帮李总统什么忙。至于这笔钱我收下了，因为我办学经费正十分困难，这钱就算是李总统的赞助吧。”程思远见梁漱溟如此坚决，只好扫兴而归。

---

① 梁漱溟：《我的努力与反省》，第270页，漓江出版社1987年版。

梁漱溟当然不会厚此薄彼，他写信给毛泽东、周恩来，一方面希望他们“事事妥慎处理，勿掉以轻心”，一方面表示自己不会参加中共方面召开的新政协会议，“乞予原谅”[①]。显而易见，在国共之间，他依然以第三者的身份自居。但对于发动内战的责任，梁漱溟明确归因于国民党，这从他所写的《过去内战的责任在谁》一文看得很清楚。不过，梁漱溟的文章发表后，却不能不引起国共两党的不满。在国民党方面，自然是因为梁漱溟把内战的责任归结为他们一方的缘故；而共产党方面的不满，则在于梁漱溟呼吁要停下来不要再打，显然有悖于“将革命进行到底”的指导思想。

他与共产党的分歧可以从下面这个细节看出。

1949年12月，梁漱溟在重庆老友鲜特生家里暂住时，与一名为裴治熔的青年同住。一天，裴治熔拿着毛泽东为人民解放军占领南京而写的诗读给梁漱溟听，当读到“宜将剩勇追穷寇，不可沽名学霸王”时，梁漱溟连连摇头说，“错了，错了！”他解释说，“中国文化是以意欲自为调和持中为根本精神的。偏激与惰后都不行。……真正统一中国的方法也只能是适应中国文化之根本精神的中和。”他并引用《孙子兵法》中的“穷寇勿追”来说明“追穷寇”的错误。[②]

在梁漱溟看来，任何战争，无论其性质如何，都会给老百姓带来灾难。如果能以民族利益为重，抛开党派之争，则以和平方式解决争端，无疑是最好的结局。当初国民党背信弃义，发动内战，固然应当谴责。如今既然大势已去，则共产党方面应该“有力量而不用”，“武力用到今天恰好，不可再用”，[③]而应力争实现和平建国，造福苍生。

问题还在于，梁漱溟认为，以共产党当时的力量，统一天下当不成问题，但这种以武力统一得到的天下是否能够长久，是否能够实现真正的统

①《梁漱溟先生年谱》，李渊庭、阎秉华编著，第233页，广西师范大学出版社2003年版。

②《梁漱溟全集》第六卷，第804页。

③《梁漱溟全集》第六卷，第810页。

一，梁漱溟还是持保留态度的。

他对将来在共产党领导下的自己的处境，也有清醒的认识："过去国民党与我作对，我到不能与他硬来时，就让他一下。——我知道他必不会长久。今天我知道共产党要来了，而我对他只能'和而不同'。在共产党的天下里，我就非小心不可。"① "我为什么要这样呢?我知道国民党是不行了，今后惟一强大势力将在共产党。过去我祈求全国合作，主要是对国民党而说话，今后将须对共产党说话。共产党是不好说话的。说话不对他的意，就可以被看作是敌人。而一经遭到敌视，虽有善言亦难邀好的考虑。只有明白摆出来，我止于说话而不继之以行动，止于是个人而无组织为后盾。那么(没有力量)不足重视，抑或不引起敌视；他就可能放平了心来听我的话，对我的话才听得入。这便是我的一番用心。同时，我知道我此时的言论主张在盟内未必全同意。要我受拘束于组织而不得自由发言，我不甘心；使组织因我而受到破坏，尤非道义所许。所以最好是赤裸裸一个人，披沥此心以与国人相见。"②

可以说，正是在如何认识和改造中国社会方面的分歧，注定了梁漱溟后半生的悲剧命运。

一向非常自信的梁漱溟，也知道自己的文章看起来是在国共两党之间各打50大板，但其实那时的国民党早已被他得罪到底，而对他不再抱任何希望，因此也无意邀请他到台湾。他真正可以指望的出路就是靠近共产党，而不能还是像以前那样的"中间偏左"(毛泽东对梁漱溟的评价)。但他的文章已经让共产党方面不高兴了，今后该怎么办？只好从此抱定一个宗旨，就是3年内只发言不行动，只在个人不在组织。而等到3年后他终于有所行动之日（其实仍然不过是发言而已)，也就是遭到毛泽东怒骂和批判之时。

是否此时的梁漱溟，对自己今后的命运已有所预感?

---

①《梁漱溟全集》第六卷，第970～971页。

②《梁漱溟全集》第八卷，第428页。

## 4

耐人寻味的是，1949年8月，梁漱溟在其面临人生中又一重大选择时，他竟然开始了新的一次闭关修佛的过程，时间长达一个多月。

也许，现实社会中的巨大变化使他感到迷惑，抑或又厌倦了世俗的一切？因为早在他的青年时代，就已确立了佛教信仰。

根据梁漱溟自己的说法，他17岁时就有了出世的想法，1912年开始读经，1913年开始素食，并曾经想到衡山出家为僧。后来，他虽然应蔡元培的邀请到北京大学任教，但仍然和北京的佛庙保持联系，并曾专门到寺庙静养。其后，这种专门读经修养的过程还有过几次，而他1947年退出政治后来到重庆的一个重要内容就是修佛，这从其日记中可以得到证实。也是在这个时期，梁漱溟拜西藏佛教噶举派贡噶呼图克图为师，受灌顶礼，正式成为藏传佛教的信徒。并于1949年8月4日，与几个朋友一起到重庆北碚的缙云寺闭关修佛，直到9月12日才下山。

不过，这次修佛的效果似乎并不理想，且看其结束修佛前的日记："知之而不能去者，去之则全放下，还是手重之病，且自己心中亦绝对放不下，（意想放下有好处，即是放不下，或意想放下即全完，而不肯放）放不下而提起。仍不免于寻思卜度，盖行则不能无思度也，知之而不能去者大致如此。然则结论将如何，惟有少作寻思卜度，朴朴实实，就现状按部就班行课，不求效果，几时遇着便算，遇不着只是行下去而已。"[13] 这一段虽然讲的是修佛，但也看出他对自己在未来世俗生活中的遭遇，无法预料，也只有走一步看一步而已。

梁漱溟当然可以犹豫，可以观望，但留给他的时间已经不多。尽管由于重庆解放较晚，梁漱溟没有能够及时北上参加开国大典，但共产党并没有忘记他。像他这样的人，如果没有南下，剩下的选择就只能是北上，例如他的好友熊十力。

1948年秋天，熊十力居住在广州。他本想回北大或老家湖北，专心治学，但又心存疑虑，梁漱溟也劝过他不要北上，他又曾动念去印度或港台。1949年10月，广州解放后第十天，他的老朋友董必武、郭沫若即联名电邀熊十力北上，共商国是，并同时关照沿途各级政府，热情接待，妥善安排。次年3月，熊十力抵京，政务院秘书长齐燕铭到车站迎接。熊十力抵京后，由政府安排住在什刹海后海大金丝套的一所小四合院，直到1954年离京为止。

当然，在当时还有一个似乎更稳妥和中庸的选择，就是到香港再观察一段时间，有些民主人士就是这样做的，而那时也确实有人邀请梁漱溟到香港去。但对此梁漱溟是不考虑的，他说："我主意已定，不论国共两党胜负如何，我作为一个生于斯、长于斯，并自问为中国的前途操过心、出过力的炎黄子孙，有什么理由跑到香港去呢？"[①] 梁漱溟的回答让我们想到了陈寅恪，当年他也是认为香港是殖民地，所以他不去，而选择留在了广州。不过，陈寅恪从此再也没有北上，这是与梁漱溟不同的地方，但两位文化大师此后为捍卫中国文化所表现出的气节和风骨，却是惊人的类似。对此，我们在后面会介绍。

1949年12月2日，北碚解放，梁漱溟主持了庆祝解放的群众大会，并写信给毛泽东和周恩来。北方的电报很快来了，是周恩来直接打给中共重庆北碚区委的，电报明确邀请梁漱溟北上。

毛泽东、周恩来没有忘记这位老朋友，据说在举行开国大典的天安门上，周恩来感慨地说：今天盛会，可惜少了两个人，一个是邵明叔，一个是梁漱溟。[②]

遥远的北平，此时已经改名为北京。这个梁漱溟出生于斯的古都，这个其生父投水自尽的地方，又会怎样迎接梁漱溟呢？

---

①引自汪东林：《梁漱溟问答录》，第133页，湖北人民出版社2004年版。

②此材料来源：白吉庵《物来顺应——梁漱溟传及访谈录》，第146页，山西人民出版社1997年版。

# 第二章 中南海的座上宾

## 1

1950年1月13日，在中共四川省委统战部专人陪同下，梁漱溟经由武汉到达北京。作为一个革命胜利后的迟到者，一个统战对象，却又是毛泽东的老朋友——梁漱溟的到来令有关部门颇为棘手，因为毛泽东此时正在苏联访问，他们不知道该给梁漱溟怎样的待遇。

不过，梁漱溟对这些并不在乎，或者说他对此不敏感，本来他就不是在这方面斤斤计较的人。因此，有关部门安排他住北京饭店（一般来京之知名人士居住之地），他婉言谢绝，而是住在自己的亲属家里——尽管非常拥挤。有关部门也就不再坚持。

大家都在等毛泽东回来。这一等就是差不多两个月。

不过回到北京的梁漱溟并不寂寞，因为这里有他太多的朋友，其中最值得提及的当是伍庸伯（观淇）先生——因为他是梁漱溟一生最为佩服、也自认受其影响最大的人："在我一生所有朋友中不少是我心里折服而尊敬的人。他们实在是各有各的价值。但其价值在我心目中好像亦还有着不同等的重量。至于其间彼此交谊深浅，关系亲疏，自然又有许多不同处。因此，是难以放在一起来比较的。若勉强来比较，伍庸伯先生应该是我心里最折服的人；他在我心目中的重量更无人能相比并，而我们彼此间的关系应该亦说是最亲近的和相当深的。伍先生之所以在我心目中有着无比的重量，是因为我确认中国古人在世界学术上最大的贡献无疑地就是儒家孔门那种学问，而伍先生在此学的贡献则有足以补宋儒明儒之所未及者。"[①]

能够为梁漱溟佩服的人不多，那么伍庸伯又是怎样一个人呢？

伍庸伯，广东番禺人，清末以优异成绩毕业于广东将弁学堂，被任命为管带（营长）。民国后以第一名毕业于陆军大学，留任教官。正当在军界仕途顺利且新婚不久之时，他却出人意料地辞去一切军队中的职务，原因就是他突然对自己走过的道路、对人生产生了疑问：一个人是否应当作一名军人？

在解决这个疑问之前，伍庸伯不愿"混"过自己的生活。为此他征求朋友的意见，所有人都不同意他的选择，但他还是坚持辞职。此后七年间，他以全部精力投入对人生意义的探求，几乎当时中国所有的思想——包括从西方引进的思想，他都进行过探求，而最后落实到儒家，从此开始了他传道授业的经历，并且坚持"述而不作"的原则，只讲学不著述（不过梁漱溟没有忘记这位亦师亦友的知己，在晚年终于将他当年讲学的记录稿整理出版）。当然他也并未完全忘记自己的从军经历和"天下兴亡，匹夫有责"的古训，1938 年广州沦陷后，他立刻组织当地青年开展游击战，成

① 《梁漱溟全集》第四卷，第 175 页。

为著名的抗战将领。但抗战胜利后，他立刻解甲归田。1950 年，伍庸伯也来到北京，应梁漱溟及其朋友要求讲解《大学》。可惜次年年底即患病住院，1952 年不治去世。

从梁漱溟讲的几件小事中，就可以看出伍庸伯的人格魅力和以儒家思想为基础的为人处事原则。

梁漱溟最佩服的就是伍庸伯睡午觉的本领，认为从中可看出其修身养性的态度和功夫。有一次梁漱溟和几个朋友去找伍庸伯，谈话继续到午饭之后。伍庸伯说他要睡一刻钟，说完他就睡着了，并且果然在一刻钟后醒来。还有一次，是他担任抗日第四纵队司令的时候，侦察兵报告说日军正向纵队的驻地开来，伍庸伯想了一下说，敌人的目标不是冲着我们，竟然照样午睡。而日军越来越近，属下非常着急，走进一看，伍庸伯果然已经熟睡，而敌人果然也是去了某地。梁漱溟以为这诚然有对敌情的了解，但能够熟睡的功夫却不是一日所能修炼而成。

伍庸伯有一次坐黄包车出门访友，下车时把随身带的拐杖忘在了车上。他认为这是由于自己的疏忽所致，下决心把拐杖找回来。但北京城黄包车太多，又不知车夫的姓名和住址，如何寻找？伍庸伯一面认真回忆有关细节，一面开始寻找。找了三天，终于找到那个车夫，而拐杖居然还在——那个车夫以为主人是会来找的。伍庸伯对此的解释是：自己之所以决心找回拐杖，就是要惩戒自己的疏忽大意——这本身就是一种人格修养的锻炼。

还有一次，伍庸伯要步行 20 多里到火车站赶车，快到车站时，火车已到站，如果跑步能够赶上，但他依然步履不急不徐，始终如故。结果火车没有赶上，又步行 20 多里返回。对此种行径，他人多不理解。梁漱溟的解释是：伍庸伯常教人用心于身，身心合一。他不愿意追赶火车，就是他当时的用功必须如此吧。

就是这样一个奇人和智者，当其患病住院时，从镜子里发现自己的上唇已经盖不住牙齿，就悟到自己的大限已到，从此不再吃药，任凭自然，直到去世。

这就是真正的智者!

梁漱溟与伍庸伯相识始于民国八年(1919 年)林宰平(志钧)先生家——他们两人都是梁漱溟一生最佩服的人。[1]那时梁漱溟正在北京大学担任印度哲学讲席,伍庸伯主动要林宰平作介绍,意在问佛学于梁。但他们的第一次见面谈话,并不投契。只是梁漱溟深觉伍庸伯此人有修养,心生敬慕。隔了许久,梁漱溟又主动找他谈学,才开始多往来。

后来梁漱溟在父亲自杀后,决心放弃向佛,为解决中国社会问题奔走,原不打算成家的他为了实现父母的遗愿——也要成家时,伍庸伯还是他的婚姻介绍人——把自己的妻妹介绍于他,两人此后又成为连襟。

除了伍庸伯,北京还有梁漱溟当年的一些熟人和学生,在得知梁漱溟的到来后,自然常常来看望老友或老师。他们相聚在一起,互相切磋学术,谈论天下大事,自有独特的乐趣。有这样一些朋友和自己在一起,梁漱溟怎么会感到寂寞呢?

毛泽东终于从苏联访问归来了。

他们这两个老朋友在分别4年后,就要见面了——只是两人的身份都已经发生了变化!

在写他们的会面之前,让我们稍稍回顾一下梁漱溟与毛泽东的交往历史。

## 2

毛泽东与梁漱溟的第一次正式会面,应该是在1938年的延安。当时梁漱溟以最高国防会议参议会参议员的身份第一次访问延安,为时18天。

但他们其实早在1918年的北京就见过面,只是梁漱溟没有印象。当

① 《梁漱溟全集》第八卷,第567页。

时梁漱溟在北大任教，而毛泽东只是北大图书馆的一个临时雇用的小职员——这是其岳父杨昌济介绍的。而杨昌济当时也在北大哲学门教书，和梁漱溟的关系不错，后者因此常常到杨昌济家串门。当时毛泽东正借住在杨昌济家，就是他每次为梁漱溟开的门，但当时梁漱溟没有注意到这位个子高高的湖南青年，更没有与其交谈过。直到1938年梁漱溟访问延安见到毛泽东时，毛泽东才提醒他当年见过面的往事，梁漱溟不禁为毛泽东的好记性而赞叹不已。

对于延安，梁漱溟也并不陌生。20世纪20年代初，梁漱溟曾到过西北地区，耳闻不少关于陕北地区的介绍。延安旧名肤施，历史上原为边区重镇，军民并盛，其后逐渐衰落，荒凉不堪。红军长征到达陕北后，所据陕甘21个县有半，人口稀疏，总数尚不满百万，生存环境极差。梁漱溟很早就曾听人介绍说，民国初年，有一营长曾率兵百数十人巡历陕北地区，沿途觅食维艰。一日行抵吴堡县境，听路上行人说附近县城有集市，心喜可得饱餐一顿。不料全集市也不过百数十人。梁漱溟还曾听过一笑话，说：陕北某县内人口稀少，因此很少诉讼，县官从不升堂问案。一日忽升堂问案，把惊堂木一拍，公案桌之下竟然跑出一母狼来，案桌下竟还有三只小狼。[①]梁漱溟后来说：

> 我去延安是有两件事要做：一是对于中国共产党作一考察。二是对于中共负责人有意见要交换。
>
> 若论其意绪动机，则蕴蓄已久。我是要求社会改造的人，我始终同情共产党改造社会的精神。但我又深深反对共产党不了解中国社会，拿外国办法到中国来用。我认定北伐后，老社会已崩溃，只须理清头绪来建设新社会，没有再事暴动破坏的必要。这里有两句话：从进步达到平等；以建设完成革命。

① 《梁漱溟全集》第六卷，第467～468页。

这是我的信念。不断地暴动与破坏，将只有妨碍建设，梗阻进步，延迟革命之完成，实在要不得。不过1927以后十年的事，亦不完全怪他。国民党原来领导中国革命，口里亦总在诵念“革命尚未成功”的遗嘱，却是革命情绪已不紧张。政府固以建设号召于国中，而路线走向那里，颇不明了。除蒋公一人焦劳不已而外，多数生活逸乐，早已安于现状。切志革命的人，自不免别寻出路。血战十年，真是民族的深痛极憾！所以自从共产党放弃对内斗争，国民党坚苦淬砺领导国人，共同抗战以来，当然是民族命运一大转机。我们欣喜之余，不能不考虑两个问题：

一、多年对内斗争的共产党，一旦放弃对内斗争，可谓转变甚大；但此转变是否靠得住呢？

二、以同仇敌忾而得见国家统一，诚足欣幸；然为巩固此统一，似非国人有进一步的努力不可。

我对于暴动破坏痛惜于衷者愈久，则对于第一个问题想求得解答愈切。于是就非去考察考察不可。从事乡村建设多年的我，无时不梦想国家统一，以便整个规划进行，觉得眼前抗敌的统一总不满足。对于第二个问题就怀抱一些具体意见，想去努力看一看。

再明白地说，我访问延安的两件事，其一所谓考察者，不是考察别的，是专为考察共产党的转变如何。其一所谓交换意见者，不是交换旁的意见，是专为求得国家进一步的统一，而向中共负责人交换意见。①

1938年，就在抗日战争最困难的时刻，梁漱溟在征得蒋介石同意后来到延安，想听听共产党关于抗战的看法，也因此开始了与毛泽东不同寻

①《梁漱溟全集》第六卷，第162～163页。

常的交往历史。

1938年1月5日，梁漱溟乘汽车由西安来到延安，受到以毛泽东为首的中共领导人的热烈欢迎，毛泽东更是与他进行了多达8次的交谈，其中两次是彻夜长谈。这些交谈给梁漱溟留下了非常深刻的印象，由延安归来后即在不同场合多次谈到他的这次延安之行，尤其是毛泽东给他留下的深刻印象："现在回想起这场争论，使我终生难忘的是毛泽东的政治家的风貌和气度。他穿着一件皮袍子，有时踱步，有时坐下，有时在床上一躺，十分轻松自如，从容不迫。他不动气，不强辩，说话幽默，常有出人意外的妙语。明明是各不相让的争论，却使你心情舒坦，如老友交谈。"①

那么，他们两人通宵达旦所讨论的又是什么呢？主要有两个方面的问题。

首先，是抗战的前途问题。梁漱溟有感于抗战以来国民政府军在正面战场的节节败退，对抗战的前途有些悲观失望。但毛泽东却十分肯定地告诉梁漱溟，中国的前途大可不必悲观，应该乐观。中国必胜，日本必败！只能是这个结局，不会有其他结局。然后毛泽东全面细致地分析了中日两国在政治、经济、军事等方面的特点、力量对比等，最终得出中国必胜、日本必败的结论。不久，毛泽东把这些分析和观点写成一部重要的著作，就是《论持久战》，它的问世，对于消除当时国内普遍存在的悲观主义情绪产生了巨大作用。毛泽东的分析给梁漱溟以很大的鼓舞，他自己说，自抗战以来，还没有人像毛泽东那样就抗战前途问题说过这样令人信服的话。直至晚年，他依然记得当年毛泽东说中国必胜时的语气。②

这次彻夜畅谈使梁漱溟的心情好了很多，临别，他把自己的《乡村建设理论》和其他著作赠给毛泽东，希望得到指教。所以，他们第二个讨论的问题就由梁漱溟的乡村建设理论谈起，而双方争论的症结就在于如何建设新中国。

---

①汪东林：《梁漱溟问答录》，第84页。

②汪东林：《梁漱溟问答录》，第84页。

据梁漱溟回忆，第二次谈话也是从下午6点开始，是紧接着的，不过这一次不是谈到凌晨，而是谈到天明，一个通宵，欲罢而不能，因为梁漱溟和毛泽东分歧较大。谈话开始前，毛泽东已看了梁漱溟的《乡村建设理论》这本书，并写了一条条批语，拿给梁漱溟看。毛泽东认为，梁漱溟的著作对中国社会历史的分析有独到的见解，不少认识是对的，但总的说是走改良主义的路，不是革命的路。改良主义解决不了中国的问题，中国的社会需要彻底的革命。他十分明确地提出，现阶段的中国革命重担已落到中国共产党的身上，当然还有统一战线的扩大，武装斗争的加强，所谓革命的三大法宝吧，他都分析了。其中一个最核心的问题是阶级和阶级斗争，毛泽东是强调这点，很突出它的作用的。

对于毛泽东的观点，梁漱溟表示不能认同，他说，中国社会与外国社会不同。在历史上，外国的中古社会，贵族与农民阶级对立鲜明，贵族兼地主，农民即农奴，贫富对立，贵贱悬殊，但中国的中古社会不是这样，贫富贵贱不鲜明、不强烈、不固定，因此阶级分化和对立也就不鲜明、不强烈、不固定。这种情况在中国历史上延续了一两千年。根据这种分析，梁漱溟又提出了“伦理本位”、“职业分途”的理论。所谓“伦理本位”是针对西方人“个人本位”而言的。西方人讲自由、平等、权利，动不动就是有我的自由权，个人的权利放在第一位，借此分庭对抗。但中国不是这样，注重的是义务，而不是权利。父慈子孝，父亲的义务或责任是慈，儿子的义务或责任是孝，还有兄友弟恭、夫妻相敬、亲朋相善，等等，都是“伦理本位”的内容，是指的中国家庭和社会的重要原则，即注重尽义务，每个人都要认识自己的义务是什么，本着自己的义务去尽自己的责任，为家庭，也为社会。所谓“职业分途”，也就是社会分工，你干哪一行，从事哪件工作，就有责任把它做好。人人尽责，做好本行，则社会就能稳定、发展。针对梁漱溟的意见，毛泽东则强调说，中国社会有其特殊性，有自己的传统、自己的文化，这都是对的，但中国社会却同样有着与西方社会共同性的一面。

总之，毛泽东认为梁漱溟是太看重了中国社会的特殊性的一面，而忽略了共同性即一般性的一面。梁漱溟则认为毛泽东是太看重了一般性的一面，而忽略了最基本、最重要的特殊性的一面。两人相持不下，谁也没有说服谁。但毛泽东最后还是很大度地说，梁先生是有心之人，我们今天的争论不必先作结论，姑且存留听下回分解吧。[①]

后来，在抗战胜利后的1946年，梁漱溟又去延安，再次与毛泽东会面，商谈各党派联合和平建国大计。

当时的情况是蒋介石下了停战令，国共两党签订了停战协定，并召开了20多天政治协商会议，通过了五项协议。这实际上就是否认国民党一党专政的法统，否定国民党的内战政策，反映了全国各界人士的意愿。一时间，似乎政治民主化、军队国家化、修改宪法、和平建国等事项就在眼前；仿佛今后中国的前途即与欧美同一个路子，两大党一个上台，一个下野，轮流执政。民盟有些同人历来热衷于此，国共两方面亦都没有公开提出反对，双方代表都在协议上签了字，至于美方代表马歇尔自不必说。而梁漱溟对此却不以为然，而又无法反对，或者是提不出完整的主张加以反对。因此他决定去延安向中共领导人陈述自己的不同意见，即使不会有什么结果，也可以有立此存照的效果。

当时梁漱溟正在重庆，而重庆与延安之间的来往全靠美国军用飞机。梁漱溟此行是经周恩来代为安排成行。到达延安时同样受到毛泽东的欢迎。梁漱溟为增进与共产党方面的了解，希望也和中共其他领导人接触，毛泽东即安排朱德、任弼时等共10人听梁漱溟的陈述。

梁漱溟首先陈说自己对中国政治前途的见解主张，认为当时政协所取得协议的宪政，必将行不通。可能用不到二年三年，或许一年就失败。他说，如大局到两党合作的宪政失败而别寻出路之时，他有预先准备的一方

---

①汪东林：《梁漱溟问答录》，第85～87页。

案在此，愿提供中共朋友参考。当然，不到那时，不必考虑。他预备的方案隐约有一个前提，就是蒋介石的死，或他失势下台。话不好明说，而当时竟被任弼时觉察出来，问梁漱溟："你是说要等蒋介石死了以后吗？"梁漱溟点点头，事后认为任弼时此人极为聪明，可惜任弼时身体不佳，在建国后不久便去世了！

梁漱溟所说的是政治上各方面合作的方案，既非一党垄断，亦非多党竞争，而是多党合作。而蒋介石则是任何方式合作的死敌。蒋不去，皇帝制度在中国仍然名亡实存，群情不安，大局不定。当时，梁漱溟并没有料到中共一方能以武力战胜蒋介石，只就常情常识诉说他的见解主张。他的主张根据他对中国当前问题的认识，而认为当前的中国情况则基于过去中国社会本质上（组织结构上）有不同于世界的地方。这原是8年前他第一次到延安曾和毛泽东往复辩论两个通宵未得解决的老问题，实际上他此时要陈说的主张，仍就是8年前曾经提出的那一建议。不过思考更加成熟而已。8年前所说就是要国内各方面（主要是两大党）从当时的团结抗敌前进一步，而确定合作建国之大计。其入手即在"对外求得民族解放，对内完成社会改造"两大问题上交换意见，互相磋商国是。此事如有成果，其第二步便是由一向分立对抗的各党派转化为协力合作建国的一个党派综合组织。

继此梁漱溟指出，该党派综合体不负行政之责，而居于监督政府执行政策的地位。这里实际上梁漱溟借用了孙中山先生的政权、治权分开之说。政权在民，党派综合体是代表人民，站在全国人民立场执掌政权者，而以治权付之行政部门。行政部门即通俗所称政府则忠实于政策之贯彻实施（在实施中如有意见可随时反映给党派综合体）。如此两下分开是万分必要的，是党派综合体自身平时保持在一致的立场上所必要的一大前提，否则将导致党派间的闹意见而动摇根本。

当时座间毛泽东、朱德二人对梁漱溟的意见均表现出认真听取的态度，但毛泽东无表示，朱德则当听到梁末后的话时，忽然说道：“这大概是30年后的事吧！”此外无人发言。

多年以后，梁漱溟在回忆此次延安之行时，把自己的思想主张概括为：

（一）认识老中国，建设新中国。思想上只从模仿外国出发，而脱离自家历史背景和社会现实基础是不行的。

（二）既要建设一新中国，必须依从一定方针宗旨贯彻下去，其势不可能走多党互竞，轮流上台当政，如欧美各国之路。

（三）一党专政之路（如法西斯、纳粹、布尔什维克）虽然似乎可以贯彻一定方针而前进，但在这散漫成性的小生产者的社会基础上难以建筑起来。

（四）凡事总要照顾到前途理想要求之一面，又要切合着现实社会条件有其可能之一面。因此所以多党互竞或一党专政均不是我们的前途。这就归落到我所设计的党派综合体那一主张。①

这次梁漱溟又在延安待了10天，并参观了著名的南泥湾等地，便匆匆返回重庆。

不过，梁漱溟这次去延安，好像不如第一次去印象深刻，更没有在国内政坛上产生很大影响，尤其是比不上此前另一位民主人士——黄炎培的延安之行。

1945年7月初，抗战胜利前夕，黄炎培和其他几位民主党派负责人及无党派人士，到延安参观访问，黄炎培也曾和毛泽东畅谈抗战胜利后中国的前途等问题。其中他与毛泽东的一段对话堪称经典，被称为“窑洞对”。

当时，毛泽东曾问黄炎培他对延安的印象怎样。黄炎培即答曰：我生60多年，耳闻的不说，所亲眼看到的，真所谓“其兴也勃焉”，“其亡也忽焉”。一人，一家，一团体，一地方，乃至一国，不少单位都没有能跳出这周期率的支配力。大凡初时聚精会神，没有一事不用心，没有一人不卖

①《梁漱溟全集》第七卷，第437～441页。

力，也许那时艰难困苦，只有从万死中觅取一生。既而环境渐渐好转了，精神也就渐渐放下了。有的因为历时长久，自然地惰性发作，由少数演为多数。到风气养成，虽有大力，无法扭转，并且无法补救。也有为了区域一步步扩大了，它的扩大，有的出于自然发展，有的为功业欲所驱使，强求发展，到干部人才渐见竭蹶、艰于应对的时候，环境倒越加复杂起来了，控制力不免趋于薄弱了。一部历史，"政怠宦成"的也有，"人亡政息"的也有，"求荣取辱"的也有。总之没有能跳出这周期率。中共诸君从过去到现在，我略略了解的了。就是希望找出一条新路，来跳出这周期率的支配。

黄炎培对此次延安之行印象很好，尤其是对毛泽东的为人和见解有深刻印象。回到重庆后，黄炎培很快写成《延安归来答客问》，连同其访问延安的5天日记，以《延安归来》为书名出版。《延安归来》从延安观感、延安人物印象、延安政治作风、延安会谈情形等多个层面比较实事求是地反映了解放区的情况，对中共多有赞美之意，在国统区轰动一时。而其中他与毛泽东的对话，更是被誉为可比美于当年的"隆中对"，后来即称为"窑洞对"。

让我们暂时中断历史，先写一段数十年后发生的事情：

2004年3月5日，国务院总理温家宝在政府工作报告中庄重提出"只有人民监督政府，政府才不会懈怠…… "穿越半个多世纪的风雨沧桑，人民监督——这个似乎古老而重要的话题又被新一届政府提起。对此，黄炎培之子、全国政协委员黄方毅感慨至深："从革命战争年代到改革开放新时期，中国共产党及其政府始终强调人民监督，贯穿其中的是一种历史忧患意识——跳出周期率！""温家宝总理讲得多好，说到老百姓心里去了。"说到民心，黄方毅激动地拿过政府工作报告，大声念了一段："政府的一切权力都是人民赋予的，必须对人民负责，为人民谋利益，接受人民监督。"

至于黄炎培，以后他还会出现在梁漱溟的生活之中。而他的一生尤其是后半生，如果与梁漱溟相比，也是很有意思的。

总之，与毛泽东的几次会面和比较深入的交谈，使梁漱溟对中国共产党人有了更深刻和直接的认识，加上早年在北大与中共领导人陈独秀、李大钊等人的交往，使梁漱溟意识到虽然他们与自己的观点有某些不同，但他们与自己一样，对中华民族的命运是真心关注并全身心致力于民族解放事业的。特别是两次延安之行与毛泽东建立起来的友谊，成为影响梁漱溟后半生命运的一个重大契机，也是他在1949年最后选择留在重庆并终于北上的原因。

1950年3月10日，毛泽东从苏联回到北京。可能是考虑到梁漱溟是新到北京，或者是由于他与毛泽东的特殊关系，总之，梁漱溟被安排在民主人士欢迎队伍的第一位。这样，毛泽东很容易地就看到了梁漱溟，他握着梁漱溟的手兴奋地说道："梁先生，你也到北京了，我们又见面了！改天再约你长谈。"并问候梁漱溟的身体和家人。11日举行欢迎毛泽东访苏归来宴会时，梁漱溟又见到毛泽东。席间，毛泽东还走到梁漱溟的席前，见梁漱溟吃素，又不饮酒，笑着说：梁先生坚持食素，清心寡欲，一定长寿。然后当场约梁漱溟，明日（12日）晚间到中南海颐年堂他的住处一聚。①

果然，3月12日晚，毛泽东即派车接梁漱溟到中南海叙旧。

毛泽东与梁漱溟的这次谈话，一开头是寒暄，彼此问问近几年的身体、工作、家庭情况。转入正题后，毛泽东即问梁漱溟对国事有何意见。梁漱溟说，如今中共得了天下，上下一片欢腾。但得天下易而治天下难，这也可算是中国的古训吧。尤其是本世纪以来的中国，要长治久安，是不容易啊！对此毛泽东却有些不以为然，摆摆手笑着说，治天下固然难，得天下也不容易啊！紧接着，毛泽东就对梁漱溟提出了一个让他不好回答但必须回答的问题，他说，众人拾柴火焰高，大家齐心协力，治天下也就不

①以上参看汪东林的《梁漱溟与毛泽东》以及《梁漱溟问答录》中有关部分。

难了。梁先生这一次到了北京，可以参加我们政府的工作了吧？

梁漱溟有些为难，说不同意吧，颇有清高之嫌；说同意吧，又违背他当时的真实思想。他考虑了片刻，答复说，主席，像我这样的人，如果先把我摆在政府外边，不是更好吗？他的答复显然出乎毛泽东的意外，他显露出不悦之色，但并未形成僵局，很快又东南西北、古今中外地扯了起来。到了开饭时间，梁漱溟说，我是食素的，有一两样菜就行了，但你们吃什么自便，不碍我的事。毛泽东笑着大声说，我们也统统吃素食，因为今天是统一战线嘛。

一次本应该非常融洽的老友相聚，却因为梁漱溟的回答产生了几丝不谐和音。

问题来了，梁漱溟为什么不愿意进政府呢？

梁漱溟的考虑非常简单。简要地说，他当时仍然认为全国的大局还不会从此稳定统一下去。而他是曾经以第三方面的身份，为国事奔走过的人。一旦大局发生变化，仍需要他这样的人为国事奔走。如果他现在就参加新政府，就失去为各方说话的身份了。此外，梁漱溟不是一个热衷官场的人。早在国民党时代，远在他对政局失望之前，就有人请他参加政府，他也没有接受。因为他认为自己不是一个做官的人，不具备这方面的才干。如今他人虽然到了北京，加入了新的阵营，但还想站在边上看看，所谓的旁观者清。他认为自己的作用也许正在这里。

梁漱溟的考虑是善意的，可惜不是正确的，因为他对形势的判断错了。还有一点也许他忽略了，也许他知道但没有看重，这就是，此时他与毛泽东的地位均发生了变化，与四年前的延安有了天壤之别。而且，他的那句“像我这样的人”肯定给毛泽东不好的印象，因为在毛泽东看来，天下已得，政府初建，当然是站在自己一边的人越多越好。特别是像梁漱溟这样的“中间偏左派”（毛泽东语）如今能够站到政府一边，其说服力自然很大。但梁漱溟却如此不给面子，毛泽东当然会不高兴了。

对于这次见面，梁漱溟也感到不如1938年的那次愉快：那时他和毛泽东通宵辩论，告辞出门时却感到“舒服通畅之情怀”，因此他想：“何以此次竟不可得？如其说那次交谈是成功，这次便是失败。”

直到1977年，梁漱溟在追忆这段往事时认为：“原来十多年前延安深夜人静辩论不休，彼此开怀曾不起意。辩论极易引起争胜意气，而此种意气竟然不起者，则感应之间主席实居主动。我是在他的感召之下而胜心不起的。主席和我，此时庶几乎所谓‘廓然大公，物来顺应’者。而这次相见却不然。主席有意拉我入政府，我意存规避，彼此各怀有得失计较。这些都是私心杂念。一般人将谓彼此各为国家大局设想，怎说‘私心杂念’？此则一般人不学之故。——此指孔门古人之学，大乘佛家之学。”①

当然，除了这个敏感的话题，两人的会面还是很愉快的。饭后，毛泽东建议梁漱溟到外地看看，梁漱溟正好也想了解一下建立新政权后的人民生活状况和精神风貌，于是接受了建议，并于1950年4月初，开始了对东北、山东、河南等地的参观访问。

无论如何，与毛泽东的这次会面使梁漱溟正式开始了在一个崭新的政权下生活的历史。而且，他还是作为最高领导人座上宾的身份开始新生活的。

## 3

“天未明，早四时到济下车，陶稷农、艾森来接，下榻招待处。八时后，培恕、希侯来。午后，伯秋来，济云来。孟秘书长及杨希文来。写家信。晚间省府公宴，赞非宴后同归寓处，谈至十二时。”②

上面一段摘自梁漱溟日记。1950年4月，他接受毛泽东的建议参观新老解放区，首先去的是山东，到达时间是4月10日。由于梁漱溟当年在

①《梁漱溟全集》第七卷，第444页。
②《梁漱溟全集》第八卷，第428页。

山东从事乡村建设工作多年，因此有很多学生或旧交，日记中所提到的除其次子梁培恕外均是。

此次参观考察，由梁漱溟的长子梁培宽和跟随梁漱溟多年的学生李渊庭等人陪同，而其次子梁培恕，当时正在济南工作。两个儿子，一个名“宽”，一个名“恕”，均为梁漱溟所起，用意不言而喻。

由于此行事先由中央有关部门打过招呼，所以接待规格极高，各地的最高领导人大都出面招待。例如到东北参观时，高岗时任东北大区主席。事先本来说他太忙无法抽身接待，但最后高岗还是挤出两个小时到宾馆看望梁漱溟。而东北由于是老解放区，其变化更大，也给梁漱溟留下更深刻的印象。

此次参观，费时数月，梁漱溟自感受益颇多，也在较大程度上改变了他原先对新政权的一些看法。

而梁漱溟在北上之后，已经沉默了很久。在某些人看来，他早就应该表态了，否则这种沉默就意味着对新政权的不满。

但他不是一个随意表态的人，他要看到事实。在一系列的外出参观后，梁漱溟的思想开始有了转变，这首先是由他对时局的判断方面开始的。此前，他认为以武力得到的统一可能不会长久，但几个月的参观使他打消了顾虑。他是一个有错就改的老实人，于是他写了北上后第一篇公开发表的文章——《国庆日的一篇老实话》，登在10月1日的《光明日报》上。在文章的开头，他就直言不讳地承认：“去年今日开国盛典，我还在四川北碚；今年我却在北京了。我是今年元旦离川来京的。自到京那一天，直到现在，我都在观察、体会、领略这开国气象。尤其是从四月初间到最后九月半，我参观访问了山东、平原、河南各省和东北各省地方，亲眼看见许多新气象，使我不由暗自点头承认：这确是一新中国的开始！”

为什么这样说呢？“最基本的就是我看见许许多多人简直是死了，现在又竟活起来。这话怎么说呢？过去我满眼看见的都是些死人。所谓‘行尸走肉’，其身未死，其心已死。大多数是混饭吃，混一天算一天，其他好歹不管。本来要管亦不管了，他们原是被人管的。而那些管人的人呢，把持国事，油腔滑调，言不由衷，好话说尽，坏事做尽——其坏事做尽，正为其好话说尽。可怕的莫过言不由衷，恬不知耻；其心死绝就在这里。全国在他们领导下，怎不被拖向死途！今天不然了。我走到各处都可以看见不少人站在各自岗位上正经干，很起劲地干，乃至彼此互相鼓励着干，有组织配合地干。大家心思聪明都用在正经地方。在工人就技艺日进，创造发明层出不穷。在农民则散漫了数千年，居然亦能组织得很好。这不是活起来，是什么？由死到活，起死回生，不能不归功共产党的领导。共产党大心大愿，会组织，有办法，这是人都晓得的。但我发现他们的不同处，是话不一定拣好的说，事情却能拣好的做。‘言不由衷’的那种死症，在他们比较少。他们不要假面子，而想干真事儿。所以不护短，不掩饰，错了就改。有痛有痒，好恶真切，这便是惟一生机所在。认这一点生机扩大起来，就有今天广大局面中的新鲜活气，并将以开出今后无尽的前途。”①

最后，梁漱溟也没有大唱赞歌，而是说：“真有信心的人，用不着夸大其词作什么‘好文章’。只这篇起码的老实话，我以为在庆祝今天国庆上足够了。”

这就是梁漱溟的风格！

1950年的梁漱溟，还有一件事不能不提，那就是他直接参与成立中国佛教协会的事。作为早年就想出家的他，多年来不仅一直坚持阅读佛教经典和定期闭门修炼，而且内心深处对佛教一直渴望能够有登堂人室的体验。因此，当赵朴初、陈铭枢、李济深和巨赞法师等人在这一年6月召开的政协第二次会议上提出应筹备成立中国佛教协会时，立刻得到梁漱溟的

① 《梁漱溟全集》，第6卷，第838～839页。

赞同。而参加政协的这次会议，正是他来到北京后第一次正式参与新政权的活动。梁漱溟在小组会议上发言说："佛教徒素来像一盘散沙，亟待设法结合成一个中心，即可以今日之集会为基础，本人极愿尽一份力量。"①

写到这里，有必要介绍一下巨赞法师，他也是对梁漱溟影响很大的一个人，梁漱溟在其日记中曾多次提到这位有名的高僧。梁漱溟与巨赞的结识始于20世纪30年代和50年代后，两人的来往更加密切。至于李济深、赵朴初和陈铭枢等人，他们在以后还有机会影响梁漱铭的命运，我们不会忘记他们的。

巨赞，俗姓潘，名楚桐，字琴朴，1908年10月6日生，江苏江阴人。巨赞自幼即多愁善感，大约在十四五岁时，一天他从书房中看到外面街道上来来往往的人们，就问自己，"他们来来往往是为什么？"正好此时一个朋友进来，他就拿这个问题问他的朋友。他的朋友反问他："你在这里又是为什么？"巨赞被这个问题吓了一跳，好像肩上有一个很重的担子。从此他就决心出家。他16岁时考入江阴师范学校，却始终念念不忘出家之事。终于在18岁时来到常州清凉寺，未能如愿，又来到杭州灵隐寺，见到著名的太虚法师，但只学了几个月的佛学而没有出家，并到上海读书。1929年春回江阴任一小学校长，并秘密参加中国共产党。1930年被国民党江苏省党部通缉。这期间参加革命活动所遭受的打击，使他更坚定了出家的决心。

据说有一次他去见马一浮，一见面就问："如何是人？"马一浮回答说："从来没有人这样问过，如何是人，还要你自己解答。"巨赞一时不得要领，竟痛哭失声，自此开始研究佛学，并于1931年3月最终在杭州灵隐寺出家，取法名传戒，字定慧，后改名巨赞。不过出家后的巨赞并没有完全与世隔绝，还是参与了很多革命活动，引起国民党特务的注意，1949

---

①《巨赞法师二三事》，原载《文史资料选辑》37卷，第109辑，中国文史出版社出版。

年时甚至把他列为暗杀目标。幸被南怀瑾先生救下。

1949年9月，巨赞作为宗教界民主人士代表出席全国政协一届会议，并参加了中华人民共和国开国大典。建国后，发起成立现代佛学社和参与发起筹备中国佛教协会，历任《现代佛学》、《中国大百科全书·佛教卷》主编，中国佛教协会副秘书长、副会长，中国佛学院副院长，第一至第五届全国政协委员，第六届全国政协常委。“文革”中蒙冤入狱7年。1975年出狱后，继续担任中国佛教协会的领导，曾代表中国佛教协会首次出访香港。1984年4月9日病逝于北京。

再说1950年9月中旬，梁漱溟从外地返回北京。9月23日晚，毛泽东约梁漱溟谈话。这一天梁漱溟因另有约请，已吃过晚饭。梁漱溟一进门，毛泽东就吩咐开饭，并说已准备了素食。梁漱溟只好说已用过饭，请主席先吃。

饭后毛泽东即问梁漱溟在外地参观考察的情况，梁漱溟一一作了汇报。末后毛泽东说：“梁先生，你看了新解放区，又看了老解放区，但都在北方，还没有看到南方，你还可以再到广东看看，趁热打铁，你的收获会更大的。”梁漱溟有些为难地说：“我今年外出的时间已经很长，想先休息一下，挤时间写些参观华北、东北的见闻观感，访问广东就暂缓吧。”毛泽东说：“那也好。”又转问梁漱溟居住条件如何。梁漱溟回答：“住西城辟才胡同南宽街一本家亲戚处，不是独院。”毛泽东即说：“为使您生活、写作更清静些，我已让人安排在颐和园里边暂住，您就在家等讯吧。”不久，中央统战部即派车接梁漱溟先生住进颐和园石舫附近一座小巧而精致的四合院里，一直住了两年多，直到后来搬到积水潭边的小铜井一号梁漱溟父亲的故居为止。

此时的毛泽东，应该说对梁漱溟是非常尊重和关心的。不过，两人在政治思想方面的分歧却并未消失。例如下面这件事。

这次见面，梁漱溟向毛泽东提出，应该赶快成立中国文化研究所（或者称世界文化比较研究所）。梁漱溟一直认为要建设新中国，必须首先了解和认识老中国，而现在新中国成立，正是从事此研究的大好时机。因此他来北京后不久，就曾向周恩来提出了设立文化研究所的建议，并得到周恩来的支持。在见毛泽东之前，梁漱溟已经起草了有关草案，就在这次与毛泽东的会面中，当面交给毛泽东看，希望毛泽东会同意此事。不料毛泽东边看边说，研究是可以研究的，但现在不必忙吧。梁漱溟回答说，不是我急于举办， 而是日前（16日）在怀仁堂遇见周总理，总理嘱我起草此件，交给他以便提出于政务院会议讨论通过的。毛泽东说：既然你们都商量好，那就去办吧！且接连说两次。梁漱溟见毛泽东不高兴，即说：不然，应当以主席意思为准， 此事即行从缓再说。——此后他即将此事压下不提，后来见到周恩来，他亦不再提此事。

后来梁漱溟回忆说，此事幸而中止。因强调阶级斗争是毛主席倡导的时下潮流，而认识老中国将是唱反调，必不容许的；与其那时研究所被砸，不如此时不举办。①

1951年春，中国农村，一场轰轰烈烈的土地改革运动正在如火如荼之中。然而，当时的一些民主人士，因土改运动使他们的家庭受到冲击，故对土改有些看法，毛泽东因此提出要动员民主人士下去参观考察土改运动，以促进他们的思想转变。

1951年1月，中共中央召开第二次全国统战工作会议，主要讨论三大运动中的统战工作和帮助民主党派的问题。毛泽东在谈到土改时，强调要让民主党派和民主人士参观视察：民主人士到各地去视察，各地不要以此为累赘。让他们去听听农民的诉苦，看看农民的欢喜。我们有些什么缺点和错误，也可以让他们看看，这是一件有益的事情。状元三年一考，土改

① 《梁漱溟全集》第七卷，第445页。

千载难逢。应该欢迎他们去看。他还说，分土地，镇压反革命，发动群众，都是好事。土改一事从尧、舜、禹、汤、文、武、周公、孔子直到孙中山都没有做过，我们做了什么坏事呢？有什么怕人家看的呢？对于工商业家、宗教界人士、校长、教员、开明绅士和爱国分子，我们都应该采取积极的态度团结和教育他们，决不能置之不理。有话应当让他们说，写万言书也好，我们可以给大家看看，好的接受，不好的解释。如果不进行教育，有事不让他们知道，这是不对的。为此，1月15日，中共中央发出有关文件，通知各地：中央政府准备请若干民主人士回到原籍去视察土改工作与镇压反革命工作，要各地认真接待他们。很快，中共中央统战部会同全国政协，开始组织大批民主人士到全国各地参加或参观土改。

梁漱溟此时省悟到毛主席要他看南方新解放区，意即要他看土地改革。正好中央有土改工作团赴西南地区，他便主动向统战部报名参加，得到批准。梁所在的那个分团有20多人，由章乃器任团长，5月上旬抵四川，8月30日返京，历时4个月。就在这次参观中，梁漱溟见到了当时主持西南工作的邓小平，邓小平的才干给他以极好的印象。

9月3日晚，即梁漱溟返京后的第四天，毛泽东再次约梁漱溟谈话，并还是派车从颐和园接梁漱溟到中南海颐年堂。梁漱溟进门时，正遇章乃器与毛泽东告辞。章走后，毛泽东即说："土改团总的情况，刚才章乃器来讲过了，我们不用多谈，还是先开饭吧。"

仍然是素食，只有毛、梁两个人共餐。饭后毛泽东问："对土改，对四川，你个人印象如何？随便聊聊。"梁漱溟略加考虑，便说："我亲眼看到贫苦农民对土地的渴望和要求，土地改革是深得民心之举，很必要，也很及时。但毛病也不是没有。比如政策规定不许打地主，但我亲眼看到斗争会上打得很凶，有一对地主夫妇，因为受到体罚，一同跳河自杀。这个问题应引起注意，不然地主感到自己没有活路，不是反抗，就是自杀，那都不好。"梁漱溟说到这里，毛泽东笑着插话说："你说的情况别的地方也有发生，但我们总的政策是斗倒地主，分田分财，给他出路。大多数地主有活路，不会自杀，也不会反抗。问题是贫雇农受苦受压多少年，怒火一点着，就难以控制，于是对地主非打即骂。我们应该认真贯彻执行政策，努力说服教育农民，关键是土改工作队的干部。只要他们能执行好土改政策，就出不了大的偏差。”

梁漱溟接着谈到他到对四川的印象，说解放不过两年，四川能出现这样安定的情势，不容易。解放前我在四川若干年，那是一个很乱很复杂的地方，变化这么快，出乎意料。四川这一局面的取得，首先推刘、邓治下有方，他们是当地的执政者、军政大员。特别是邓小平年轻、能干，所见所闻，印象深刻。如解决袍哥问题，这在四川历史甚久，范围很广，影响很大。邓小平掌握的政策是对大多数袍哥不予追究，这桩事办得稳妥。如果一一追究，正好促使他们聚拢起来与新政府对抗。前因后果，利弊得失，十分清楚。邓小平的才干，就表现在这些方面。毛泽东听着笑出声来，大声说：“梁先生看得蛮准，无论是政治，还是军事，论文论武，邓小平都是一把好手。”[①] 此后不久，邓小平就上调到中央工作。而在很多年以后，邓小平——这位当年两位伟人所评说过的“好手”，果然为20世纪的中国历史书写了崭新的一页。

数十年之后，在北京花家地的一座住宅内，当笔者在拜访梁漱溟的次子梁培恕先生时，他对邓小平的丰功伟绩给予最高的赞美，说到激动处，竟然唏嘘不止，让笔者大为感动。而20世纪80年代的梁漱溟也是对邓小平的改革开放政策赞不绝口，正所谓“惺惺惜惺惺”是也。

再说此次见面结束前，毛泽东又建议梁漱溟可以到广东，看看那里的土改情况。梁漱溟表示自己外出数月，已经不想再出去，毛泽东也就不再勉强。

① 汪东林：《梁漱溟与毛泽东》。湖北人民出版社2003年11月版，25页。

4 这一时期，梁漱溟的确可以称得上是毛泽东的座上宾。从其日记中可以看出，大约每隔一两个月，毛泽东就会请梁漱溟到中南海会面，每次也都是派车接他。如此待遇在民主人士中是很罕见的。不过，当时的梁漱溟并没有完全意识到，毛泽东这样对他，其实还是想让他尽快转变立场，为民主人士做一个榜样，所有那些建议他到外地参观土改等，都是试图让他转变的尝试。可惜梁漱溟一方面不懂得毛泽东的用意，一方面他的性格和思想也决定了他不会轻易接受毛泽东的建议，致使双方逐渐产生了分歧——以前的分歧仅仅是在思想见解方面，而现在则是对对方言谈举止的情感上的反感，这才是严重的。

梁漱溟不是一个闲得住的人，他想做具体的事。有一次他甚至向毛泽东提出到一个工厂当副厂长，这当然不会成为现实。于是，在他的日记中出现了这样的记述："生活无用力处，更无得力处，常常在觅事作以遣送时光。"

难道在一个崭新的时代中，梁漱溟真的没有了用武之地？

1951年10月5日，梁漱溟在《光明日报》上发表了题目为《两年来我有了哪些转变》的文章。在文中，他承认自己的许多见解是错误的，但依然坚持认为秦汉以来的中国社会不是封建社会，仍然相信人类社会的发展进程可以有例外。他之所以接受中共的阶级斗争学说，也只是因为中共用此学说获得了胜利的事实。

梁漱溟就是这样，不虚伪，不做作，有多少改变就说多少。他坦诚表明，自己的立场正在接近共产党的立场，但还有一点距离。这距离的消失需要时间，需要更多的观察，也需要更多的思考——重要的是，在内心深处，他隐约觉得自己的观点不会完全错误。

没有想到，他的文章遭到沈铭、何炳然、宋云彬、千家驹、张紫葛等人的批评，其中有些是善意的，有些则基本上不理解梁漱溟的真实思想和学说的精髓，而是武断地断定梁漱溟依然顽固不化。这所谓的“顽固”当然也可以从梁漱溟文中找到根据，例如“不过点头的自是点头了；还点不下头来的，亦就不能放弃原有意见”这样的话，在那个时代是很少出现的。对于这些批评，梁漱溟先后写了《敬答赐教的几位先生》和《何思源先生文内讲到我的话不合事实》等文章进行反驳。今天读梁漱溟写于那时的几篇文章，可以明显觉得，抛开思想观点不说，梁漱溟文章的表述方式和语气等，都明显不同于那些以思想改造为主题的个人检讨文章。这样的不合时宜，无怪乎会遭到批评了。

另一方面，既然梁漱溟可以多次拒绝毛泽东的建议，毛泽东自然也可以拒绝梁漱溟的要求。

1952年8月7日，毛泽东再次约见梁漱溟，与以往不同的是，这次谈话是出于梁漱溟的请求。

导致这次会面的直接动因是梁漱溟来北京已经两年，一直面临要表态的压力。比如每次参加会议，别人发言，他保持沉默。这不仅是因为见解问题，还由于他不习惯那种表态的方式：每个人上台都要重复一遍赞成和拥护的话，而且在最后都要喊共产党万岁和毛泽东万岁！他说他虽然敬重中共领导人，但他不想喊。最后，连他的亲人也催促他发言表态了，他才发了言，但是没有喊口号。据说他发言结束走下台时，大家不知所措。只有薄一波走过来和他握手，说讲得好！

还有一次，郭沫若在天安门城楼上代表无党派人士向毛泽东赠锦旗，上面绣着这样的一行字：敬爱的毛泽东，我们永远跟着您走！梁漱溟说，如果事先征求他的意见，他不会同意这样写。

在那时，这却是惯例。1953年10月8日的《光明日报》上，刊登了中国文学艺术工作者第二次代表大会给毛泽东的致敬电，其中有这样的话：“我们最敬爱的毛泽东，我们是多么幸福啊，前天你偕同刘少奇副主席、朱德副主席、周恩来总理、陈云副总理和其他党和国家的领袖们来和我们见了面。我们每个人的心都被无上的欢乐所激荡。我们实在无法形容我们所受到的鼓励！”

毫无疑问，这些话都是发自内心的真诚，但问题在于是否大家都应该以如此方式表态？

也许，从梁漱溟身上，我们才真正懂得，怎样才是不“人云亦云”，怎样才能做到独立思考。也就是在这一点上，我们看到了他与陈寅恪的一致之处。①

不过，通过两年来的参观和观察，梁漱溟也感到自己的观点有误，有必要修正。最终他写出《何以我终于落归改良主义》一文，请林伯渠阅后转呈毛泽东，希望与毛泽东会面以得到指教。5月5日送去，至8月7日毛泽东召他去面谈。毛泽东对梁漱溟说：“你的文章有好几万字，太长；我请林老阅看后，指划出重要的几段来而后我方才看的。我看上去，你思想识见有进步了，但还不够。慢慢来吧！”语气之中，蕴涵有政治家特有的大度。

当时毛泽东还说了这样的话：“人民没有要梁先生检讨，梁先生不必检讨。”②

毛泽东此语的背景是，当时在全国知识界，一个大规模的思想改造运动正在如火如荼地进行。请看当时《人民日报》和《光明日报》的有关报道：

1951年10月，“京津高校教师展开改造思想学习运动”，以“彻底肃清欧美资产阶级思想意识的残余”。

1952年1月，中国人民政治协商会议全国委员会通过《关于开展各界

① 以上材料，多根据梁培恕先生口述，并参考汪东林先生的有关著作和文章。
②汪东林，《梁漱溟问答录》第208～209页。

人士思想改造地学习运动的决定》，并号召各界人士有系统地学习马列主义、毛泽东思想。

1952年6月，电影《武训传》的编导和主要演员孙瑜、赵丹等开始发表检讨文章。

同年6月，桥梁专家茅以升致信《光明日报》编辑部，感谢读者对他的批评，表示即将重新检讨自己的错误思想。

1952年7月1日，《光明日报》社论的题目是《知识分子和各界认识要自强不息地改造思想》，社论指出：思想改造，首先是各种知识分子的改造，是我国在各方面彻底贯彻民主改革和逐步实现工业化的重要条件之一。

1952年一年间，《光明日报》在第三版以"用批评和自我批评的方法展开各界人士地思想改造运动"为题开辟专栏，长期有计划地刊登各类文章。仅在2月份，就多达35篇。

那么，梁漱溟的这篇《何以我终于落归改良主义》是否也是属于此类检讨式的文章？

该文长达近4万字，共分15节。大致从第6节开始，梁漱溟对自己的思想理论进行分析，认为自己的错误主要在于过分强调中国问题的特殊性，而忽略了共性，由此导致对阶级和阶级斗争的否认以及对武力夺取政权之路的反对。事实证明自己的看法错了，走自己所主张的乡村建设道路是不通的。由此看出，梁漱溟已经从自己多年前与毛泽东辩论时的立场上倒退，坦率承认了自己观点的错误。相对于那篇《两年来我有了哪些转变》，梁漱溟的思考的确是更进了一步。

不过，文章中有些话，听起来让人感到不太舒服。例如："我知道国民党是不行了，今后惟一强大势力将在共产党。过去我祈求全国合作，主要是对国民党而说话，今后将须对共产党说话。"又如："说1911年前中国早就缺乏阶级，这句话是不是可以说呢？我想是可以说的。'缺乏'乃比较相对之词，以表阶级在这里较之在西洋或一般是有差异的。在这里存在着剥削乃至亦免不了统治；就是说：一般有的矛盾这里亦有。然而其形势分散，上下流转相通，阶级好像没有固定成形，在矛盾上难道不较之一般有差异吗?"

梁漱溟的确有些"顽固"，既然已经承认有阶级和阶级斗争，却绕来绕去还是不太情愿。看来"思想改造"太有必要了。

当然，毛泽东已经说过，还不够，慢慢来吧。

"你还在走，我还在等。"

问题在于，还能等待多久？

这次见面，梁漱溟提出想去苏联做学术研究的请求。他的理由是：过去他因为国难和社会问题的严重，多年来奔走四方。虽然一直有心从事专题研究而没有机会。如今生活安定了，正好有了治学机会。而所以要去苏联者，是要去学习巴甫洛夫高级神经活动之学。梁漱溟考虑到自己的《人心与人生》一书已准备多年要写，此书与心理学密切相关。巴氏之学虽属生理学，非心理学，却与心理学密切相关。研究它，可免心理学空疏之弊。此为第一个要去苏联之由来。有必要说明的是，20世纪50年代，正是巴甫洛夫学说在中国流行之时。查1953年10月4日之《光明日报》，有"中央卫生部举办巴甫洛夫学说学习会结束"的报道，报道对巴甫洛夫的评价是"战斗的唯物论者和创造性的进化论者"。舆论如此，梁漱溟自然也会给予关注。

第二个原因，是要去苏联研究马克思主义中社会经济基础与其上层建筑关系的问题。这是在观察和衡量一种学术思想以至社会文化上如何确立一准则的大问题。梁漱溟注意此问题而在国内得不到解决，虽然他曾多方探求答案。

1951年10月17、18日，《人民日报》连载驻京苏联大使尤金博士的长文之译文，题为《斯大林关于语言学问题的著作对于社会科学发展的意义》，内容就是讨论社会经济基础与其上层建筑的关系问题。梁漱溟读后很感兴趣，有意就此问题进一步展开研究。对于一些自己把握不准的问题，他求教于下列几个方面：一是北京《人民日报》社编辑部的理论组。尤金论文登出在该报，故求教于他们。结果回信说理论负责人请假，原稿退回。二是求教于陈伯达。陈住于颐和园对门的党校内，而梁漱溟住在园内，距离最近。他有党内理论家之目，故又向他求教。但陈伯达久久无回音，而梁漱溟知道他并未外出，于是写信促其答复，不料一个月之久依然没有答复。三是求教于沈志远。沈曾留学苏联，抗日战争之初经延安回国，延安人称他是一个马列主义学者。于是梁漱溟从民盟总部获得其住址后通信求教。沈回信云事务猥集，恕难作答。最后又向《学习》杂志主编方面求教，得其复信，说：此涉及许多理论问题，尚需继续研究。总之，虽然梁漱溟多方求教，均无结果。

当梁漱溟向毛泽东作如上陈述时，毛泽东却答复说，要想去苏联，尚非其时。

毛泽东解释说，近两年我们有不少人去苏联。大多是参观团，在他们引导下各处游历一番而止。再则是派去的留学生，在他们安排下分门别类指导就学。但你梁漱溟要求的意思既不是去参观，又不是去就学于学校，而是住在那里从事一种问题研究。中苏之间，虽然亲善，究竟是两个国家，他们不知你在搞什么，这是不好的，势不可行。谈话至此，毛泽东针对梁漱溟去苏联的第三个缘由而说：你不是想考察了解俄国社会的传统文化、历史背景和现状吗？你不如就我们自己国内作一番社会调查。此前梁漱溟曾问过毛泽东有什么任务给他，遂以为这便是给他的任务。于是请问调查项目。毛泽东说随你要调查什么就调查什么。你要到哪里就到哪里。你可以带几个助手，公家将给你一切方便。梁漱溟感觉出毛泽东是出于善意，不便辞拒。但他有自己要做的事，又不想从命而行。当下含糊了之。岂料毛泽东却很认真，次日立即交付统战部，让梁漱溟准备出发。

梁漱溟本想去苏联而没有去成，甚至为此已经开始学习俄语。如今反而被要求在国内调查，内心很不高兴，就拒绝再出去参观。统战部有关人员虽多次动员，他就是不同意。无奈，统战部只好如实向上汇报。可想而知，此举大概又会令毛泽东不快。

在1953年9月之前，毛泽东与梁漱溟的交往大致上每一两个月有一次，一年有若干次，以上不过是较为重要的几次。正由于梁漱溟与毛泽东有着这样久远(几十年)而频繁的交往，就梁漱溟这一方面论，才在1953年9月受到毛泽东不点名的批评之后，如对待老朋友争论般拍案而起，并最终招致更加严厉的批判。

# 第三章 至关重要的一年

## 1

1953年来了，但梁漱溟不会意识到，这一年会是影响他后半生的最重要的一年——不仅他与毛泽东的友谊在这一年戛然而止，而且还遭到毛泽东的严厉批判。

其实这一年的开始，梁漱溟的心情应该是很愉快的。1月初，他重返四川，在重庆北碚见到李源澄、吴宓等许多老友和原勉仁学院的学生多人。旧地重游，对于一个饱经沧桑的花甲老人意味着什么，梁漱溟是很有体会的，因此在其日记中，才数次出现了“惘然不可复得”、“胸中感悲意为出涕”等字样。

2月份，梁漱溟搬回当年父亲在新街口北积水潭畔小铜井一号自建小院，并顺利办理了产权手续。他在这里将一直住到“文革”开始后被红卫兵强行赶出为止。

“梨花只着数朵，海棠发苞亦不多，丁香稍胜。天气稍好。”(4月13日之日记)

如此充满闲情逸致的语言，在其日记中是不多见的。同年日记中，还多次提到去公园划船，看花养金鱼，去看电影和文艺演出，听广播学习俄语，以及到琉璃厂看古籍文物等，梁漱溟的生活似乎进入了一个相对平静而消闲的轨道。

然而他毕竟不是一个习惯于这种生活的人。他还是想做一点事情，为政府——也就是为百姓，当然也是为了他自己。否则他就不会在这一年的日记中做这样的反思：“平常人一旦无事可做，外面刺激不来了，顿感无聊，正为其不能于生命自身之活泼流行享有趣味，故不得不仰之于外耳。不厌寂寞，其中必有所存。‘万物皆备于我，反身而诚，乐莫大焉。’寻常人不能反身，向外寻乐。其乐只有不寻求的，才能‘万物皆备于我’也。”

看来，相对冷清寂寞的生活，使他想到了老庄和苏轼，想到了历史上那些各种各样的隐士和门客之类的人物，难道他今后也会如此？

当年在成都时，有一陈姓相士曾经给梁漱溟看过相，说他是“志大而心小，劳倍而功平”。[①]梁漱溟当时承认说得“极中肯”，却没有因此稍稍减少其解决人生问题和中国问题这两个始终困扰其终生之问题的努力，因为他相信人在世上就要“知其不可为而为之”，不然其人生的价值又从何体现？如今他从形式上看，是加入了新政权，但却没有实质上可以从事自己欲从事之事情的机会，他能不心急如焚？

① 白吉庵：《物来顺应——梁漱溟传及访谈录》，第205页。

其实，1953年，对于中国与世界，都是紧张和不平凡的一年。

这一年的3月5日晚上莫斯科时间9点50分，斯大林逝世。消息次日经苏联塔斯社播出后，立刻在全世界引起强烈震动，而在中国引起的反响则更加巨大。中国的中央人民广播电台3月6日晚多次播发这一消息，《人民日报》于3月7日在头版头条报道此消息，并刊发毛泽东的唁电。同时，中国政府下令全国下半旗三天，并停止一切娱乐活动致哀。3月9日，毛泽东发表《最伟大的友谊》一文，对斯大林之逝世表示最沉痛的哀悼。文章开头是："当代最伟大的天才，世界共产主义运动的伟大的导师，不朽的列宁的战友——约瑟夫·维萨里奥诺维奇·斯大林同志与世长辞了。"这样的评价应该是很高很高。3月9日，在北京天安门广场，为追悼斯大林举行了隆重的群众大会。

整整一个3月份，中国的各种大报纸，完全以悼念斯大林、讴歌中苏友谊为主要内容。

梁漱溟的日记中，也对此事有多次记载，并因电台节目变更而暂停学习俄语。

斯大林的逝世，意味着一个时代的终结。

但对于这一点，梁漱溟及其同时代人当时不可能完全意识到。

1953年，对于新生不久的共和国来说，是一个重要的年头。

对外方面，抗美援朝战争已经取得重大胜利，7月27日，朝中方面和以美国为首的联合国军方面在板门店签订了《停战协定》，宣布为期三年的朝鲜战争结束。朝鲜战争爆发后，中朝两国军队并肩作战，到1951年初夏，经过五次大的战役，终于使战线相对稳定在三八线，为《停战协定》的最后签订奠定了基础，但也付出了沉重的代价。对于中国政府和人民而言，这代价不仅是人民生命财产的损失，还包括为此受到影响的国内经济建设。

因此，朝鲜停战后，摆在新生的共和国面前的首要任务就是加快经济建设的速度。但对于经济建设中如何处理发展工业与农业的关系等方面，中共党内还是有不同意见的。

与此同时，在知识分子和各界人士中开展的思想改造运动，以及“三反五反”运动等也还在继续进行。

就在这样的背景下，毛泽东审时度势，提出了一条过渡时期的总路线。1953年10月1日，在《人民日报》庆祝国庆的社论中，正式向全国人民和全世界公开了这条总路线：

> 从中华人民共和国成立，到社会主义改造基本完成，这是一个过渡时期。党在这个过渡时期的总路线和总任务，是要在一个相当长的时期内，逐步实现国家的社会主义工业化，并逐步实现国家对农业、对手工业和对资本主义工商业的社会主义改造。

同年12月，在中国共产党发布的有关宣传提纲中，再次提出了这个路线，并确定了如上的具体表述为定本。主要的改变是把毛泽东最初所说的“十到十五年或者更多一些时间内”修改为“一个相当长的时期内”，以及把“基本上完成”修改为“逐步完成”，以使表述更精密和更严谨。不过以后，毛泽东又把时间定为三个五年计划，即十五年。

此时的梁漱溟，正在为跟随他多年的学生李渊庭等四人讲解《中国文化要义》。大致每三四天他们来梁漱溟家听讲一次，极有规律，此次讲学一直持续数月，直至全书讲完为止。与此同时，面对新的生活，梁漱溟自己也在积极学习和思考，特别是对列宁、斯大林的著作以及巴甫洛夫的心理学理论特别感兴趣。如在其1953年7月30日的日记中，有这样的记载：“午后三时范朴斋来，谈列宁对一般知识分子的斗争，忽忆列宁传记应重读。晚到王府井取夏装，并购《联共党史》俄文学习参考件一套。”

梁漱溟对毛泽东的著作非常重视，当时《毛泽东选集》第三卷已经出版，梁漱溟在阅读之后认为其中有4篇最为重要。根据他的日记，这4篇应该是：《关于领导方法的若干问题》、《学习与时局》、《论联合政府》以及《抗日时期的经济问题和财政问题》。[①]从梁漱溟的角度看，这4篇的确有特殊的重要性。第1篇讲领导方法，第2篇是对共产党历史的总结，第3篇谈对未来建国的方针，最后一篇讲精兵简政和反驳有人攻击共产党不施“仁政”的问题，恰与梁漱溟此时的想法有契合之处。

梁漱溟日记中第一次提到“过渡时期总路线”，是在这一年的9月8日，此前6天，他刚刚结束《中国文化要义》的讲解。也许是巧合，因为他马上就要迎来一场他完全意想不到的政治风暴，一场突然袭来、由最高领导发动并实施的严厉批判。



2

多年来，对于1953年的那场风波之具体情况，不仅有关当事人保持沉默，在官方发布的有关文件中也没有公开。直到1977年《毛泽东选集》第五卷的出版，其中那篇《批判梁漱溟的反动思想》，才使人们对当年曾经发生过的事有一点了解。但在梁漱溟这方面，却直到1986年，才对外说出当年所发生事情的详情。[①]

对此梁漱溟是这样考虑的：多年来，他一直不愿意细谈这桩事，并不是怕把自己的错误公之于众，因为自己是个平常人，是好是坏只与个人相关，无碍于国家民族，无足轻重。他之所以不公开，是顾虑另一位当事人

---

①此后，有关此事件的文章和著作极多。笔者此处的叙述，就是根据已有的这些材料，包括梁漱溟自己的日记和文章，以及与汪东林的问答录，以及有关当事人事后的回忆综合而成，具体所参考资料，请读者参看书后之参考书目。事实上，即使对自己的家人，梁漱溟多年来也一直没有告诉他们此事的具体细节。

——毛泽东，他是中国共产党和中华人民共和国的主要缔造者之一。梁漱溟认为，1953年9月，正是由于他的狂妄自大、目中无人，全不顾毛泽东作为领袖人物的威信，当众与他顶撞，才促使他在气头上说了若干过火的话。如果说当时意气用事，言语失控，那么也是有他的顶撞在先，才有毛泽东对他的批判在后。梁漱溟认为，平心静气而论，这些气头上的话，双方冲口而出，大都经不起推敲和检验。而毛泽东又是一位对国家民族举足轻重的人物，不用说他在世时不宜多讲，即使在他去世后相当一个时期有人来问，他也只粗略说几句，而不愿细谈。这倒并不是怕自己再犯什么错误，主要还是顾虑将这些细末都公之于众，对国家民族之大局会不会有不妥之处。尽管这桩事并非是什么了不起的惊天动地之举。

但到20世纪80年代中期，梁漱溟认为已经具备回顾这桩公案的条件了：第一，毛泽东已逝世十几年，中共中央已对毛泽东一生的功过是非作了实事求是的评价；第二，今天的中共中央是名副其实的集体领导，总结了历史上的经验教训，不再搞什么政治运动，的确是政治开明，经济繁荣，社会安定。对于若干历史遗留的问题，大都能采取遵循实事求是的方计，一个个得到了圆满解决。这两条就为探讨和研究1953年9月发生在他身上的这桩历史公案，搞清它的是非曲直提供了前提。而且自己已行将就木，来日屈指可数，有责任本着对历史，对后人严肃负责的精神，从他这方面回顾一下当时的事实经过。至于如何分析评论，那应当是旁人的事。[①]

可以看出，晚年的梁漱溟，对这件事的评价更多地把它归结为意气之争，而且说主要过错还是在自己。这是非常令人尊敬的自我评价。但事实真相究竟如何，是否如梁漱溟所说仅仅是一场由误解而引发的意气之争呢？

让我们重新回到那个时代，重温这个事件的全过程后，再来作判断吧。

---

① 《梁漱溟全集》第八卷，第486页。

1953年9月8日，全国政协召开常委扩大会议，由周总理作过渡时期总路线的报告。梁漱溟本不是常委，因为是扩大会才得以列席参加。听取报告后，与会委员分几个小组就过渡时期总路线展开讨论，并要求由小组召集人次日提出报告。

9日上午开小组讨论会，梁漱溟参加的小组召集人是章伯钧、曾昭伦。梁漱溟发言大意说：这个总路线当是根据1949年建国时起草的《共同纲领》而来，当然拥护，不成问题。

同日午后继续开常委会，周恩来询问各组的讨论如何，要大家发言。于是梁漱溟说，讨论的情况是否可由各级召集人作报告，无需乎每个人重复发言。当然，个别人愿意再发言者仍可发言。周恩来点头，表示同意。各组召集人如章伯钧等即分别代表各该组叙述发言情况。不过散会时，周恩来走过梁漱溟的座前，还是希望他明天发言。

梁漱溟同意了。

10日上午无会，午后继续开会。有东北各省、上海、天津各市的工商联的负责人次第起立发言，表示接受和拥护公私合营改造工商业的政策。因发言者相当踊跃，在距离散会时间不远时，梁漱溟写一字条，亲自送交会议主席，说明他可改用书面发言，不占用会议时间。但临散会，周恩来走过他的面前，说会期延长一天，还是请你发言。梁漱溟又答应了。

11日午后继续开会，梁漱溟即登台发言，时间相当长。以下即是梁漱溟发言的主要内容，也是导致后来被批判的主要内容：①

> 几天开会，三报告，进入有计划地建国，兴奋。由岗位不同、过去不同而感想意见不尽相同。但都很好，有帮助。我个人由于（是）政协一分子，和由于过去不同的经历亦有其意见。

①汪东林：《梁漱溟问答录》，第162～163页。应当感谢汪东林先生，正是在他与梁漱溟的长期交往过程中，获得梁漱溟的信任，才了解并记录下有关的材料，并在20世纪80年代改革开放初期，率先正面报道了梁漱溟的情况。

我个人曾是有这样一梦想的人：开展一大建国运动。虽然四十年前追从旧民主革命，只知政治改造而不知经济改造、社会改造，那是没有计划建国的。但对旧民主放弃已三十年，此因深追革命失败之故而觉悟。各位亦许知（道）我做乡村建设运动，此即不单（是）政治改造，而认（为）经济政治分不开。改造社会我有这样一想法：中国政治改造一定随经济改造而完成；经济进一步，政治进一步，循环推进。而经济改造呢，亦不是盲目发达生产，等到发现问题，再来推行社会政策或社会主义革命，而应从生产合作化，经济生活社会化，使两面俱进。总起来：经济上社会主义政治上民主主义同时完成。那时虽不晓得新民主主义，但我们要有计划地建国，不走欧美旧路则千真万确。

由此思想背景，故我对报告有这样（的）问题：李（富春）的报告给发展重工业一点消息，周（恩来）的报告揭知私营工商业改造一些方法步骤等等。但除此而外，如“相应地培养……发展……”那许多亦已经有了计划呢？(那么) 这些计划是不是亦交付讨论呢？ 同时要配合照应的、结合的、扣合的，那许多方面，属于经济的，或不属于经济的——政治，教育文化，如我设想应当整个一套，全面有系统（如李富春言），因为相互关系……我推想必有整个计划，方方面面照顾无遗。是否亦给大家来参酌、来协商——以上一个问题。

……现在无时间讲，扼要的一点意思即必须把群众工作做好，启发其自觉，让他发出一种积极性，如此建国才有根本，如此才称得起“建国运动”，而不是你建你的国，或者被拖着走，蒙在鼓里莫名其妙，人各一心，而不是大家一个心。大家晓得在往哪里走，在干什么，结合群众力量一齐向前干。这原是共产党的拿手戏。干革命时依靠群众，过去要，现在要用（于）建国。

由此想法我对报告就有这样问题: 领导党不会在这方面缺略了吧? 在计划的同时,亦把如何完成计划所应有的群众工作的那些安排亦都安排了吧? 一定有, 但我不全了解, 有些了解, 有些还不大了解, 譬如: 在工业建设上, 当然依靠工人, 那是有工会来担任这工作, 不需另安排。私营工商业改造, 有工商联, 今后工商联作好, 把店员工会作好, 还有民主建国会, 这一些亦算有了安排。但我们建国工作不止于建设工业和改造私营工商业。在此处有安排, 而在其他如何呢? 计划要进行而待完成者还多得很,是不是那些处全都有安排呢? 自然我们知道根本上领导全国人, 对全国人作教育功夫的是"党", 其次是"团", 各民主党派, 还有妇联会, 青年联合会等等。所有这些都将负起责任动员全国人一致努力建国工作。但是这够不够呢? 东一安排西一安排却亦不少, 似乎没有充分计划性的安排, 我觉得还不满意, ——希望再注重于此。

于是我提第三问题 (与第二个问题可分可合): 农民问题或乡村问题。在这方面我还不知道计划如何。在此农业生产为主, 而其相连的相因相待的事情太多了, 必须有一整套计划, 各方面配合好, 才能推进农业进步。而所有一切都待农民或乡村居民积极起来。如何动员农民呢? 是农会吗? 当然应是农会, 但农会现在是什么情形呢? 除了土改中起作用外, 今日已不然, 今日只有党政干部, (各民主党派不到农村) 其次团、妇女会。这够不够呢? 感觉着不够。(一) 农村中党亦就 (是) 政, 政亦就是党。一切事很能作得主。但行政命令传达有之, 教育意味不够, 群众工作谈不到, 此从近几年强迫命令包办代替作风之严重即可说明。(二) 而且量亦不够。有党有团之地方照顾面不够, 党团所不到之处更不够。总之农民比较落空的。

过去二十年的革命全在于发动农民、依靠农民。依靠农民革命所以成功在此，而农民在革命中亦有成长，但进入城市后，工作重点转移到城市，成长起来的农民亦都随着到了城市。一切较好干部都来作城市工作，此无可奈何者。然而实在……，今建设重点在工业，精神所注更在此。生活之差，工人九天，农民九地。农民往城里跑，不许他跑。人才财力集中都市，虽不说遗弃吧，不说脱节吧，恐多少有点。然而农民就是人民，人民就是农民。对人民照顾不足，教育不足，安顿不好，建国如此？当初革命时农民受日本侵略者，受国民党反动派暴虐，与共产党亲切如一家人，今日已不存在此形势。

请原谅我们引用了这么多梁漱溟的原文，因为这关系到对整个事件的理解和评价，不得不如此的。请注意其中的两点：

说农民生活太苦和责备政府建设似乎无计划。

梁漱溟发言后，当时任农业部部长的李书城（也是党外人士），立即讲了一些农业部为改进农业做了多少工作的事例。周恩来当时也似未觉察梁漱溟的发言有什么问题，但还是让秘书拿来一些材料，说明工人在城市生活开支较高，意思是并非好于农民很多。不过两人的讲话都没有正面纠正梁漱溟的发言。

在梁漱溟当天的日记中，有这样一句："周似未能接受。"

到此为止，一切好像风平浪静。

但其实一切才刚刚开始，只是梁漱溟尚蒙在鼓里。

以下我们先按时间顺序介绍事情发展的经过，再就有关方面进行分析评说。

9月12日午后在怀仁堂大会场开中央人民政府会议，听取彭德怀抗美援朝三年的总报告，梁漱溟等政协委员列席于后座。报告结束后时间尚早，有人提议请毛泽东主席讲几句话。毛泽东似乎没有准备，在随意说了几句后，忽然说：有人反对我们的总路线，替农民叫苦，大概是孔孟之徒行仁政的意思吧！[①]不过要知道有大仁政有小仁政，照顾农民小仁政，发展重工业是大仁政。行小仁政而不行大仁政，那就是帮助了美国人。

这次毛泽东的讲话还有这样一段：有人班门弄斧，似乎我们共产党搞了几十年农民运动，还不了解农民。笑话！我们今天的政权基础是工农联盟，工人农民在根本利益上是一致的，这一基础不容分裂和破坏！

毛泽东的讲话虽然没有点名，但梁漱溟认为显然是针对他昨日之发言的，感到不快。因为他认为自己明明是拥护新的总路线的，又何尝会反对呢？他认为毛泽东是误会了自己的发言，当天晚上，梁漱溟即写信申明自己的立场。信中大意是说：你说的一些话，是说我。你说我反对总路线、破坏工农联盟，我没有这个意思，你说得不对，请你收回这个话。我要看看你有没有这个雅量。信里还特别指出，他发言时毛泽东本人不在场，希望毛泽东给个机会，由他当面复述一遍他原来发言的内容，以求指教，解除误会。[②] 此信梁漱溟准备尽快交给毛泽东以澄清此事。

13日是星期天不开会，但晚上有文娱演出。一早梁漱溟即把信发出（又一说为面交给毛泽东，待考），晚上毛泽东则派车来接梁漱溟观看晚会。晚会开始前，梁漱溟得以与毛泽东见面，但尚未从容解释，梅兰芳主演的《梁红玉抗金兵》一剧即将开场，左右促请毛泽东就座，梁漱溟只有随同入座，打算再找解释的机会。当晚的日记中，梁漱溟这样写道："晚七时晤毛、周，对于我发言意旨所在根本没有弄清，且气不顺。"在梁漱溟于事后不久所做的记录中，他说当时只有20分钟时间，他欲复述过去所发言而来不及。而毛泽东坚持认为他是反对经济建设路线的人，他竟不得自明。于是梁漱溟只有设法再找机会为自己辩解。

---

①见汪东林《梁漱溟问答录》第七卷，第3～6页。

②此信现无法得到，此内容根据采访其家人以及现有发表之材料。

事后看来，如果梁漱溟就此沉默，大概事情也就到此为止罢。

梁漱溟日后也是这样推测的："后来我才明白，如果听完毛泽东不点名的批评，我一声不吭，可能事情就到此为止。"

但梁漱溟的性格决定了他不会沉默，而且他坚持认为自己并没有错。

14日下午梁漱溟继续参加大会，陈云副总理作报告。

15日下午仍然是大会，有李富春副总理的报告和高岗副主席的发言，均很长，梁漱溟不可能有时间发言。他就向主席台递一字条，请求发言。主席台上宣布准许他在次日发言。

到此，有关梁漱溟受到毛泽东不点名批评的事依然局限在很小的范围内，不过他的几个学生和挚友都已获悉此事，虽然他们可能不知道细节。据梁漱溟日记，当天晚上富眉生（当年山东从事乡村建设时同人）即向梁漱溟谈了自己的分析：他认为此事的发生主客观因素皆有，劝梁漱溟不必只强调客观而放松自己。同时，向政府索问建设计划有"党内党外之嫌"，而提出农民问题更是引出工农对立问题，"二者皆大不可"。

所谓"当局者迷，旁观者清"，由上可见一斑。

16日下午，继续开大会，梁漱溟即登台发言，内容大致分三方面：（一）复述9日上午小组会上他拥护总路线的话。（二）复述11日午后政协扩大会上他说过的那些话——其中把"工人农民生活九天九地之差"这样的话又重复一次，梁漱溟事后认为这就铸成了大错。（三）对如何发动农民问题他愿有所建议，但建议内容涉及广泛，话又很长，不便占今天会议时间，请改日向教育部陈述。发言结束后，梁漱溟自认为已经能够解释清楚，心情轻松不少。"散会回家，自以为无事，岂不知说话不慎，铸成大错，次日大遭责难。"

17日下午，梁漱溟在开会入场时，发现每人座位前都有一印刷文件，是他1949年春初在重庆发表于《大公报》的两篇文章中的一篇，题目为《敬告中国共产党》。原来是两篇，一是对国民党说话，指出国民党人是共方所提和谈八条第一条的战犯，定要追究责任。另一篇则对中共说话，讲好战者既去，请不要再打，不要以武力求统一。但此时仅仅印发后一篇，据此梁漱溟已经明白，是要批判他了！

果然，随后的大会上，首先是章伯钧发言，他以党外人士小组组长的身份为批判开头。一位领导人随后作了长篇讲话，中心内容就是说梁漱溟一贯反动。[①]梁漱溟被这种突然袭击式的批判惊呆了！在他自己看来，如果说他在解放前若干思想理论认识是反动的，他还能承认和接受，但要说他在政治行动上也是一贯反动，他万万不能接受。他认为自己早年即投身辛亥革命，抗日战争时又多次为国事奔走，全国解放后即投向新中国的怀抱，怎么能够是反动呢？这篇批判他的讲话还特别以1946年南京和谈一段事情和1949年春梁漱溟在重庆《大公报》发表的几篇文章为例，指责梁漱溟反动。梁漱溟认为这完全不能服人。因为1946年和谈中的一段事，虽然是他有违原约、主观臆断造成的，但当时他即有所省悟，故有退出和谈，辞去民盟秘书长职务之举。至于1949年初的几篇文章，固然有错误，但在会上只印发《敬告中国共产党》一文，而不印发姊妹篇《敬告中国国民党》一文，则有失公平。不是公平待人，以理服人的态度。

在这位领导人发言的过程中，毛泽东数次插话，分量很重。最主要的大意是：一次说：人家都说你是好人，我看你是伪君子。一次说：你不是以刀杀人，却是以笔杀人。还有一次说：对于你非止这一次不开除你的政协委员，下届政协仍将有你。为什么？因为社会上有一部分人还受你迷惑。[②]

那位领导人的发言，特别是毛泽东的插话，使梁漱溟意识到问题的发展已经非常严重，他马上从座位上起立，想发言辩解。但主席台以时间太晚为由，没有同意，但宣布会期延长一天，准许他明日发言。散会回家后，

---

①见汪东林先生的多篇文章、著述。

②梁培恕先生口述。

梁漱溟没有告诉家人会上发生的情况，而是自己思考明天发言的内容。当晚有朋友来看他，他也不愿意回答解释。

第二天上午，罗子为及富眉生两人来问他准备如何发言，梁漱溟也不肯说出。只是笑着说：你们晚间再来，且看胜负如何。富眉生说：不当言胜负。梁漱溟点头承认他的话，解释说这不过一句笑谈。

显然，遭受这样的突然打击，梁漱溟已经无法让自己平静，何况批判自己的是中共最高领导人，是自己交往多年的老朋友！后来在1958年所写的“向党交心”的发言材料中，梁漱溟这样追述自己当时遭受指责的心情：“……依然意气很盛，好像觉得：对我施高压手段，那我是不受的，毛主席从来不打无把握之仗，这次打击我，怕未必有把握。过去那些事我总还是为大局，谁也拿不到我什么短处。”①

9月18日下午开会，梁漱溟进场时发现会场内人数突然增加了很多，竟有200多人。在前面几个人发言后，他立刻上台陈述，为自己辩护。

他一发言，就开门见山地说：昨天会上中央领导人的讲话，很出乎我的意外。当局认为我在政协的发言是恶意的，特别是主席的口气很重，很肯定我是恶意。但是，单从这一次发言就判断我是恶意的，论据尚不充足，因此就追溯过去的事情，证明我一贯反动，因而现在的胸怀才存在很多恶意。但我却因此增加了交代历史的任务，也就是在讲清当前的意见初衷之外，还涉及历史上的是非。我在解放前几十年与中共之异同，却不是三言两语说得清楚的，这需要给我较充裕的时间。

梁漱溟发言刚刚开了头，大概讲了不到10分钟，会场上就有人起哄，不让他讲下去。而起哄者，很大部分就是那些突然增加的人。在这种情况下，梁漱溟不得不把话头转到主席台上，特别是毛泽东身上，以争取发言权。

梁漱溟说，“我现在惟一的要求是给我充分说话的时间。我还觉得，昨天的会上各位为我说了那么多话，今天不给我充分的时间，是不公平的。

---

①《梁漱溟全集》第七卷，第50页。

我想共产党总不会如此。我很希望领导党以至于在座的党外同志考验我，考察我，给我一个机会，就在今天。同时我也表明，我还想考验一下领导党，想看看毛主席有无雅量。我要毛主席的什么雅量呢？就是等我把事情的来龙去脉都说清楚之后，毛主席能点点头，说：'好，你原来没有恶意，我误会了。'这就是我要求的毛主席的雅量。"

梁漱溟讲到此，毛泽东严厉地插话说："你要的这个雅量，我大概不会有。"

梁漱溟紧接着说，"主席您有这个雅量，我就更加敬重您；若您真没有这个雅量，我将失掉对您的尊敬。"

毛泽东插话说："这一点'雅量'还是有的。那就是你的政协委员还可以当下去。"

梁漱溟说："这一点倒无关重要。"

毛泽东生气地说："无关重要？如果你认为无关重要，那就是另一回事了；如果有关重要，等到第二届政协开会，我还准备提名你当政协委员。至于你的那些思想观点，那肯定是不对头的。"

此时，面对如此局面，按照梁漱溟的性格，他当然要坚持下去。他说："当不当政协委员，那是以后的事，可以慢慢再谈。我现在的意思是想考验一下领导党。因为领导党常常告诉我们要自我批评，我倒要看看自我批评到底是真是假。毛主席如有这个雅量，我将对您更加尊敬。"

毛泽东对此的回答是："批评有两条，一条是自我批评，一条是批评。对于你实行哪一条？是实行自我批评吗？不是，是批评！"

梁漱溟说："我的意思是说主席有没有自我批评的这个雅量……"

据当时一位与会者回忆，当时梁漱溟一再说："主席，请不要动气。"

梁漱溟如此强硬地与毛泽东争吵，显然出乎很多参会者的意料，会场开始大哗。许多人大声呼喊，说梁漱溟是胡说八道，民主的权利不能给反动分子，剥夺他的发言权，让他滚下台，停止他的胡言乱语，等等。

在这种情形下，梁漱溟当然无法继续陈述，但他坚持不下讲台。他要看看主席台，特别是毛泽东的态度。事后梁漱溟说，自己当时的想法就是，如果他叫我下台我就下台，别的人怎么喊我都可以不理。梁漱溟拿定了这个主意，并且以为自己这样做既是符合会议程序，也是合乎情理的。

此时，人们注意的焦点转移到毛泽东身上。毛泽东此时也开始冷静下来，他口气缓和地说："梁先生，你今天不要讲长了，把要点讲一讲好不好？"梁漱溟说："我刚才说过了，希望主席给我充分的时间。"毛泽东又说："你讲到四点钟好不好？"梁漱溟一看表，已经快四点了，便说："我有很多事实要讲，让我讲到四点哪能成！"这又形成僵局，会场上再一次大哗。接着又有几位站起来发言，指责梁漱溟狂妄之极，反动成性，不许他继续发言等等。

之后，毛泽东对会场的人说："让他再讲10分钟好不好？"会场便安静下来。大家的目光对着梁漱溟。

但此时的梁漱溟也很固执，说："我要求主席给我一个公平的待遇。"

于是会场上再一次哗然，许多人接连发言，对梁漱溟的发言甚表愤慨。

毛泽东说："不给他充分的说话时间。他说是不公平；让他充分说吧，他就可以讲几个钟头，而他的问题又不是几个钟头，也不是几天，甚至不是几个月可以搞清楚的。而特别是在场的许多人都不愿意听他再讲下去，我也觉得，他的问题可移交给政协全国委员会辩论、处理。我想指出的是，梁漱溟的问题并不是他一个人的问题，而是借他这个人，揭露其反动思想，使大家分清是非。他这个人没有别的好处和功劳，就有这个作用。因此我主张他继续当政协委员，现在我提议让他再讲10分钟，简单地讲一讲。好不好，梁先生？"

毛泽东讲完这段话，又有好些人站起来指责梁漱溟，梁漱溟倒都能静心听着，没有一句反驳之意。然后毛泽东又对梁漱溟说，梁先生，再讲10

分钟好不好？梁漱溟依然回答："我有许多事实要讲，10分钟讲不清楚。"

会场又一次出现骚动，梁漱溟依然站在讲台上。

因为相持不下，僵局无法结束。毛泽东最后说："你这个人啊，就是只听自己的，不听大家的。不让你讲长话，你说我没有'雅量'，可大家都不让你讲，难道说大家都没有'雅量'吗？你又说不给你充分的时间讲话是不公平的，可现在大家又都不赞成也不想听你讲话，那么什么是公平呢？在此时此地，公平就是不让你在今天这个会上讲话，而让你在另外一个会上讲话。梁先生，你看怎么办？"

梁漱溟回答说："听主席决定。"

当然会上又是一片喧闹。这时有人提出，请会议主席付诸表决，看让梁漱溟讲话的人多，还是不让他讲话的人多？少数服从多数。主席台接受了这个建议。执行主席高岗宣布，关于梁漱溟讲不讲话的问题现在进行表决。毛泽东补充说："因为这个问题不是政府委员会所列的议程，列席的同志也可以参加表决。"

接着高岗宣布，请赞成梁漱溟讲下去的举手，毛泽东带头举了手，政府委员中的中共委员也举了手，但占会场中的少数。毛泽东还边举着手边对梁漱溟说："梁先生，我们是少数啊。"待高岗宣布，请不赞成梁漱溟讲下去的举手时，占到会者的大多数立即举起手来。此时梁漱溟还想再说下去，但会场中大呼："服从决定，梁漱溟滚下来！"执行主席高岗对梁漱溟说，"你不要再讲了，把你要讲的话组织好，你将有机会到另外的会议上充分地去讲。"

就这样，梁漱溟在一片"滚下来"的声音中被轰下了台。①

被当面如此羞辱，在梁漱溟是第一次，却不是最后一次。

明儒吕坤曾这样说过："天地间惟理与势为最尊，虽然，理又尊之尊

①梁培恕先生口述及汪东林有关著述。

也。朝堂之上言理，则天子不得以势相夺，即相夺焉，而理则常伸于天下万世…… 以莫大之权，无僭窃之禁，此儒者之所不辞，而敢于任斯道之南面也。”不知被赶下台的梁漱溟，当时是否想到了这段话。

有一点必须在这里指出，梁漱溟在讲话中所说的“工人九天，农民九地”的话，并不是他所说，而是一个朋友（彭一湖先生）到他家时所言。但此后多年，历次对梁漱溟的批判中，梁漱溟一直坚持说此话就是自己所说，与他人无关。直到20世纪80年代中期，他才在接受访谈时说出此事，以示不掠美之意。

数十年后，司徒丙鹤先生对梁培宽先生说：当年那次批判会，他正坐在致公党主席司徒美堂老人身边，因老人只会讲英语，他充当翻译。老人对会场上允许喧闹而不让梁漱溟答辩感到难以接受，曾三次站起来准备发言而被他劝止。其时老人已85岁。

写到这里，有必要交代一下司徒美堂其人。

司徒美堂(1868～1955年)，原名羡意，字基赞。1868年生于广东开平县，1880年离乡去美国，1884年参加洪门致公党，曾任美洲洪门致公党总监督及其下属安良堂总理达数十年。著名爱国侨领，辛亥革命老人，孙中山的老朋友，从1904年就追随孙中山投身革命活动，发动海外各地致公党以实际行动支持孙中山领导的辛亥革命。他是中国致公党的创始人之一。中国致公党史上两次历史性的飞跃，即从洪门会党升华为政党，从旧民主主义政党，转变为新民主主义政党，都与司徒美堂的一生有着密不可分的关联。毛泽东曾于1949年亲笔写信给司徒美堂说：“团结全国人民及海外侨胞的力量，完全实现中国人民的独立解放事业，实为当务之急”，热忱邀请司徒美堂“摒档公务早日回国，莅临解放区参加政协会议”。[①] 司徒美堂接到毛泽东的邀请函后，立即启程离开侨居近70年的美国，经香港于9月4日抵达北平，以83岁高龄出席中国人民政治协商会议第一届

① 《毛泽东书信集》收有此信。

全体会议，是新政协中年龄最大的委员。1955年5月，司徒美堂在北京逝世，终年87岁。

在整个大会对梁漱溟批判的过程中，毛泽东的多次插话起了非常关键的作用，这是毫无疑问的，因为他的威信在解放初期正达到一个前所未有的高峰。后来他的这些插话被整理为一篇文章，题目就是《批判梁漱溟的反动思想》，在多部史料中被引用，以下，我们仅摘录几段：

梁先生自称是“有骨气的人”，香港的反动报纸也说梁先生是大陆上“最有骨气的人”，台湾的广播也对你大捧。你究竟有没有“骨气”？如果你是一个有“骨气”的人，那就把你的历史，过去怎样反共反人民，怎样用笔杆子杀人，跟韩复榘、张东荪、陈立夫、张群究竟是什么关系，向大家交代交代嘛！他们都是你的密切朋友，我就没有这么多朋友。他们那样高兴你，骂我是“土匪”，称你是先生！我就怀疑，你这个人是那一党那一派！不仅我怀疑，还有许多人怀疑。

讲老实话，蒋介石是用枪杆子杀人，梁漱溟是用笔杆子杀人。杀人有两种，一种是用枪杆子杀人，一种是用笔杆子杀人。伪装得最巧妙，杀人不见血的，是用笔杀人。你就是这样一个杀人犯。

梁漱溟反动透顶，他就是不承认，他说他美得很。他跟傅作义先生不同。傅先生公开承认自己反动透顶，但是傅先生在和平解放北京时为人民立了功。你梁漱溟的功在那里？你一生一世对人民有什么功？一丝也没有，一毫也没有。而你却把自己描写成了不起的天下第一美人，比西施还美，比王昭君还美，还比得上杨贵妃。

“羞恶之心，人皆有之”，人不害羞，事情就难办了。说梁先生对于农民问题的见解比共产党还高明，有谁相信呢？班门弄斧。比如说，“毛泽东比梅兰芳先生还会做戏，比志愿军还会挖坑道，或者说比空军英雄赵宝桐还会驾飞机”，这岂不是不识羞耻到了极点吗？所以梁先生提出的问题，是一个正经的问题，又是一个不正经的问题，很有些滑稽意味。他说他比共产党更能代表农民，难道还不滑稽吗？

梁漱溟是野心家，是伪君子。他不问政治是假的，不想做官也是假的。他搞所谓“乡村建设”，有什么“乡村建设”呀？是地主建设，是乡村破坏，是国家灭亡！

你说工人在“九天之上”，那你梁漱溟在那一天之上呢？你在十天之上、十一天之上、十二天、十三天之上，因为你的薪水比工人的工资多得多嘛！你不是提议首先降低你的薪水，而是提议首先降低工人的工资，我看这是不公道的。要是讲公道，那要首先降低你的薪水，因为你不只是在“九天之上”嘛！

前面我讲了，梁漱溟没有一点功劳，没有一点好处。你说他有没有工商界那样的供给产品、纳所得税的好处呢？没有。他有没有发展生产、繁荣经济的好处呢？没有。他起过义没有呢？没有。他什么时候反过蒋介石，反过帝国主义呢？没有。他什么时候跟中共配合，打倒过帝国主义、封建主义呢？没有。所以，他是没有功劳的。他这个人对抗美援朝这样的伟大斗争都不是点头，而是摇头。为什么他又能当上政协全国委员会的委员呢？中共为什么提他做这个委员呢？就是因为他还能欺骗一部分人，还有一点欺骗的作用。他就是凭这个骗人的资格，他就是有这个骗人的资格。①

试想一下，当一个党和国家的最高领导人在全国政协大会上以这样的语言当面批判一个人的时候，那些与会者会有怎样的感受？又会作出怎样的反应？而那个被批判者，又会承受怎样的压力？

这篇讲话被刊出后，人们可以看出。编辑者对文字没有做多少修饰，基本上完整地保留了原貌，所以像“嘛”等一些语气词得以保存下来，非常传神。

至于毛泽东在此处引用的最后一段中指责梁漱溟反对抗美援朝，则有必要追述几句。1950年9月，毛泽东约见梁漱溟，梁漱溟谈到最近朝鲜战事，深感不安。毛泽东回答说，中美之间现在还没有打起来，但真要打到你头上，也只有还击。梁漱溟则认为新中国刚刚建立，经济建设最要紧。如与美国人打，后果不知会怎样。

此后不久，有关部门派人找到梁漱溟，请他在保卫世界和平大会这个组织中担任一个负责的职务，征求他的意见，梁漱溟却没有同意。此后中央政府秘书长林伯渠请梁漱溟吃饭并征求他对出兵朝鲜的意见，梁漱溟表示自己有疑虑，其理由已经向毛泽东陈述过。但如既已决定，自当拥护。至于出任保卫世界和平大会职务事，林伯渠没有问，梁漱溟也没有主动提起，因为他不想就任。后来梁漱溟认为此事大概是周恩来有意提供给自己一个机会，让自己站到政府一边来。但梁漱溟的拒绝，很可能给毛泽东一个不好的印象。②

---

①上述引文见《万象》杂志2004年第5期钱伯诚《梁漱溟先生为“雅量”而争》。
②此材料据采写梁漱溟家人回忆整理。

难能可贵的是，被轰下台来的梁漱溟却突然清醒了，知道自己已陷入意气之争，竟能心平气和地听后来几个人斥责他的发言。

在先后发言的众人中，有两个人的发言显得与众不同。

一个是何香凝女士。她在发言中不仅依然称梁漱溟为“先生”（此时其他人都已直呼其名），而且认为梁漱溟在1949年写的文章虽然不对，但在历史上还是做过一些好事，并建议梁漱溟好好闭门思过，含有提醒他要冷静的意思。

还有一个是陈铭枢居士。他也是梁漱溟的老朋友了。他看到会议开始以来就有意批判梁漱溟，而且一路升温，毛泽东的插话又十分严厉，需要缓和一下气氛。于是他在发言中就提出“请求毛泽东明确梁漱溟问题的性质”，如果是政治问题，那就是革命与反革命之分，可以用别的方法解决，没有必要在此耗费口舌；如果是思想问题，那就另当别论，可以慢慢批判教育，让他逐渐醒悟。毛泽东考虑了片刻，回答说：“梁漱溟这个人很反动，但没有发现他暗中有什么活动，也没有发现他与美帝国主义、台湾有什么联系，因此他的问题仍属于思想范围的问题。这也是我提出保留他的政协委员资格的依据之一。但这人的反动性不充分揭露不行，不严厉批判也不行。”应该说，陈铭枢的提问很聪明，值此关键时刻，毛泽东的一句话就将梁漱溟留在了人民内部。

写到这里，应该简单介绍一下这位关键时刻出手援救朋友的智者和仁者。

陈铭枢，字真如，广东合浦人，1889年10月15日生。著名军事家和佛学家。保定陆军军官学校毕业，早年加入中国同盟会。北伐战争时，任国民革命军第十一军军长兼武汉卫戍司令。1927年任国民革命军总政治部副主任。1929年任国民党广东省政府主席。1930年所部改编为第十九路军。九·一八事变后，任京沪卫戍司令，同蔡廷锴等参加一·二八淞沪抗战，后代理国民党政府行政院院长。1933年11月，与李济深、蔡廷锴等发动福建事变，成立中华共和国人民革命政府。1936年改社会民主党为中华民族解放大同盟。抗战胜利后，参与组织三民主义同志联合会。1947年底参与发起成立中国国民党革命委员会。1949年作为三民主义同志联合会代表出席中国人民政治协商会议第一届全体会议。建国后，历任中央人民政府委员，中南行政委员会副主席，全国人大常委，第二届全国政协常委，第三、四届全国政协委员。1949年11月当选为民革第二届中央常务委员。1965年5月15日在北京病逝。他与梁漱溟的友谊始于20世纪20年代中期，多年来两人就政治、教育和佛学问题密切交往切磋，陈铭枢以一将军而成为佛学名家，与梁漱溟不无关系。梁漱溟在其著作和日记中曾多次提及，也是梁漱溟晚年交往最密切的几个朋友之一。

最后，大会再次用举手表决的方式，决议将梁漱溟的问题交付政协全委会开会讨论处理后，会议才宣布结束。

当天梁漱溟的日记是这样写的："午后大会发言被阻止。会上决定我的问题付全国委员会。晚间眉生、艮庸、渊庭、子为、云川等同来。谈会上情形及我自己的反省。"

3

9月19日、20日，梁漱溟的至亲好友获悉此事后，不断登门安慰和劝导，使梁漱溟的心情逐渐冷静下来。其中他的长子梁培宽与他的交谈，启发最大，使他在态度上发生转变，开始醒悟反悔。

9月20日是星期天，梁培宽和梁培恕兄弟先后返家，梁漱溟即以近几天发生的意外风波从头至尾告诉了他们，言语中虽有所反省，但仍认为自己是被误会，受此打击，实非意料所及。梁漱溟介绍完后，梁培宽即说不要以为这件事是意料不及突然发生的，虽然看上去有许多偶然因素；

也不要看成只对你个人，偶然因素、个人因素都不居主要地位。

梁培宽说，这件事有一个不断发展的过程，只是你自己还没有认识到而已。父亲还记得那年（指1950年）被选入政协委员的一次会议上自己的发言吗？早在那次就提出种种批评意见了。我还听说父亲参加西南土改时，亦曾说到要来看看西南土改是否合于中央土改法的话。在此之外，父亲三年来还在某些会上有过发言，或与主席谈话，或向主席去信，我似曾听说差不多亦与此相类似，都好像在监督政府的神气。这在心理上存有一种偏差的，今天的事，正是从这一偏差发展而来的。父亲总说自己是善意的，是爱护党，爱护政府。但一言一动须看其所起作用如何，所发生影响如何，不能单从动机来看，而不顾及它的客观作用和影响。何况便是论动机，怕亦有问题。因为父亲自己好像总是站在政府的外面，这动机还不使人怀疑吗？我愿父亲向隐微处搜寻自己的思想根源，从根本上端正自己对党对政府的态度。父亲这样一次又一次刺激政府，积两三年之久，这在政府的感受上自有其发展。毛主席认为父亲有恶意，便不足为怪。我的理解，是毛主席不能容许你这样发展下去。他并不是对你个人有什么好感或恶感。他一切为了国家当前的建设大业，没有其他。父亲考虑自己的问题亦不要把它同国家当前建设事业分开，切不可抱静待考问应付过关的念头，只求了却一身问题，而应当主动检讨错误的思想根源，担负起所有给予国家事业一切不良影响的责任，争取改造自己以利今后的国家建设……

梁培宽的这一席话，加上梁培恕以及好友、学生的规劝赐教，包括何香凝先生在会上的批评等等，引起梁漱溟思想上和心情上的根本变化，对于自己错误之所由来似乎有所发觉，好像通了窍。他于20日当天便开始反思检讨认识自己。

梁漱溟这时是怎样的心情呢？用他自己的话，就是觉悟前总在如何辩解误会上用心思，觉悟后便不想辩解什么，感到的是惭愧、歉疚、悔恨。觉悟前亦有反省，其反省所得便是“有气而无心”，“有个人英雄之气而无一片恻隐之心”。自己虽知道必须是恻隐之心代替英雄之气而后可，却思来想去不过一句空话，一抽象道理，便茫然无措手处，不能实践。觉悟后，恻隐之心顿然显现——惭愧得不能自容，便是恻隐之心。觉悟前亦知道“自高自大”不对，却始终扔不开它；觉悟后惊于“自高自大”害死了我，一定要彻底粉碎它才得以救自己；觉悟前正所谓顽钝无耻，心死已久，觉悟后悔恨不已，此心渐渐苏醒……[①]

在9月20日的日记中，梁漱溟写下这样一段不好懂的话：

> 忽悟菩萨止于悲之理(如为人子止于孝之“止”)，在儒则只一片恻隐之心。悲与所悲似相对之两面，然所悲一切众生，自己亦在内，且超于利用与反抗，即是无对。无对而有对，有对而无对。动亦定，静亦定。永不落被动而恒时是主动，换言之，始终有心在。气动即失心，心在则气为心用。

让我们试着做些解释。梁漱溟曾经在《东西文化及其哲学》中，拈出“向前面要求”五字为西洋人根本精神所在，而以“自己调和持中”释中国人之态度。后来，他又以为“自己调和持中”一语，虽可概说一般中国人之态度，而未足以尽中国古人之精神，道出中国文化之根据。故他改用“有对”“无对”字样，以为中西文化之差异。无对，即中国古人所谓“仁者与物无对”之无对；有对亦即与物为对之意。盖生物进化到人类，实开一异境。一切生物均限于“有对”之中，而人类则以“有对”超进于“无对”——他一面还是站脚在“有对”，而实又超“有对”而进于“无对”了。西洋人于古希腊时，既表现出其有对精神；等到近世以来，乃更将人类的有对性，发挥得淋漓尽致——其科学技术的进步就是证明。梁漱溟认为过去他用“向前面要求”点明西洋人态度，已经尽足见意，但不如“有对”二

①汪东林：《梁漱溟问答录》，第178～179页。

字更加简明，中国一般人自未足以言“无对”，而其所倾向则在此；中国数千年文化所为与西洋大异者，实由古人认识了人类之所以为人——认识了无对有以开其先，立其基。因此如果说到中国精神，必举“无对”乃得也。

当年陈独秀曾告喻世人：继学术觉悟、政治觉悟之后，“伦理的觉悟，为吾人最后觉悟之最后觉悟。”[1] 但五四后不久，梁漱溟却把这“最后觉悟”说成是中国人的自主与自觉的最后丧失。在梁漱溟看来，科学和民主虽然并不是无关紧要的东西，但这些毕竟只是“有对”的理性的成就——中国自有高出这理性、比这还要紧得多的精神在，这便是“无对”的理性的“王道仁义之风”。梁漱溟这样说并不是表示他不关心民族的命运，但他所注重的显然不仅在于民族的富强，而且在于维护和传承中国文化中那种“仰之弥高，钻之弥坚，瞻之在前，忽焉在后”以及“岁寒然后知松柏之后凋也”的精神气象。

将“无对”应用于个人之精神境界，则“无对”是最高的境界，“无对”不是“无我”，但两者密切相关。大凡人一陷入“有对”，便失去平常心，容易计较个人的私利如名誉、地位等。即便有时看来是真理在自己一边，但如果一味以此抗争而不计方式和后果，也是陷入“有对”。《易经》上说“仁者无对”，对此梁漱溟曾经在一次讲演中就此发挥说，“仁者无对”的意思是他的生命，是向前奋进的，这种情形，在他生命一活动之时，最容易看得出来。比如在大笑时，除了一个大笑之我，还有一个宇宙。这时，只有生命之流行，生活正在心灵奋进之中，仁者，就是在平常、平淡生命之中，他之生活，也不是平淡寡味的，他还有他之乐趣，他之生活里面，自有一种和气，情仿佛从心浮出，因为是这样，所以真与物同体，所以上面说真仁者无对，此种讲法，是近于人生哲学的范围。[2]

显然，梁漱溟以“无对”来要求自己，看到自己的言行所缺失的就是

①《吾人最后之觉悟》，载《青年杂志》第1卷第6号。

②梁漱溟：《孔子哲学大要》，原载《时事新报》，1924年2月27日。

“无对”的境界而终究陷入个人的意气之争。只是在这个层面上，他要检讨自己的错误——这一点非常重要，他只是检讨自己，而对方是否有错，他并不涉及。

梁漱溟的许多朋友也在为梁漱溟担心，在劝慰梁漱溟的同时，都在积极谋划着如何帮助他渡过难关。其中最重要的人物，就是李济深和张澜先生。

李济深与梁漱溟相交在青年时代。1922年梁漱溟29岁时，决定抛弃出世思想，即由挚友伍庸伯（观淇）介绍其妻妹黄靖贤与梁漱溟婚配。在这之前好几年，伍先生在北京讲授《大学》，梁漱溟是经常听讲者之一，并由伍先生引见同另一位听讲者李济深（任潮）相识，自此后李、梁交往甚密。1920年底，经伍庸伯推荐，李任潮离开任职的北洋政府陆军部，到广州任粤军第一师副师长，后追随孙中山先生。

1927年，李济深成为广东省的铁腕人物后，就把梁漱溟请到广东省办“乡治”讲习所，这是梁漱溟后来在河南、山东搞“乡村建设”运动的开端。李、梁的交往和友情由此进了一步。

张澜和梁漱溟都是中国民主政团同盟（中国民主同盟的前身）的创始人之一。张澜一直是民盟中央主席，梁漱溟则是中央常务委员，并在1947年兼任民盟中央秘书长。梁漱溟对担任什么职务一向深恶痛绝，只是看到张澜身边缺少得力的助手，而张澜当年答应加入民盟还是梁漱溟去做的工作。梁漱溟出于帮助张澜的想法才出任了秘书长，但只答应任半年时间，后来果然如期退出。因此，作为老朋友，张澜对梁漱溟的思想和为人，当然也深有了解。

在亲眼目睹毛泽东如此严厉地批判梁漱溟之后，李济深为老友的困境和前途忧心忡忡。他既不能在那种气氛白热化的场合说话，也不能事后去劝说梁漱溟几句而解决这个难题。他深知张澜先生与梁漱溟的关系，又见张澜也同他一样始终在会上一言不发，估计他会和自己一样对梁漱溟的处境感到担心。他决意登门找张澜共议良策，帮老友梁漱溟一把。

他们二人认为，梁漱溟是由于个性太强，顶撞得毛泽东下不了台，才导致如此。怎么办？自然要劝说梁漱溟作检讨，但他们又担心梁漱溟很难作像样的自我批评，而梁的问题又确实不是一般检讨能奏效的。他们认为里边有误会的成分，特别是毛泽东对梁漱溟的个性和为人，了解有限。因而他们商定，联合给毛泽东写信，首先批评梁漱溟的傲慢，然后以老友的身份介绍梁漱溟的性格和为人，希望毛泽东能看到梁漱溟这个人独特的坦率、耿直的一面，宽容梁漱溟的过错。商量已定，二人就当场写出这封信，信中并提出如果毛泽东有闲，还可以约他们面谈、细说。随后他们就把此信转交给毛泽东。

但李济深和张澜始终没有接到毛泽东的回音。

后来他们曾几次因别的事见到毛泽东，毛泽东也没有向他们提及此事。数月后，两人看见梁漱溟已恢复参加各种活动，也没有听说梁漱溟受到什么处分，便逐渐放心，感到没有必要向毛泽东再问这件事了。①

5 在梁漱溟一面，首先是于9月20日写信给毛泽东，要求请长假以闭门思过，但毛泽东并没有答复。其次是他自9月21日起开始写反思检讨的文章，一直到10月3日才写完并修改完毕，据其10月4日日记，“渊庭来抄稿后即送全委会转毛主席”。11月13日，又将最后修改后的《我要建议的是什么》以及一些附件、参考材料，连同给毛泽东的信再次送交政协全国委员会转毛泽东。

此时梁漱溟的日记，很能看出他的内心活动以及对受批判事的反思。

①见汪东林《梁漱溟问答录》第187～190页。

例如9月30日的日记有这样的句子：

> 象山语：要当轩昂奋发，莫恁地沉埋在卑陋凡下处。
>
> 重担子须是硬脊梁汉方担得。
>
> 身不应离心，心不应离身，心身合，谓之中。

类似的话或摘录古人的句子，还有多处，说明梁漱溟自己正在进行紧张的反思和洗礼。他想从古人那里，找到可以支撑自己战胜压力以渡过难关的思想资源；要通过这件事，使自己的境界达到更高的一个层次。

有一件事情可以看出梁漱溟受批判后，他在其亲友那里受到的巨大压力。他的一个婶婶，在从街道居民委员会得知侄子居然敢“反对总路线”后，非常生气。不久老太太过生日，梁漱溟登门拜寿，老太太竟然态度极为冷淡。春节时梁漱溟再次上门，态度依然如此，之后梁漱溟只好不再登门。所幸梁漱溟的直系亲属以及他的学生们对他有相当的理解，使梁漱溟感到些许安慰。

另一方面，检讨虽然已经送出，但很奇怪，不仅毛泽东没有任何答复，批判大会上所通过的交由另会讨论处理的事也没有动静。而政协的有些开会通知乃至宴会请帖（如公宴外宾金日成的请帖），却仍然送给梁漱溟。

梁漱溟为此写信给陈叔通副主席、李维汉秘书长，说明因在假中所以缺席，没有赴会；同时请求当众检讨的机会。李维汉回信说，对于某些通知和请帖，会照常送来，出席或否，由梁漱溟自己决定。至于当众检讨一事，则托人口头答复说不忙。如此状况一直持续到1953年底，梁漱溟在朋友的指教下，便销假了。此后，虽然梁漱溟多次表示要检讨，有关部门却一直说不必着急，后来就不再提此事了。所有要给他处分的话，竟然一直没有下文。1954年1月分组讨论宪法起草，梁漱溟被分在程潜为组长的一组，参加讨论并略有发言。从此算是恢复了正常的工作和生活状态。

总之，除了毛泽东以后再也没有邀请他去中南海外，他的一切待遇照旧。[①]

同年10月，毛泽东在与中共中央农村工作部负责人关于农业互助合作的谈话中，有这样一段话，可以看作是对梁漱溟的又一次不点名批判：

> “农村苦”、“不大妙”、“措施不适合于小农经济”，党内党外都有这种议论。农村是有一些苦，但是要有恰当的分析。其实，农村并不是那样苦，也不过百分之十左右的缺粮户，其中有一半是很困难的，鳏寡孤独，没有劳动力，但是互助组、合作社可以给他们帮点忙。他们的生活比起国民党时代总是好得多了，总是分了田。灾民是苦，但是也发了救济粮。一般农民的生活是好的，向上的，所以有百分之八十至九十的农民欢欣鼓舞，拥护政府。农村人口中间，有百分之七左右的地主富农对政府不满。说“农村苦，不得了了”，我历来就不是这样看的。[②]

历史在前进的过程中，常常需要某个人出来担当一定的角色。这角色有时是喜剧性的，有时是悲剧性的，前者的例子如民国初年的张勋复辟，后者的例子就是1953年的梁漱溟。

不过，梁漱溟的悲剧角色还远未到卸妆退场的时候。

---

①从1953年到1976年毛泽东逝世，梁漱溟再也没有到中南海与毛泽东单独见面交谈的机会。不过，由于他仍然是全国政协委员，在以后参加的多次会议上，他与毛泽东仍然有见面的机会。据说毛泽东在一次政协会议上与委员们一一握手，当轮到梁漱溟时，梁漱溟说，我是来学习学习的。毛泽东却只是握了一下梁的手，点了点头。至于周恩来，则与梁漱溟的见面机会更多，但也都是在会议上或宴会上，两人也没有单独再见面交谈过。——此据笔者2004年6月拜访梁培宽先生时，梁先生所回忆。

②《关于农业互助合作的两次谈话》，《毛泽东文集》第六卷，第303～304页。

2004年6月，北京。笔者拜访了梁培宽和梁培恕两位先生，就当年发生的事情，再次请他们说点什么。

梁培宽先生是一个非常和蔼可亲的老人，其从容和宽厚大有梁漱溟之风。对于1953年的“雅量”风波，他说：当年毛泽东在批判父亲时说他一件好事都没有做过，但到1974年，毛泽东在一个批示中提到父亲时却说“人无完人”，这就表明毛泽东还是承认父亲当年是做过有益于人民的事，这句话本身就说明了问题吗。至于毛泽东当年为何发那么大的火，有很多猜测，有些甚至猜得很离奇古怪，梁培宽认为这些都不可信。

梁培宽认为，其实最根本的原因主要就是两点：第一，建国后党和政府的确希望父亲参加政府工作并发挥作用，以他在民主人士中的影响，自然可以有利于推行种种政策。但父亲当时有看看再说的想法，故多次表现得不够积极，如到北京后很久没有表态，即使表态了也很不够热情等，这些可能令毛泽东失望。第二，当时在民主人士中，还有对党和国家的政策有意见者，对此毛泽东认为有必要给予警示。父亲的发言正好给毛泽东提供了一个机会，加之父亲与毛泽东的关系，让毛泽东感到如对父亲进行批判，更能起到让他人觉醒的作用。

相对于梁培宽先生的大度与宽容，梁培恕先生则以更敏锐和更深刻的谈吐，给笔者留下深刻印象。对于那场风波的起因，他是从中国知识分子命运的角度来谈的。他提到了毛泽东那句以“皮之不存，毛将附焉”比喻知识分子没有独立地位的话，提到了中国知识分子的独立意识和自由精神的缺乏，他也提到了陈寅恪。当得知笔者曾经写过有关陈寅恪学术思想的论著时，他给予热情的鼓励。他认为其实历史已经对那场风波作出了评判，是非对错已有公论。至于具体的细节，既然当事人都已不在人世，又何必再斤斤计较呢？说到对毛泽东的评价，他说无论是父亲还是他们，都是一样的——他是一个伟人，尽管也有缺点和错误。他的儿子，梁漱溟取名为“钦东”，就是“钦佩毛泽东”之意，这还不能说明问题吗？

不过，他认为父亲有时还是过于天真了，这让他付出了代价——父亲不适合从政，这是他对父亲的评价。至于其他，梁培恕先生没有多说，只是送给我一部他写的《梁漱溟传》。这书首先在香港出版，然后计划在大陆出版。

还有一件事似乎不应不提。很多年以后，已经是中共中央总书记的胡耀邦，1985年在接见香港《百姓》半月刊社长陆铿时，曾经谈到过当年的这场“雅量”风波。胡耀邦对陆铿说：“梁漱溟先生从参加新中国的政治舞台头一天起，是不大讲我们的好话的。他几年以前就开始讲我们的好话了，大概是4年前吧！”在谈到1953年9月对先生的大批判时，胡耀邦讲：“可能毛主席也有他的想法，国家的事情这么复杂，你却那么样的瞎放炮，不大好吧！那一年……就给批了一下，现在看是过头了！”“尽管他不讲我们的好话， 也应该允许人家吗！在有些事上，还未经过自己脑子证实，他一时想不通，从而不大赞成。”[1]

看来，历史老人总是对的。

①李渊庭等《梁漱溟先生年谱》，第361页。

# 第四章 “雅量”之争的余波

## 1

“我现在的行动，只是由于惯性罢了。”

“你这一辈子做过什么好事？”

这是梁漱溟1953年12月31日日记中的最后两句。第一句自然是别人批判他的话，第二句则大概是他的自省之语，虽然是借用他过去说过的老话。

梁漱溟，这个被新社会视为“旧时代的残余”的人，就带着这样的心情进入了1954年。

失眠成为他这一时期日记中最常出现的记载。他本来就有失眠的毛病，经过“雅量”风波的打击，失眠更是变本加厉地折磨着他。由于过度失眠而导致头晕经常出现，而不得不服药治疗。

当然，让他感到最不舒服的绝不是失眠，而是被“冷”处理的现实。他有一次对家人说，他感到了“寒冷”。

自然，他还可以做的事是写作，但能否发表和出版，不能知道。于是他给两个儿子写了这样一个条幅：“情可不言喻，文期后世知。”对于自己生前是否还能被社会理解，自己的著述是否能够流传他已经不抱希望，而有了“藏之名山，传诸后人”的念头。多少年之后，社会上纷纷流传着这样一个说法：梁漱溟写了一本书，因为害怕不能出版而流失，就抄写了好几份，分别存放在中国的东南西北几个地方，这本书，就是直到1984年才出版的《人心与人生》。

在1954年1月15日的日记中，他已经决定把著述当作今后生活中的中心工作。而出发点是：“我所深爱者当然局势自觉能动之心（即本体），但同时对于此一时代我所负的任务或使命(即作中西之间或资本主义到社会主义之间作思想学术的桥梁)尤为一生心事所在，所谓真好真恶以此为准。”字里行间，依然充满了自信，依然有一种使命感，此当非常人所能做到。在稍后的日记中，类似的话仍有出现，如“余所负历史使命之重大”等，让我们看到了一个真正的政治家和思想家的胸怀和风骨。

具体的计划，就是尽快开始《人心与人生》的写作。

不料，这年2月，因“小便大成问题”，梁漱溟不得不到医院检查，诊断为前列腺肥大症，当即住院治疗。大概是这个缘故吧，梁漱溟在住院期间阅读了几册医书，并由此想到中医和西医背后的文化差异问题，以及对巴甫洛夫学说的理解问题，他认为这些与他要解决的“人生问题”都是大有关联的。经过检查，所幸病情倒不严重，此病属于老年常见病而无须手术，这样梁漱溟住院一周后就出院了。

但出院不久，一个不好的消息随即传来：毛泽东在1953年批判大会上所说的将梁漱溟的问题“移交政协双周座谈会”去解决的话，仿佛要兑现了，有朋友来告诉梁漱溟他听到了风声。这对思想已渐于平静的梁漱溟而言自然又会引起震动，虽然他早就准备要检讨自己。于是在其日记中不时出现相关的文字，有些是感想，有些是摘录，但都非常真实地说明了他的内心活动：

我一生得力处在处处“有自己”，然而今日最大病痛亦正在脱不掉个人主义，“不能没有自己”。

“根据三次革命的经验，我们知道：在一百个未经过集体审查和集体修改的个人决定中，差不多有九十个是片面的。”（斯大林与德国作家路德维希德的谈话。）

阅1929斯大林论党内右倾（布哈林等）一长篇演说，对于我作检讨有启发。

不过，由于要召开全国人民代表大会，以制定新中国的第一个宪法，政协的座谈会虽然定期召开，但内容大都是关于制定宪法草案的讨论。这些讨论梁漱溟也参加了，但基本上没有发表意见。

要梁漱溟检讨的事还是没有消息，“雅量”风波的影响似乎正在远去，在梁漱溟方面似乎已经风平浪静，但这一事件给他人带来的影响，却是梁漱溟无法预料也无法控制的了。

他大概不会想到，即便是在“雅量”风波过去差不多10年后，竟然还会有人因此二字受到批判。

1962年9月，山东师范大学中文系教授、著名的中国现代文学研究专家田仲济先生，写了一篇题为《雅量》的杂文。作为学者，远离政坛的田仲济自然不知道，关于“雅量”曾经发生过一场重大的政治风波。而他这篇同名杂文的发表，当然会被认为有影射之嫌。虽然事情已经过去多年，但政治这种因素其有效期是无限的。

原文并不长：

我们民族传统是以具有雅量为美德的，有“宰相肚里可撑船”“唾面自干”等等流传民间或见诸书面的说法，也有不少类似对韩信的“不耻胯下之辱”的赞扬。近来更有不少的人谈到这个问题，像郭沫若同志在《我怎样写〈武则天〉》中提到的“高尚的情操”，实际就是雅量。他说：“武后爱好文艺，具有比较高尚的情操。例如她读到骆宾王讨伐她的檄文时只是‘嬉笑’，并且还说有这样人才不用是宰相之过。这是难能可贵的。”在提到武后和上官婉儿的关系时，他说：“武后在她十四岁时发现了她，并不顾私仇而重用了她，……上官婉儿由仇视武后转而为拥护武后。”在这里郭沫若同志不仅赞扬了武后，也称道了上官婉儿，认为她们都具有不计个人恩怨的高尚情操。因为上官婉儿原是为报杀父之仇想去刺杀武后的，可是当她发现武后是一个宵夜为国操劳的人，便转而拥护武后了；而武后由于发现了她的才能，也不顾私仇而信任她，且依为左右手。

具有雅量是一种美德。自然，唾面自干是不足为训的，那跟基督教的“有人打你的左脸，你要将右脸给他打”差不多，是要不得的，是和韩信“不耻胯下之辱”，越王勾践屈为夫差奴役的一时容忍不同的。至于武则天、上官婉儿就更不同了。她们想到国家和事业的多，因而对家庭、个人就计较得少了。雅量之所以可贵，大概就在此了。古人不是常评讽某某的气量“小矣哉”么？所谓“小矣哉”，就是无视远者大者，只见到了小者近者，也就是只见到个人目前小利。骆宾王便是一个现成的例子。

显而易见，田仲济的文章是针对郭沫若的翻案话剧《武则天》而写，如果说有问题，也是郭沫若在前。不过，以郭沫若之地位和影响，他的翻案再离谱也可以被接受，但其他人若再如此就不一定行得通。

一场意料不到的批判开始降临到作者身上。

首先，此文发表不久，即引起了当时的山东省党政领导的高度关注，开始派人调查田仲济写此文章是否有什么背景等；其次，田仲济这篇杂文在“文革”初期遭到点名批判，罪名是为梁漱溟鸣冤叫屈，系影射攻击当年毛泽东对梁漱溟的批判，而田仲济本人因此遭到多次批斗。

直到很久以后，田仲济先生才明白，原来自己无意之间，竟踩了一颗敏感的政治“地雷”！



2 鲁迅曾经书赠给瞿秋白一联：“人生得一知己足矣，斯世当以同怀视之。”古往今来，在那些民族最优秀的人物身上，我们总是可以发现许许多多感人至深的友谊。而正是这种可歌可泣的友谊，使他们成就伟业，流芳千古。从这种友谊中我们看到的不仅是他们的豪迈气势，也看到了他们的儿女情长。一曲“高山流水”，一首“风萧萧兮易水寒”不就是最好的证明？

梁漱溟也是如此。他的一生，也就是不断结交好友、不断从中受益的一生，对此他曾多次深有体会地说过朋友对他一生事业的重要性。在他长期为国家和民族效劳的几十年里，他总是舍弃小家，甚至把自己孩子长期交由朋友代为管教。在他遭受挫折和打击时，也总是能够从朋友那里得到理解和安慰。

至于他的交友，可大致分为两个层面：一个是他二三十岁时所交的朋友，大都年龄比他大些，如林宰平、伍庸伯、熊十力等。他们对梁漱溟而言可以算是忘年交。第二个层面的朋友，多半都比他小几岁，他们以梁漱溟为中心，视他为老师，从而形成一个朋友团体，有的一直追随梁漱溟终生。其中最有代表性的当是陈亚三、黄艮庸以及李渊庭和阎秉华夫妇。而李、阎二人也是《梁漱溟年谱》的编纂者。1991年，当《梁漱溟年谱》第一次出版时，李渊庭已经是85岁高龄，他于1994年去世。而他的妻子阎秉华继续年谱的修订工作，在没有人帮助和修改的情况下，终于在2003年将修订本交付出版，而那年她已87岁。如果不是凭着对梁漱溟先生的忠诚，又怎能完成这样的使命？

梁漱溟先生九泉下有知，一定为自己有这样的朋友和学生感到欣慰吧。

1953年之后，梁漱溟的生活似乎一下转入一个新的模式，他从来没有感到自己会有这么多的空闲时间。自然而然地，他的位于新街口的家，就成为朋友聚会的最佳地点。而他与之来往较多者，大致分为两类，即学生和至交好友。

学生中交往最密切者是陈亚三、黄艮庸和李渊庭几个人，梁漱溟说他们是“关系至深，踪迹至密，几于毕生相依者”。梁漱溟的眼光没有错，这几位学生无论是在战争时期还是和平时期，无论是在解放前还是解放后，一直追随梁漱溟。在梁漱溟遭受批判打击的时候，在十年“文革”浩劫的时候，他们也依然没有背叛老师。师生之情如此，又复何求？

除了几个学生外，梁漱溟交往较多者，就是林宰平和熊十力两位先生了。

前面已经说过，林宰平（名志钧）是梁漱溟平生最佩服和尊敬的两个人之一（另一位是伍庸伯先生）。梁漱溟对林宰平的评价是“其人品之可钦敬，其学识之可佩服，为我一生所仅见”。著名哲学家、逻辑学家金岳霖也曾经说过，“林宰平先生是一个了不起的中国读书人，我认为他是一个我惟一遇见的儒者或儒人”。而著名作家沈从文，更是把林宰平视为两个平生最敬重的人之一，因为当年正是林宰平在沈从文默默无闻、处境最困难的时候发现和提携了他，并向文坛推荐介绍称沈从文为“天才少年”。

1929年梁启超去世后，遵照梁启超的遗愿，其家属和亲友委托林宰平重新编辑梁启超的所有著作。1936年1月，林宰平编的《饮冰室合集》开始出版，计文集16册，45卷，专集24册，103卷，共40册，148卷，770余万字，4月份全部出齐。此次不同于以前梁启超所著集本，大都只收录政论、散文，文集附有诗词、题跋、寿序、祭文、墓志等；专集附门人笔记若干种，比较系统全面地编订了梁启超一生的著述。正如《饮冰室合集·例言》所说“借可窥见作者思想之发展及三十年来政局及学术界转变之迹”。这是目前能见到的收录最丰富、质量最好的一部梁启超著作的结集。由此可见林宰平在梁启超心目中的地位。这不仅让我们联想到当年王国维投水自尽前，遗书中把自己的书籍委托给陈寅恪、吴宓二人处理，表现出的也是对朋友的极大信任。

且说1916年，林宰平看了《究元决疑论》后，托人向梁漱溟致意，约会见面，从此结为至交。林宰平比梁漱溟大14岁，因此梁漱溟自称与他的关系为“亦师亦友”。1920年，时任北京大学教授的林宰平还介绍梁漱溟与梁任公、蒋百里两位先生结识，当时他们二人由林宰平先生陪同，到崇文门外缨子胡同先生住所访问，先生说：“以前辈而枉顾后学，这是我与两先生彼此交往之始。”

梁漱溟对林宰平的尊敬可从以下事情看出：在1953年遭受毛泽东的严厉批评后不久，梁漱溟即将《1953年9月在中央人民政府会议席上发言不慎的始末》及追记日记，让李渊庭送林宰平先生看过。信中讲：“公所怀而谆嘱者，前经渊庭见告具悉，兹以最近所写两件奉请阅看，以慰垂注，两件拟于星期四再由渊庭取回。”

由于林宰平的住处较近，梁漱溟一月之内常常数次前往拜访交谈，有时一个人去，有时和几个弟子一起去。可以说在很大程度上由于林宰平等师友的理解和安慰，梁漱溟在遭受毛泽东严厉批判的时候，才能够顺利度过精神危机，继续其不懈的追求。

至于与佛学大师熊十力的交往，也与1916年梁漱溟在《东方杂志》第5、6、7期发表《究元决疑论》一文有关，因该文批评了熊十力(原名升恒)早年在梁启超主编的(庸言)杂志上驳斥佛学的文章。梁漱溟在文中说："向所明如来如实之教，乃至此之遮遣世间百家之义，一法不立，凡小闻之莫不惊怖而失守。以是颇生其违拒之念，如此土凡夫熊升恒云：'佛道了尽空无，使人流荡失守，未能解缚，先自逾闲，其害不可胜言'。"梁漱溟此时尚未由佛入儒，自然处处站在佛学的立场讨论问题。他在文中认为，如果人人皆知佛教的出世法，"而后乃无疑无怖，不纵浪淫乐，不成狂易，不取自经，戒律百千，清静自守。彼世间德行尚不能比拟其万一，更何逾闲之可得?"[①]认为出世的佛学亦有其社会功效，反对熊十力的看法。

熊十力，中国现代著名哲学家，原名继智、升恒、定中，后改名十力，号子真。1885年生于湖北省黄冈县，其父是一位乡村塾师。因家境困迫，十力少年时曾为邻人牧牛，间或随父到乡塾听讲。13岁时，父母相继辞世，其长兄将他送到父亲生前好友何圣木先生执教的乡村学校读书，但终因难耐馆束，而在半年之后离开，此后全靠勤奋自学。

熊十力自幼即与众不同，独具才思而又非常自尊、自信。他曾口出"狂言"道："举头天外望。无我这般人。"让长辈们暗中吃惊。其父兄诧异不已。十六七岁的时候，他即四处游学，当他最先读到陈白沙的"禽兽说"时，"顿悟血气之躯非我也，只此心此理，方是真我"，从中领悟到人生之意义与价值，绝非实现等外在满足，而在领悟人生之意义与价值，体识至大至刚之"真我"，以合于天地万物之理。这一觉悟基本上奠定了他以后的治学方向。

---

① 《梁漱溟全集》，第一卷，第19页。

1919年，熊十力从天津南开中学给在北大教书的梁漱溟寄去一张贺年片，上面大概写着这样一段话：你在《东方杂志》上发表了《究元决疑论》一文，我见到了，其中骂我的话却不错；希望有机会晤面仔细谈谈等等。

当年学校放暑假后，熊十力果然到北京，借居在广济寺，开始与梁漱溟交往。梁漱溟劝熊研究佛学，熊亦有此意。1920年梁漱溟访问南京支那内学院，见到欧阳竟无大师，遂介绍熊十力入南京内学院。熊氏学习佛学由此开始。1922年，北京大学哲学系要延请一位讲佛学唯识宗的人，拟从内学院延请。梁漱溟回忆当时情况说："夙仰内学擅讲法相唯识之学，征得蔡校长同意，我赴内学院要延聘一位讲师北来。初意在聘请吕秋逸(吕澂——引者注）君，惜欧阳先生以吕为他最得力助手而不肯放。此时熊先生住内学院约计首尾有3年（1920～1922年），度必饫闻此学，我遂改计邀熊先生来北大主讲唯识。"①



然而熊十力来到北京大学后，并不是讲述真正的唯识学，而是大讲他的《新唯识论》，同时还与南京内学院展开了关于他的新学说的论辩。梁漱溟一方面没有想到熊十力大讲他自己的新论，另一方面对熊同内学院人士的辩论持"自审无真知灼见，从来不敢赞一词"的态度。熊十力本人对这一段历史是这样回忆的："余与宰平(林宰平——引者注)及梁漱溟同寓旧京，无有暌违三日不相晤者。每晤，宰平辄诘难横生，余亦纵横酬对，时或啸声出户外。漱溟默然寡言，间解纷难，处言扼要。余常衡论古今述作得失之利，确乎其严。宰平戏谓：老熊眼在天上。余亦戏曰：我有法眼，一切如量。"②

梁漱溟自问学实践40年来，与熊十力交游甚多。他对自己与熊十力

①梁漱溟：《忆熊十力先生》，《勉仁斋读书录》，人民日报出版社1988年版，第84～85页。

② 熊十力：《十力语初续》，香港1949年。

的关系是这样看的："然而踪迹上四十年间虽少有别离，但由于先生与我彼此性格不同，虽同一倾心东方古人之学，而在治学谈学上却难契合无间。"[①]梁熊二人，既有学术立场不同而引起的不同观点，亦有对具体学术问题的看法分歧。总的来说，梁漱溟认为熊氏早年思想中不乏真知灼见，但晚年著作中多有差失，甚至放弃了许多思想成熟时期的观点，表现出思想的衰落。

有一个传说表现了熊十力一生嫉恶如仇的精神。据说蒋介石50大寿时，由邵力子出面请熊十力到总统府参加祝寿。宴会开始时，熊十力旁若无人，毫不谦让地坐了正席上大吃大喝。一会儿，众宾客开始轮流吟诗，为蒋介石大唱赞歌。轮到熊十力，他哈哈大笑了一阵后，挥起笔来边写边吟了一首倒《宝塔诗》：

脖上长着瘪葫芦
不花钱买篦梳
虮虱难下口
一生无忧
秃秃秃
净肉
头

熊十力写完这首怪诗后，哈哈大笑，又提起裤腰带连走带跑，装着亟待如厕的样子。众人看看诗又看看他的那个滑稽样，满堂哄笑。蒋介石也哭笑不得，只好望着熊十力走出大门，不辞而别。

1949年，熊十力应老乡董必武邀请北上，抵京后，由政府安排住在什刹海后海大金丝套的一所小四合院，直到1954年年底离京为止。到北

① 梁漱溟：《勉仁斋读书录》，第86页。

京之初，由于受到政府领导人的关心，以及可以和梁漱溟等好友经常会面，熊十力还是心情愉快的。但后来熊十力却渐感孤独，同时也难以忍受北方冬天寒冷干燥的气候，遂于是年底移居上海。

熊十力定居上海后，仍笔耕不辍，1956年完成了《原儒》一书的下卷，并将上下卷同时印刷出版。全书共33万余字，重点发掘了儒学中有价值的部分，并按照自己的理解，以“六经注我”的精神，重新阐释了儒学经典和儒学史，是熊十力作为新儒家学者的又一重要成果。此书之后，熊十力又以超凡的毅力和速度完成了《体用论》、《明心篇》、《乾坤衍》等著作，前后共8种，凡130万言。1966年“文革”浩劫初期，熊十力看到《人民日报》上《横扫一切牛鬼蛇神》一文，痛彻地感到：不但他的书无法再写下去，更悲惨的是，连同他所承继的国学亦将濒于绝灭，国家民族将陷入苦难的深渊。家被抄了，人被批斗，人妖颠倒，是非不分，天昏地暗，万物萧杀。处此艰厄之境，他的精神再也无法承受而渐至错乱。他不断地给中央领导人写信，硬让家人寄出去，还经常写很多小纸条，甚至在裤子上、袜子上都写着对“文革”的抗议。他常常穿着一件褪了色的灰布长衫，腰间扎一根麻绳，独自一人到街上去或公园里，趺趺撞撞，双泪长流，口中念念有词“中国文化亡了！”“中国文化亡了！”然而，当时的社会是人人自危，没有人来理会他，也没有人对他的念念有词有丝毫的惊异——他已被视为疯子。于是，这位旷世奇哲和千千万万的文化人一样，被残酷地淹没在一个践踏文化的所谓“文化大革命”的浊流之中。1968年5月23日，熊十力因患肺炎心力衰竭，在上海虹口医院病逝，享年84岁。当然，梁漱溟也不能逃脱此难，对此后面会有记叙。

3 不过，梁漱溟与好友及学生从容谈道论学的生活没有持续多久。抛开报纸杂志上断断续续出现的批判文章不说，真正意义上的批判会终于来临。

1954年春夏之交，由中国科学院组织了一个小型批判会，对梁漱溟的所谓反动思想进行批判。会议由潘梓年主持，时任科学院院长的郭沫若也参加了会议。李渊庭则陪同梁漱溟参加这个批判会。

这种批判的背景，就是毛泽东决定开展大规模的反对资产阶级唯心主义思想的斗争。这是一系列批判运动的总称，包括对俞平伯在《红楼梦》研究中资产阶级唯心主义研究观的批判、对胡适思想的批判，以及对胡风文艺思想（后来升格为反革命集团）的批判等。而对梁漱溟的批判，自然是这一系列斗争之不可或缺的组成部分。

1955年1月，中共中央发出《关于在干部和知识分子中组织宣传唯物主义思想批判资产阶级唯心主义思想的讲演工作的通知》，标志着一场真正的大规模的批判，从此开始。

这一年，在山东省邹平县，公安局三次下令，收缴所有与当年梁漱溟在这里从事乡村建设活动有关的实物和文章等。看来，有关部门决心肃清梁漱溟在现实社会生活中的一切影响，甚至连旧的痕迹也不放过。

这一年，从中央级报刊到地方报刊，都纷纷刊载数量惊人的批判梁漱溟的文章。据不完全统计，批判文章多达近百篇。后来这些批判文章中的一部分所谓水平较高者，被整理出版为《梁漱溟思想批判》（论文汇编），先后出版了两集，收入文章31篇。此外还有几部批判专著出版。

《新华月报》也多次以专栏形式定期收入有关批判文章，而专栏的题目就是《批判梁漱溟的反动思想》。

颇具嘲讽意味的是，对梁漱溟的批判，是由他当年在北大任教时的学生、著名哲学家冯友兰先生打头阵的。冯友兰不仅参加了中国科学院组织的小型会议，而且于1955年5月11日，率先在《人民日报》发表《批判梁漱溟先生的文化观和“村治”理论》一文，对梁漱溟的思想理论从文化、哲学等角度进行全面批判。由于该文的重要性，先后被收入《新华文摘》

和《梁漱溟思想批判》论文集第一卷。

冯友兰在他的文章中指出：梁漱溟先生所宣传的文化观和“村治”理论，就是典型的封建复古主义思想。正在“五四”运动反帝国主义、反封建主义的革命主流日益高涨，“抱残守缺”的封建主义复古思想快要破产的时候，梁先生于1921年发表了他的《东西文化及其哲学》，为封建主义抵挡一阵，由此成为当时封建主义复古思想的代表。梁先生所谓“东方文化”、“西方文化”，其实就是封建社会文化和资产阶级社会文化。这两种社会是社会发展的两个阶段，可是梁先生把它们平列起来，认为这两种社会的文化是两种“哲学”的表现。

不过，冯友兰依然称梁漱溟为先生，行文之语气也较缓和，较之其他充满咬牙切齿之愤怒的文章，已经算是很客气的了。

而且，两个人的私交没有受到影响。

因为梁漱溟理解冯友兰以及其他往日弟子的无奈，所以照样与他们往来。在日记中也不断出现有关的记载。

在这些批判文章中，分量较重者还有艾思奇的《批判梁漱溟的哲学思想》、[1] 李达的《梁漱溟政治思想批判》[2]和任继愈的《揭穿梁漱溟的文化观点的买办性》等。[3] 以下是两卷批判文集的目录：

批判梁漱溟先生的文化观和“村治”理论

批判梁漱溟的乡村建设理论

梁漱溟对帝国主义采取什么态度

批判梁漱溟坚持落后反对工业化的谬论

梁漱溟的乡村建设运动究竟为谁服务

批判梁漱溟的“乡村建设运动”

---

①此为小册子，人民出版社1956年版。在1977年再版，文字并未有什么改动。
②该书1956年由湖北人民出版社出版。
③原载1955年9月6日《人民日报》。

梁漱溟和他的反动思想

驳斥梁漱溟的“职业分途”的反动理论

批判梁漱溟的直觉主义

揭穿梁漱溟的文化观点的买办性

揭露梁漱溟的唯心主义的世界观

批判梁漱溟的反动的世界观

批判梁漱溟的文化观

批判梁漱溟的反动教育思想

批判梁漱溟的生命主义哲学

梁漱溟的“理论”是极端唯心主义的

向梁漱溟的反动思想展开斗争

批判梁漱溟的反动的历史观点

批判梁漱溟关于印度文化和哲学的谬论:兼论梁漱溟反动哲学的组成

梁漱溟是怎样向马克思主义进攻的

批判梁漱溟的中国文化论

梁漱溟怎样宣传反动唯心哲学

梁漱溟所谓“理性”是什么?

批判梁漱溟的主观唯心论哲学思想

评一九三〇年梁漱溟和胡适的“争论”

梁漱溟的四十年

批判梁漱溟关于阶级斗争问题的反动观点

批判梁漱溟否认阶级和阶级斗争的反动观点

揭穿梁漱溟的反动本质

梁漱溟的反动理论是为谁服务的

批判梁漱溟关于中国革命是“从外引发”的谬论

对此，著名的梁漱溟研究专家、美国的艾恺博士评价说：“这场主要目的在于搞臭梁漱溟的批判运动，似乎成了一场谩骂与诋毁的运动。大多数批判文章概念模糊，逻辑混乱。例如他们指责梁作为乡村领导人是美帝国主义、日本帝国主义、蒋介石、国民党、韩复榘、地主、工业资本家、买办、富农、恶霸的走狗。但他们根本不管这一大串大杂烩式的坏人相互之间的利益是很难一致的。批判者们还坚持认为，梁漱溟一生中所做的任何一件事情——从1913年他的‘背叛’共和革命，到他在和平谈判中所扮演的调停者的角色——都纯粹出于恶意，产生的都是罪恶。例如，在邹平改进农业技术，增加生产，所带来的结果‘仅仅对大地主有益’(事实上，邹平几乎没有大地主)。他们所列举的一切例证，无非证明梁确是一个罪恶之徒。有些人甚至求助于最无耻的诽谤：梁漱溟和他的一些同事是亲日分子，甚至是汉奸。”①

那么，作为被批判的对象，梁漱溟的反应又是怎样的呢？

由于“文革”中被抄家，这一时期的日记已经缺失，无法得知梁漱溟当时的内心感受。不过，从1956年他在政协会上的一次发言中，依然可以看出他对两年来批判自己运动的想法：

> 去年（1955年）一年从1月到12 月各方面曾对我展开思想批判运动，我在这种运动中感受如何、反应如何，我应当在这里说一说。因为政协是统一战线的组织形式，它要紧就在作全国团结功夫。不论它是一个人的事情或者也正是大家所关心的，我应当向领导以及各方面朋友坦白地说出来。
>
> 去年一年对我的思想批判除了见于报纸和杂志所刊载的而外，还曾在科学院开过几次座谈会。在报纸杂志上，我还没有作过任何表示，只在一次座谈会上，我曾表示我拥护这一批判运

① 艾恺：《最后的儒家》，第338～339页。

动。当时郭沫若先生说，他对我说的话是否“由衷之言”要打个问号。他这一句问得很好，现在我就从这里说起。

我表示欢迎各方对我的批判，拥护这一次批判我的运动。郭沫若先生要打问号那就是说：你内心里真是这样吗？怕不见得！对的，我内心里并不像口里那样简单直接。内心是有矛盾有斗争的。说出来的话，只是反复思索后归结下来的几句话，就显得简单直捷而已。古人有“闻过则喜”的话，我在去年看到的各篇批判文章，还不能每一篇的每一处都心悦诚服。那么，有没有抗拒心理呢？有的。不过终于克服了它。时时有新的刺激，抗拒心理亦不断下去又起来。可是因为正面克服它的力量亦不断起来而且增强，所以归根结底还是没有不能克服的。唯其克服了它，那么，就不算“言不由衷”吧。①

事实上，梁漱溟对这些批判文章，从内心深处是不屑一顾的，对于有些老朋友迫于形势而写的违心之言，他也能够理解。但他知道，自己不能再出面反驳那些不实之辞，只有保持沉默。而且，他也不愿为此花费时间，因为他正在重新整理旧稿，准备撰写《人心与人生》。撰写此书的想法梁漱溟早已有之——这可以追溯到20世纪20年代。当时在《东西文化及其哲学》出版后，梁漱溟就感到有些地方需要修改，后来更是要求出版社停止此书的发行，决心以一部全新的著作代替。但后来由于种种原因，始终没有机会开始写作。而今，他已成为一个闲人，有充足的时间可以支配，多年的愿望可以实现了。

不过，遭受批判的现实生活毕竟会影响到梁漱溟的心情，加上梁漱溟对此书的期望值很高，因此《人心与人生》的写作不太顺利。“文革”风暴的来临更是中断了写作，直至“文革”后期才完成全书，并在1984年

① 《梁漱溟全集》第七卷，第28～29页。

以自费出版的方式由学林出版社出版。

总之，政治上表示拥护对自己的批判，但在学术上依然坚持自己的观点，这就是梁漱溟对待批判所采取的基本态度。他曾明确表白自己当时所采取的方针就是如此：

1955年一整年，从1月到12月，转过年来还有；不过主要是1955年，有一个批判我的思想的运动。京内外报纸期刊批判我思想的文章真不计其数，数亦数不过来。此外，还有在科学院由郭沫若、潘梓年两位主持开会批判，学术界到会者有80人左右。所有这许多批判给我启发不大，益处不多。但领导上发动这一批判运动我是拥护的。拥护是从政治立场拥护，而思想转变则不那么容易。譬如在哲学上我是深喜柏格森的，现在要我否认他的道理，做不到。潘梓年亦曾相信过柏格森。他曾翻译过柏氏《时间与自由意志》一书，并写有一篇译者序言，对柏氏治学方法深致推崇。我曾向潘先生请教：你是怎样从柏格森哲学里跳脱出来的？希望指点给我。他却笑而不答。像这样，我只能积下许多疑问了。

如果要我交心，我感到只是有许多疑问而已。其中亦有抵触情绪，但并无不敢吐露的话。像对柏格森加一些反动等丑恶帽子而不能明其所以然，我是不服气的。①

## 4

如果不是经常成为被最高领导人批判之对象的话，梁漱溟此时的生活恐怕是很多人所羡慕的：身为全国政协委员的他，每逢重大节日都会被

① 《梁漱溟全集》第七卷，第34～35页。

邀请到天安门参加庆祝活动。有重要的外宾来访，他也自然受邀参加宴会。除了定期参加一些活动外，平时基本上是过着相对消闲的生活。在居住条件方面，他所居住的积水潭小铜井一号，是其父亲父梁巨川先生生前购置的。小院共有大小13间房，算是比较宽敞的了。出小院大门不远，就是积水潭，梁巨川先生当年就是在此投水自尽的，南岸就是“桂林梁先生殉道处”的纪念碑。这样，梁漱溟平时散步，有着很好的环境。更重要的是，几个好友的住处离此地都不太远。

有着这样的条件，还有什么不满意呢？

但此时的梁漱溟，其心灵的痛苦，恐怕不是常人所能理解和体会的。作为一个一贯极为自负的人，一个一直以拯救天下为己任的人，一个以出世思想为背景、而以入世态度面对现实的人，一个一直以为自己的学说能够对中国乃至人类会有所贡献的人，却在自己的祖国和人民进入全新的社会生活之后，陷于无所事事之处境，他能不感到无奈的痛苦？在他的内心深处，不知多少次，会再现其父亲投水自尽前的慷慨悲凉的遗言：这世界还会好么？能好就好，能好就好啊！当年他父亲以世事如此还要过生日为耻，所以赶在生日前3天自尽。在其遗书中，梁巨川留下这样的文字：“国性不存，我生何用？国性存否，虽非我一人之责，然我既见到国性不存，国将不国，必自我一人先殉之，而后唤起国人共知国性为立国之必要。”

所谓“国性”，不就是民族精神吗？

当年的梁漱溟，曾经两次想自杀。后来又多次萌生出家的念头。父亲的自尽使他觉悟到自己的使命，对大乘佛教的信仰更让他感到自己不但要度己，更要普度众生。从此他以佛家态度和儒家思想投身于现实，把解决人生问题和中国问题视为一个不可分割的整体，并为此付出了自己的前半生。而今，已步入花甲之年的他，又面临这样的生活处境，他又怎能不感到几丝怅惘和悲凉？且看他的日记：

自念我有悲愿是真的。首先对自己习深业重缠缚之苦，与夫眼见众生业苦有悲心，从而有愿心，愿以所晓晓人。（正见，正信），又念东方古人（佛法、儒学）所明不为今人所晓，有能以晓之者，今日非我乎？自解放以来，国事已上轨道，我无所用其力，而时会恰好安排我用其力于此一任务，岂可玩忽？至于目前环境设备，天之所予厚矣；岂可辜负？反复念此三层，是培成正念之基。

又当念如何偿先父心愿。

是的，“天之所予厚矣”，又如何“偿先父心愿”？

让我们讲两个真实的故事：

当年梁漱溟的次子梁培恕，最爱读国文课本中的《书鲁亮侪事》一文。鲁为康熙、雍正年间人。一次河南某李姓县令以挪用公款罪被革职，巡抚田文镜派鲁接任。鲁微服动身上任，进入该县境内却听到百姓对李姓县令的赞扬，希望他能留任。可是也听到有人说，这不可能，新来者怎能放着官不做？等到鲁见到李时觉得他的确不像贪官，就问他为何挪用公款。李解释说自己是云南人，离家已十年之久，到此地后只是借公款把母亲接来奉养。结果人接来了，官也丢了。鲁听后非常感动，认为“依凡而行者，非夫也”。他没有接任县令，返回开封，请田文镜让李留任。有一次，梁培恕在背诵到“依凡而行者，非夫也”时，梁漱溟不禁流下了眼泪。

还有一次，梁培恕去看望父亲，在骑车回家的路上忽然有所醒悟，因此一进门就对梁漱溟说：“我对人类感到失望，我已经差不多相信人性恶了。”

梁漱溟听了，笑着摇摇头。

梁培恕问道：“难道不是这样，人性能说是善吗？”

梁漱溟回答说：“人性是不够善，但人性是向善的。”

“但是，并不是每个人都有向善的一面啊。”

"你觉得他恶，是因为你善呀！"梁漱溟的眼睛闪着泪光说。[①]

听到这样的故事能够流下眼泪的人，一定是一个善良的人，真诚的人。如果是作为学者和思想家，他就一定是一个真正的学者，一个真正的以拯救苍生为使命的人。

2004年5月，当我在山东邹平第一中学（此地即为梁漱溟当年的乡村建设学院所在地，如今全国惟一的一个梁漱溟纪念馆就在该校内）搜集有关材料时，负责纪念馆工作的张老师告诉我，学校准备把"唯真唯实，先忧后乐"作为该校的校训，前半句来自梁漱溟，后半句来自范仲淹（这位北宋时的著名政治家、军事家和文学家，曾在邹平度过青少年时期）。他们两人，都是在邹平这片土地上演过精彩"话剧"的历史人物，而把他们连接在一起，也的确是非常恰当的。

1956年，当批判高潮逐渐过去之后，常年饱受失眠之苦的梁漱溟终于决定比较彻底地解决这个问题：为此他三次到北戴河，一次去北京西山八大处，试图以习练气功来改善睡眠。

但是，失眠之引起，正在于思考问题太多，不能摆脱干扰，而梁漱溟恰恰就是无时不在思考的人，因此治疗失眠就不大可能一帆风顺。看看他1956年5月的几段日记吧：

**14日　星期一**

夜来睡不实、不足，早起尤倦。六时起各活动如例。思当于活动中结合呼吸调匀，太极拳家能之，将来须学。早课散乱不能入静，自省由于缺乏恭敬心（全心全意），缺乏信心。缺乏恭敬心就是有所利心。缺乏信心就是狐疑心。习气深，业障重，何时是了！当然习气无来处无去处，毕竟虚妄无自性，非本心。观其

①梁培恕先生口述。

虚妄是要有所期待，即是利心，无往而非利心。哀哉！你到底想干什么？不相干的许多影子撞撞往来，可怪，可耻！早二次课后记。如何得至诚不二？

**22日 星期二**

夜来力本气沉意平四字用功，即在睡不着几次烦躁欲起皆平下。但梦中与人争持仍历历清楚如在目前。

**19日 星期二**

昨夜同前夜一样，未遇困难即入睡，殆恢复旧日迷糊的常态。十二时起溲，三时再起溲。先起时正梦旧军阀时代之情景，醒来深叹自己过去之无有是处。后醒起时因思索出处问题，辗转不能自休，未再睡。

这一时期之日记的主要内容，都是关于某日睡眠情况的记载，而大多数情况下，梁漱溟仍然深受失眠之苦，气功治疗并未收到理想的效果。事实上，梁漱溟从理论上已经看透失眠之根源，也知道该如何控制自己，使自己的思维归于入静状态以进入睡眠——他自己本就精通医术。但多年形成的习惯难以根除，事实上他也不能忍受放弃自己的思考，因为放弃思考就等于放弃他的使命。

结果可想而知，治疗效果并不理想。

这使我们想到了孟子的话：天将降大任于斯人也，必先苦其心志，劳其筋骨，饿其体肤，空乏其身，行拂乱其所为，所以动心忍性，增益其所不能。对于梁漱溟，失眠固然痛苦，但无所事事的现状更让他难以忍受。参与国是已经不可能，专心著述暂时也静不下心来，还能做点什么呢？

① 白吉庵：《物来顺应——梁漱溟传及访谈录》，第205页。

“做梦的时候我一个人，醒来的时候还是一个人。”这是梁漱溟的话，从中我们感受到他内心的痛苦与惆怅、孤独与悲凉。

不过，当有机会为祖国和人民效力时，梁漱溟依然竭尽全力。

1954年，我国第一部宪法公布，实行人民代表大会制度。根据1954年12月全国政协第二届委员会第一次会议通过的《政协章程》，广西省政协第一届委员会第一次会议于1955年2月召开，宣告省政协成立。1956年12月，省政协一届二次会议协商讨论中共广西省委提交的关于成立广西壮族自治区的问题，会议一致同意在广西全境建立广西壮族自治区的方案。但也有人认为是否可以将广西一分为二，东部为广西省，西部为壮族自治区。因为就人口数量对比而言，虽然广西是壮族最多的地区，但汉族仍然多于壮族。

为了更有利于民族团结和稳定，1957年3月，全国政协又专门邀请广西各界人士39人赴京参加座谈会，与在京的广西籍政协委员以及在北京、上海、广州、武汉、长春等地工作的广西籍人士91人，就成立广西壮族自治区问题进行协商讨论。全国政协主席周恩来主持会议并作了重要讲话，梁漱溟也参加了这次会议并发言。他赞成成立广西壮族自治区，并说：“一让两有，一争两丑。汉族与少数民族都要互以对方为重。”周恩来在这次座谈会的总结发言中讲：“今天，汉族应该多多地替少数民族设身处地想一想，不要让他们再受委屈，应该使他们也能得到较好的发展条件，只有汉族主动地替少数民族着想，才能够团结好少数民族。……我同意梁漱溟先生在这次会议上说的一句话，要‘互以对方为重’。”①

通过讨论，与会者加深了对成立广西壮族自治区的重要性和必要性的认识，绝大多数人主张把广西改建为广西壮族自治区，而不同意将广西一分为二，即西部为自治区、东部为广西省的方案。1958年3月15日，广

① 《周恩来统一战线文选》，第337页。

西壮族自治区成立，梁漱溟应邀参加了成立大会。在成立大会前后，他还受周恩来的委托，与他人先后到梧州、南宁、桂林、柳州等地，与各界接触，宣传民族团结，积极促成自治区成立。从他个人来说，也是旧地重游，见到了很多老朋友。

遗憾的是，此次广西之行，由于受1953年事件的影响，也出现了一些令梁漱溟不愉快的事情。如刚到桂林时，就有记者来访，请他说说此行的目的和意义，并与梁漱溟共同商量如何报道。然而最后见报的稿子却完全不是当初商量的样子，对此待人一向宽厚的梁漱溟也斥之为“甚可恶”。回到北京后，梁漱溟还曾为《光明日报》写了一篇稿子，重要内容就是谈论人大制度和政协工作，却一直没有下文。

这让他感到苦闷。该说的他说了，该做的也做了，为什么没有人答复他？为什么这样对待他？

也是在受到毛泽东批判后不久，英国工党代表团访华，与代表团同来的几位英国记者抗战时期就在重庆工作，他们与梁漱溟是老相识。于是，有关部门派梁漱溟的两个老朋友专门给梁漱溟“打招呼”：如果见到这些英国记者，（1953年）那件事不必说出。

令人怅惘的是，这样的事情，梁漱溟注定还会遇到很多。

## 5

1956年，对于新生的共和国，是一个充满生机的年份。由于朝鲜停战，中国周边环境暂时趋于缓和。对内方面，经过几年的各种运动，对所谓的种种反动思想的批判也算告一段落。经历了太多战争和动荡时代的中国人民，迫切需要开始大规模的经济建设，以迅速提高国民经济水平和人民生活水平。第一个五年计划的顺利实施，就是最好的证明。在1956年8月7日新华社播发的新闻稿中，有关经济建设稿件就占了很大比重，而那些政治运动和批判文章破天荒地没有出现。

以下就是新华社1956年8月17日的一份新闻稿：

一名台湾蒋军士兵经香港回到祖国大陆。他的名字叫谢亚南，是台湾蒋军海军陆战队第一师卫生营医院的上等救护兵。在广州的一家旅馆内，记者访问了这位归来的蒋军士兵。谢亚南叙述他投归祖国的惊险经历的时候说："我是1948年被迫参加蒋军的。在蒋军部队中的8年多，我受尽了痛苦折磨。特别是我在台湾看到美国人横行霸道欺压中国人，使我很痛心。我长期以来就留心寻找机会，准备脱离台湾返回祖国大陆。本月9日，我找机会从左营跑到高雄。晚上10点钟，我发现有一只货轮载着西瓜和肥猪要启碇开往香港，我就趁黑潜入水中游到这只船的尾部，把自己绑在舵旁铁杆上。船启动后，我就随船离开了台湾。"在海水中整整泡了44个小时，没有人发现他。直到船将要到达香港的时候，他才离开船游到岸上。

下面是同日一些新闻稿的题目：

**五个小学生救出一列火车**

**克拉玛依北部和乌尔禾发现新油层**

**上海市检察机关从宽处理一批坦白自新的反革命分子**

**通讯："少来点主观，多行些民主"**

**苏（联）用世界最快速度建设高炉**

在该新闻稿封面作为重点出现的15条新闻中，有关经济方面的就占了9条，而其他几条也是国际新闻。显然，这是对当时正在开始的大规模经济建设高潮的反映。

这在梁漱溟的日记中也得到充分的体现："二时继续西进约四时到梅山水库，乘电梯到登坝顶，听工程人员说明一切。…… 今将移出三万五千人以容水量。明年此时可发电力并灌溉。愚衷心感想甚多，自愧不如共产党多矣。"[①] 梁漱溟的感想是真实的，看到欣欣向荣的一派经济建设景象，他发自内心地为中国高兴，也为中国共产党领导人的能力和魄力所折服。

在其1956年日记中，还有这样一段与康同璧的交往值得一提。康同璧是康有为的小女儿，被认为是"最后的贵族"，在1949年后的很长时间内，一直是过着近乎与世隔绝的寂寞生活，被认为是一个落后于时代的人。只是由于其父亲的名声，才被安排进了政协。但梁漱溟却对她非常敬重，曾在一起开会的时候共同探讨过气功，又专程到康同璧家拜访。也许，只有从这些经历过旧时代的"老人"身上，梁漱溟才能感受到一些历史的温情。相对于现实中的批判氛围，他更愿意沉入历史。

就是在这样的背景下，顺应时代的潮流和人民的意愿，中国共产党第八次全国代表大会于1956年9月召开。会议的召开以及确定的以经济建设为中心的新的指导方针，让梁漱溟非常高兴。他尤其赞赏《中共八大关于政治报告的决议》中的两段话，因为正是这个《决议》中的结论性的话，开拓了梁漱溟的思路。

《中国共产党第八次全国代表大会关于政治报告的决议》指出："我们党领导中国人民，已经完成了资产阶级民主革命，并且基本上取得了社会主义革命的胜利。这就使我国出现了一种完全新的面貌。在旧中国社会中的主要矛盾，即中国人民同帝国主义、封建主义、官僚资本主义统治的矛盾，由资产阶级民主革命的胜利解决了。在解决了这种矛盾之后，我国除了对外还有同帝国主义的矛盾以外，在国内的主要矛盾是无产阶级同资

① 《梁漱溟全集》第八卷，第610页。

产阶级之间的矛盾，这是社会主义革命所要解决的矛盾。我们对农业、手工业和资本主义工商业的社会主义改造，就是变革资产阶级所有制，变革产生资本主义的根源的小私有制。现在这种社会主义改造已经取得决定性的胜利，这就表明，我国的无产阶级同资产阶级之间的矛盾已经基本解决，千年来的阶级剥削制度的历史已经基本结束，社会主义的社会制度在我国已经基本上建立起来了。”

“我们国内的主要矛盾，已经是人民对于建立先进的工业国的要求同落后的农业国的现实之间的矛盾，已经是人民对于经济文化迅速发展的需要同当前经济文化不能满足人民需要的状况之间的矛盾。这一矛盾的实质，在我国社会主义制度已经建立的情况下，也就是先进的社会主义制度同落后的社会生产力之间的矛盾。党和全国人民的当前的主要任务，就是要集中力量来解决这个矛盾，把我国尽快地从落后的农业国变为先进的工业国。这个任务是艰巨的，我们必须在经济、政治、文化等方面采取正确的政策，团结国内外一切可能团结的力量，利用一切有利的条件，来完成这个伟大的任务。”

在梁漱溟的日记中，对于中国共产党的八大通过的有关方针政策极为赞赏：“渊以胡乔木报告八大一长篇讲话见示，分析国内形势及以后经济政治政策方针甚明朗，对于领导党只有叹服。”[①] 梁漱溟认为，中国共产党八大《决议》之所以好，就在于正确地总结了几十年来中国社会发展的规律，清醒地认识到当前从事经济建设的重要性。

为什么这么说呢？因为，第一，多少年来，梁漱溟深感中国经济落后，生产力低下，而这正是中国在世界上没有地位的最根本原因。在旧社会，苦于无休止的内战，没有一个政府能集中全力做这桩大事。1946年初他第二次去延安，就是向中共领导们吐露自己的心愿。1949年后，人民政府一步步做起来，但其间还有抗美援朝、土地改革、镇反肃反、三反五反、

① 《梁漱溟全集》第八卷，第612页。

三大改造，运动一个接着一个，又好像不搞也不行，这在客观上政府的力量便难以集中用于建设，但现在好了，领导党的代表大会做出的结论，从今以后主要力量就是搞经济文化建设，发展生产力了，理论上也解释得一清二楚，符合客观实际，这一重大的转折性的决策，能不使他高兴吗？第二，对于阶级矛盾和阶级斗争，如前所述，在解放前，梁漱溟只是承认中国有阶级分化、对立，但不分明，而不承认阶级斗争能解决中国的问题。新中国的建立使他醒悟，即“我过去若干年来坚决不相信的事居然出现在我的眼前”，此话就是指全国空前统一、稳定的政权竟是经过阶级斗争而出现的。在新中国建立之初，土地改革、镇反肃反、三反五反、三大改造等等，似乎仍归属于阶级斗争范围之列，但往后呢？是不是还要一个阶级斗争接着一个阶级斗争地搞下去呢？他说不清楚，但他的内心是希望不要一个接着一个，与其多，不如少，与其有，不如没有。他总的认识是认为在社会主义社会，既要一步步向共产主义前进，阶级斗争总不会越来越激烈，至少搞生产，搞建设，搞科研，总不会处处有阶级斗争吧。但他的这些认识是十分模糊的。只是读了中共八大的这个《决议》后，才茅塞顿开，由衷地佩服、拥护，还是领导党高明、有远见！

好在1956年的中国，是带着轻松和快乐结束的：

**[新华社上海电]**1956年除夕，上海一对双生子“智谋”和“启蒙”收到苏联雷击舰“启蒙”号全体官兵发来的一份贺年电报。电报说：“向你们及你们父母祝贺新午，祝你们长得又幸福又健康。”这对双生子是1956年5月20日苏联友好访华舰队到达上海的第一天时诞生的。孩子的父母当时就以苏联舰队两艘军舰“智谋”号和“启蒙”号作为孩子的名字，来纪念第一次到中国作友好访问的这一支外国舰队。

不过梁漱溟并未高兴多久，而他的民盟的那些老朋友，则注定要在1957年遭受致命的打击。

对于这一年前半年的大鸣大放和后半年的“反右”斗争，毛泽东已有了充分的思想准备。而且，对于如何改造这几百万知识分子队伍，哪些人应该改造，毛泽东是这样认识的：“对于我们的国家抱着敌对情绪的知识分子，是极少数。这种人不喜欢我们这个无产阶级专政的国家，他们留恋旧社会。一遇机会，他们就会兴风作浪，想要推翻共产党，恢复旧中国。这是在无产阶级和资产阶级两条路线、社会主义和资本主义两条路线中间，顽固地要走后一条路线的人。…… 这种人在政治界、工商界、文化教育界、科学技术界、宗教界里都有，这是一些极端反动的人。这种人在五百万左右的人数中间，大约只占百分之一、二、三。绝大部分的知识分子，占五百万总数的百分之九十以上的人，都是在各种不同的程度上拥护社会主义制度的。”①

后来被打成右派的人数据说是55万，其百分比执行的还是比较准确的。

没有想到的是，民盟的成员被打成右派者最多。梁漱溟自然也想不到。因为在国共两党长期的斗争中，民盟自成立之日起，虽号称中立，其实一直是同情共产党并最终站在共产党一边的。1949年后，民盟更是真诚接受共产党领导，为建设新中国而作出了突出的贡献。对此，中国共产党曾经多次明确表示理解和感谢。周恩来早在建国之初，在代表中国共产党的一次讲话中，更是明确指出，在民盟当中，已经没有什么“左派和右派”之分，而只有进步与落后之分了。②

那么，这样一个一贯紧跟共产党的民主党派又怎么会成为反右斗争的主要对象呢？据统计，截止到1958年1月，民盟成员被打成右派者有3378

① 《在中国共产党全国宣传工作会议上的讲话》，《毛泽东文集》第七卷，第268～269页。

②张小曼等主编《中国民主同盟》，第162页。

人，占盟员总数的10%，远远超过5%的平均概率。其中民盟中央委员有59人，占中央委员总数的1/3；中央常委有11人，占常委总数近40%。看来，职位和地位越高的民盟成员，就越容易被打成右派。而其代表人物，就是被毛泽东称为“章罗同盟”的民盟领导人章伯钧和罗隆基。直到20世纪70年代末，对绝大部分右派都进行改正后，民盟当年那几个被打成右派者依然没有被改正。是惟一的一个例外。[①]

对于民盟在反右运动中遭受的沉重打击以及个中缘由，近年来已有很多论著给予叙述和分析，此处不赘。

不过，民盟的遭遇给梁漱溟以极大的震动！尽管他早在1947年就与民盟脱离了关系，但在私交方面，民盟一些领导人一直是他的好朋友，并一直保持来往的。

中共八大闭幕之后，梁漱溟个人最关心的是快点掀起一个经济建设高潮。但1957年首先开始的却是大鸣大放，帮助共产党整风，而且一开始就十分热闹，提什么意见，说什么话的都有，但绝大部分是批评领导党的作风和政府的弊病，还包括民主、自由等等问题，而直接关系到发展经济建设的意见、建议却不多。这些批评者中间，很多就是民盟的成员甚至是高级领导者。这一情况引起梁漱溟的注意，加之1953年的事记忆犹新，他决定从一开始便采取冷静旁观的态度。越是后来会上、报上的鸣放言论不断增多，他的态度也越加坚决：他不宜说话，也不应该说话。尽管有一些朋友也劝他说说话，还有几位新闻记者不断登门采访，让他发表谈话，参与争鸣，他都婉言谢绝了。听说有一位新闻记者后来成了“右派”，其中一条罪名便是不断找梁漱溟，“惟恐天下不乱”。

因为他一句话都没有说，即便有1953年的言论在案，也终于不能算

① 《中国民主同盟》，第169页。

旧账，补戴一顶“右派”帽子。所以尽管在1979年中共十一届三中全会之前的几十年内，常常有意无意地把梁漱溟当作“反面教员”，但他却从来没有戴过任何一顶经过组织手续而给予的“政治帽子”。

不过，10年之后的1967年，梁漱溟终于没有逃脱戴帽子的厄运：“文革”风暴之中，他先是被抄家和批斗，后来又被居住所在地的朝阳区宣布为“右派”，此系后话。

梁漱溟虽然在大鸣大放中一言不发，却没有预料到后边还跟着一个反“右派”运动。他后来说他没有这么高明。同时，当反“右派”的雷声一响，许多人遭到批判，他的老朋友陈铭枢、章伯钧等竟成了“大右派”时，他也是十分震惊的。

对于“反右”，梁漱溟当然是想不通，特别是他的一些老朋友的遭遇让他再次感受到了“寒冷”。但他又能怎样呢？一个已经遭受最高领导者痛斥的人还能说些什么？说了又能怎样？

不过，梁漱溟还是会说的，虽然是在此后不久的1958年，虽然是在一篇检讨之中：对某某人被判为“右派分子”的，我是要为之不平，心中替他呼冤不止的。特别是我所了解的人，我相信他不反党，不反社会主义。[①]

试问哪有这样的检讨？这明明是一个老知识分子的勇敢的呼唤，是正义和良知的体现！

对于右派这个称呼，梁漱溟后来认为是非常有问题的，因为它不是一个严格法律意义上的罪名，但却可以用它来给人定罪，必然导致随意性太强。不过，在当时的中国社会中，类似的罪名还有不少，而最厉害的就是所谓的“反革命”罪名。对此梁漱溟应当很熟悉，先于他被批判的胡风等人，不就是最后被打成“胡风反革命集团”了吗！

---

①《在政协整风会上向党交心的发言》，《梁漱溟全集》第七卷，第35页。

# 第五章

# 在饥馑与风雨中

## 1

听吧!
战斗的号角发出警报,
穿好军装拿起武器,
共青团员们集合起来踏上征途,
万众一心保卫国家。

我们再见了亲爱的妈妈,
请你吻别你的儿子吧!
再见吧，妈妈!
别难过,莫悲伤,祝福我们一路平安吧!
再见了亲爱的故乡,

胜利的星会照耀我们，

再见吧，妈妈！

别难过，莫悲伤，祝福我们一路平安吧！

这是前苏联在卫国战争时期非常流行的歌曲，名称是《共青团员之歌》。20世纪50年代传到中国，立刻成为最有影响、被传唱最多的苏联歌曲之一。即使是在十年“文革”时期，它也从来没有被真正禁止过。

前苏联的文学、艺术，在20世纪50年代的中国曾经极为流行并深刻地影响了一代人的成长。在文学方面，影响最大的除了《钢铁是怎样炼成的》外，恐怕就是那本《卓娅和舒拉的故事》了。后来观看据此改编的电影《丹娘》（丹娘即卓娅，舒拉是她的弟弟）更是当时几乎每一个中国青少年的必修课。卓娅和舒拉的高贵品质和英雄事迹像中国的刘胡兰、赵一曼、黄继光和董存瑞一样广为流传，教育和激励着那个时代的每一个人。

1955年10月21日，卓娅和舒拉的妈妈柳·季·科斯莫杰米扬斯卡娅曾来中国访问，并应邀多次为部队战士和学生作报告，而《卓娅和舒拉的故事》，就是她对自己儿女短暂而辉煌的生命历程的真实记录。

卓娅和舒拉是一对同胞姐弟，卓娅·阿纳托利耶芙娜·科斯莫杰米扬斯卡娅，曾化名丹娘，苏联著名女英雄，卫国战争时期女游击队员，列宁共产主义青年团团员。1923年9月13日出生，1934年加入少先队，就读于莫斯科第201中学。1938年秋，加入苏联列宁共产主义青年团。

1941年6月卓娅上十年级时，德国入侵苏联，卫国战争爆发。学校被迫停课，她相继参加战时服务和莫斯科民兵组织，和弟弟一起，冒着空袭危险在街头站岗、巡逻，保卫首都安全。10月，她主动递交申请书，志愿报名上前线作战，获批准后，毅然告别母亲和弟弟，和一批共青团员一道奔赴敌后战场。11月26日，在执行任务时，卓娅不幸被德军俘获。德寇步兵第197师步兵第332团团长亲自审讯她，她自称丹娘。面对敌人令人发指的酷刑，她始终咬紧牙关，严守秘密，以坚忍的意志挺受住了严峻的考验。德军在最后一次审讯失败后当着被占领地的村民，将她绞杀于严寒冰雪之中，并将她的遗骸暴露于冰天雪地示众。后德寇将她受刑和处死后的情形拍下很多照片，广泛流传，激起包括最高统帅斯大林在内的苏联全体人民的无比愤怒。据说怒不可遏的斯大林对苏联西方面军各部签署如下命令：如遇到德军第197步兵师第332步兵团的任何官兵，拒绝接受其投降！该团官兵的下场只有一种选择：就地枪毙！

1942年1月27日彼得里谢沃村解放当天，苏联《真理报》和《共青团真理报》刊登军事记者里多夫文章《我们永远不会忘记你，丹娘！》，详细披露了她的英雄事迹。2月16日，苏联政府追授她以“苏联英雄”称号，她成为首位获此荣誉的苏联女性。苏联境内大量涌现以她的名字命名的街道、农村和学校。包括其胞弟舒拉在内的苏联青年在她的事迹感召下，纷纷拿起武器奔赴前线，后舒拉也光荣牺牲，死后下葬于同一公墓内她墓穴的对面。卓娅后来成为苏联青年近卫军的象征。她的事迹后被拍成电影，中译名为“丹娘”。该电影和书在世界各地广为流传。

20世纪50年代的梁漱溟，自然也深刻感受到苏联的一切——工业技术、文学艺术等给中国带来的影响。在写作《人心与人生》的过程中，他也对《卓娅和舒拉的故事》产生了浓厚的兴趣，不但多次阅读，更是写下了长达7000字的读后感，对此书大加赞赏。

梁漱溟有这样的兴趣不是偶然的，因为他对文学作品的欣赏和爱好从很早就开始了。他曾表示自己最喜爱的中国小说是《红楼梦》，认为是一部很值得寻味的书，其他的书读一遍即可，而《红楼梦》却可以百读不厌。仅从他50年代的日记中，就有很多阅读欣赏文艺作品的记载以及感想：

> 1951年3月15日：晚交际处招待观演《龙须沟》，甚好。
>
> 1953年1月10日：阅《谁是最可爱的人》小册，自思“仇

恨心”在我难得建立，此是我与时人分别处。

1953年8月21日：阅鲁迅译《表》一书，写内心之感甚深刻。

1953年10月5日：读老舍《我这一辈子》，印象颇深。

1954年7月14日：饭后到北京剧场看《雷雨》一剧，十二时就寝。

从以上摘录的几条记载看，梁漱溟之所以对这些文学作品有深刻的印象，不仅是因为它们的文学成就，更重要的是在于梁漱溟从自己的哲学学说和人生观出发，认为它们都能充分表现人物的真情实感，写出人性的真善美来。相反，对魏巍的写于抗美援朝时期的作品，就认为它过于宣扬“仇恨心”，而感到与自己无法沟通。

梁漱溟曾经撰文谈他对文学艺术的看法：

文学艺术总属人世间事，似乎其所贵亦有真之一义。然其真者，谓其真切动人感情也。真切动人感情斯谓之美，而感情则是从身达心，往复心身之间的。此与科学上哲学上所求之真固不同也。

说文学，涵括诗歌、词曲、小说、戏剧、电影等等。说艺术，涵括音乐、绘画、舞蹈、雕塑、建筑等等。凡此者大抵可以美或不美为其概括地评价。美者非止悦耳悦目，怡神解忧而已。美之为美，千百其不同，要因创作家出其生命中所蕴蓄者以刺激感染乎众人，众人不期而为其所动也。人的感情大有浅深、厚薄、高低、雅俗之不等，固未可一例看待。但要而言之，莫非作家与其观众之间藉作品若有一种精神上的交通。其作品之至者，彼此若有默契，若成神交，或使群众受到启发，受到教育。上溯远古，自有人类历史便见其肇始于社会文化中，随文化之渐发达而发达，多有变化以适于未来之世。如我所测，未来之世其必更将居于社会文化最重要地位。[1]

他对《卓娅和舒拉的故事》产生兴趣，也是从文学艺术可以表现人心与人性这个角度出发的，所以梁漱溟才以“致情动人”作为他这篇文章的题目。

梁漱溟认为《卓娅与舒拉的故事》由于出于其亲母手笔，于其家人间夫妇、亲子、兄弟之情自然叙述得亲切自然，至性动人。“由是而知其子忠烈固自有本有素，非发见乎一朝。正唯其琐细逼真而临文无枝蔓，无冗赘，不意存说教，乃所以其感人者弥深也。呜呼！此母固不凡矣！慈爱、孝友、忠贞自昔中国人好言之，而如此至文犹不多见，吾是以不能不深深叹美之也。”

梁漱溟多次谈到卓娅在为人方面的坦诚，如书中写到，如果卓娅不了解什么东西，她就率直地承认这个（不了解）；可是舒拉自尊心特别大，“我不知道”这句话，是很难从他口中说出来的。由此梁漱溟指出，卓娅所表现的，正是中国古人所云“知之为知之，不知为不知，是知也”那句话。最末一个“知”字——第五个知字，在她内心是明强的。这亦就是古人所云“直心是道”。

再看卓娅稍长大入学以后有一桩事就更清楚。一次母亲看到卓娅似乎心情不好，就问她缘由。

“卓娅你为什么这样愁眉不展呀？”（母问）“化学得了（评分）‘很好’”。卓娅不高兴地回答说。

母亲很惊异，因为这是一个优秀的成绩。但在卓娅看来，自己的水平尚不足为优秀，所以她去找老师要求更正。老师安慰她说，她虽然现在可能还不够好，但既然能够主动说出，就表明将来一定能够优秀的，这次的

---

① 《梁漱溟随想录》，第184页，山西高校联合出版社1992年版。

成绩就算是预支吧。

这时卓娅大约13岁。梁漱溟很为她有如此的想法诧异。其实在书中，卓娅的类似举动有很多，梁漱溟认为都可以说明他的人生哲学。为此他还举了一个例子。

卓娅随同父母到外祖父家住，一次外祖父的眼镜偶然不见，以问卓娅，卓娅回答不知道。随后眼镜发现在某处了，外祖父还是认为卓娅所弃置，就说她说了假话。卓娅翻着眼睛看看外祖父，不屑作答。但是吃饭时竟不愿就坐，她说，“我不坐，既然不相信我，我就不吃饭！”梁漱溟评价说：此其正直之内心不容人轻侮，岂是寻常稚幼所有。方其稚幼且如此，则宜其稍长后拒不肯受老师之过奖也。

梁漱溟所赞扬卓娅的，还在于她能基于明强之自觉心而自律严，律人亦严。书中叙述卓娅律己律人之严，其例多不胜举：

有一次舒拉（5岁）打了一个碗，可是他不承认。卓娅用眼睛盯住他，皱着眉说：“你为什么说谎话？不可以撒谎！”她虽未满8岁，但是话说得很有信心，很庄严。

其后姊弟一同入学，在学校中她对同学们亦是严的。她母亲自叙说，她很担心是否卓娅对于别人要求过严，是否她在全班里孤立起来了。于是她抽出一些时间我就拜访老师了解情况。卓娅的老师说：卓娅是耿直的公正的女孩子，她永远对同学们直率地当面说真理。最初我还担心她会惹得同学们反对她哪。可是不然，并没有发生这样的事。全班的同学全喜欢她。“你知道哇，他们全尊重她，这可不是对于任何这样年龄的人都可以这样说的。”

对此梁漱溟指出：严正出乎秉性之自然，既非有意严正，亦非陷于惯性的严正，那是无碍于其人之和易近人、温厚可亲的。卓娅“几乎为所有的同学们都做了些好事”（见前），没有得罪什么人，正在此。梁漱溟如此评价卓娅，正因为他自己也是如此。

梁漱溟在此文中，还引了三则卓娅的日记：

人的一切都应该是美丽的：面貌，衣裳，心灵，思想（契诃夫）。在劳动是快乐的时候，生活是美好的！在劳动是不得已的时候，生活是奴隶（萨勒）！

……什么是真理？人，这就是真理！

……虚伪是奴隶和主人的宗教，……真理是自由人的上帝。（高尔基）

对这些日记，梁漱溟的评价是：这些文句，有的词意所指尚难确知，有的涵义深浅未可遽定。我们引来只在指证卓娅时时有其明强之内心活动，虽不知学（践形尽性之学），而庶几亦有吾古人所云“自强不息”之意。

梁漱溟指出，卓娅显著之特点，殆莫如其人意志之坚决强毅。此在书中随处可见，而以下四次事件（依先后为序）最为表著：

一、在白棍儿的游戏上暗自坚持练习以至成功。

二、与女友打赌，风雨黑夜独自穿过大公园之森林。

三、代数题算不好，坚持算至天明，自己解决。

四、担任扫盲工作，无论如何不肯一次缺课。这里不著录其事。

他的结论是：以我浅测，此固生质之美，要亦秉赋有所偏至。其卒以壮烈毕命，亦是其命则然也。但它却是与其不粗率不浅露有关联，亦与前述她时时在自己勖勉自己是相连的。

最后，梁漱溟提到了父母对子女的影响和教育问题，认为卓娅舒拉二子之成就与其父母之家庭教育是分不开的。并引了这样一段：

我从来没有听见过他（指卓娅之父）对孩子们长篇大论地说

教，或用很长的话谴责他们。他是用自己的作风，用自己对待工作的态度，用自己的整个风度教育他们。于是我明白了：这就是最好的教育。……教育是在每件琐碎事上，在你的每一举动上，每一眼色上，每句话上。这一切都可以教育你的孩子：连你怎样工作，怎样休息，你怎样和朋友谈话，怎样和不睦的人谈话，你在健康时候是怎样的，在病中怎样的，在悲伤时候是怎样的，在欢欣时候是怎样的，——这一切你的孩子都会注意到的，他们是要在这一切事情模仿你的。(见原书《夜晚》一节。)

其实梁漱溟自己，就是这样教育自己孩子的。而他也承认自己能够鼓励孩子主动学习、有自己的自由空间，是因为自己受父亲梁巨川先生教育的影响。

当年梁巨川先生虽然是科举出身，却对新学颇感兴趣，鼓励自己的子女有自己的见解，鼓励他们学习西方文化。同时，梁巨川先生非常注意教育的方式方法。梁漱溟9岁那年，一次他忘记自己积攒的一串铜钱放在何处了，就到处询问，不得而大声吵闹。第二天，梁巨川先生在院子里的一棵树杈上发现了这串钱，知道是梁漱溟自己疏忽了。他没有斥马上责梁漱溟的疏忽大意，也没有马上把钱交给梁漱溟。而是写了一张纸条，说有个小孩自己把钱挂在树上，却到处寻找，与别人吵闹。他父亲找到了这串钱，小孩知道是自己错了等等。然后，梁巨川先生就把这纸条交给梁漱溟，却不说什么。梁漱溟看后，就知道是自己错了。这种教育方式对培养梁漱溟的自省意识和独立人格是非常有效的。

后来，青年时期的梁漱溟有一段时间决定出家而不结婚，这对于盼望梁漱溟早日结婚以传宗接代的他母亲而言，是一个沉重的打击。他母亲重病在床，自知将一病不起，拉着梁漱溟的手劝他不要固执。梁巨川先生坐在一边，却没有做声。次日，梁巨川先生写了一张纸条给梁漱溟，说你母亲昨天的话过于柔弱，是以私情影响你的志向，这不是我的意思。你既不想结婚，可以慢慢再说。不结婚恐怕不太好，但时间早晚无所谓。

三年后，梁漱溟接受了儒家入世思想，决心以拯救天下为自己的使命，同时也确定结婚成家。成婚之时，梁漱溟“率新妇拜公遗像而哭”，认为自己当年过于固执，以致让父母带着极大的遗憾离开人世。

因此，梁漱溟在教育自己的孩子时，始终注意既让孩子有充分的独立自主，又不忘记在根本原则上把关而不是完全放任自流。

什么是根本原则呢，就是做人的准则。

他的长子梁培宽先生，当年在立下决心为社会大众服务的志向时，写信给父亲问到底做什么比较合适。梁漱溟的回答是，只要有诚意，做什么都可以，而且是否有成就也可以不管。他看重的，就是一个人的志向是否远大和是否有诚心。梁培宽先生还问他是否做学问和做事不能兼得，自己究竟适合走哪条路。梁漱溟说，他的朋友熊十力先生在教育青年时，总是先让他们选择，是做学问还是建功立业，选择后再告诉他们该如何做以及如何学习。但他自己的做法是，听凭自己生命力的呼唤而行，并不在乎是走什么路。有时注重现实，有时追求出世，一切随意，都不是有意的追求。此外，他强调说，其实做任何事都离不开学问，二者其实不可分离，不必太拘泥于它们的差异。当然，他告诉梁培宽先生，虽然他认为自己的路更好些，但不必学他。因为从根本看，他是最终要归于佛家的，而他不希望别人也这样。

至于次子梁培恕先生，由于天性活泼好动，更是在教育方面给梁漱溟出了不少难题。例如他多次改变自己的学习目标，一时想投考空军学校，一时又想退学自修；一会儿想学美术，一会儿又想学新闻。这种朝三暮四的做法换其他家长早就不允许了，但梁漱溟却认为孩子有兴趣就好，而兴趣的转换也很自然，不可能一下就能找到自己最适合的行当。因此，虽然在内心也不乐意孩子的换来换去，却都能给予理解和支持。

最能表现梁漱溟对子女独立自主意识培养的，就是两个儿子的婚事问题了。1955年，两个儿子皆已在北京工作，长子梁培宽30岁，次子梁培恕27岁，却还都没有婚恋对象，这在那个年代绝对算是很晚的了。梁漱溟口上不说，心中也是盼望儿子能够早日成家。在给朋友的信中，他却说自己对此事“无能为力”，而颇羡慕朋友的儿孙满堂。后来，他在与儿子的谈话中发现他们对此事不着急，并没有危机感，而且不愿意让别人介绍。梁培恕的回答更有意思，他说如果我去见一个女人的目的是看她是否可以和我结婚，我会厌恶自己竟然会做这样的事。即使勉强去了，也只能是心情恶劣，不会有什么结果。梁漱溟对儿子的观点表示赞同，不过，他有时也会暗暗帮助儿子。据梁培恕回忆，有一次他的四舅母给他介绍一个对象，对方原是她的同事，梁培恕碍于舅母的面子，勉强去见，结果当然是不欢而散。后来他才知道四舅母是受了父亲的委托，心里颇有些埋怨父亲。不过梁漱溟却通过这件事看到了儿子的成熟，他对梁培恕的四舅母说儿子有点变，变得外圆内方了。不久，梁培恕与另一个女孩的恋爱因女方家长的干涉遭遇挫折，梁漱溟深为儿子不安，因为他早已预料到对方家长会阻止此事，却始终没有说什么——在他看来，这样做就是干涉儿子的自由。

后来，梁漱溟因为广西改为自治区一事到广西视察，回来后此事已风平浪静，梁培恕已经顺利渡过情感危机。对此梁漱溟非常高兴，在日记中称赞儿子“胸次高朗”，甚感欣慰。

能够以这样的方式教育子女，就不难理解梁漱溟为何会对《卓娅与舒拉的故事》如此感兴趣了。

## 2

如今50岁以上的人，大概都会对1958年那一场轰轰烈烈的疯狂的

"大跃进"还记忆犹新。"总路线、大跃进、人民公社"这所谓的"三面红旗",当年曾经在神州大地上高高飘扬,指引着全中国人民向着共产主义飞奔。

"三年实现共产主义"、"跑步进入共产主义"、"(经济上)三年超过英国,五年超过美国"……口号一个比一个更有气势,更令人激动。

而重要的是这一切,还不仅仅是口号,人们从现实中似乎都可以得到验证。1958年的报纸上登过一张非常有名的照片:一个小姑娘坐在沉甸甸的谷穗上,谷穗竟然不会倒下,以此来验证稻谷的亩产已经达到上万斤——虽然以后才发现,那不过是把几十亩稻田的稻谷全堆积在一亩的结果,而且为了防止稻谷倒下,四周用绳子拦住。

至于全民族大炼钢铁,以致家家户户的铁锅都被拿走扔进火炉,最后得到的不过是一个个铁疙瘩而已。至于家庭的做饭问题呢,不用担心,都去集体大食堂吧,吃饭是不要钱的,随便吃!

随便吃的后果是"吃"来一个空前的全国性的大饥荒,从1959开始的"三年自然灾害"期间,不少人因饥饿和疾病而死(非正常死亡者),更多的人依赖吃草根树皮熬了过来,从此对饥饿有了永生难忘的记忆。

不但工业、农业要"大跃进",文学艺术也要"大跃进"。什么"一个县要出一个郭沫若"之类的豪言壮语都出来了,韦君宜的《思痛录》中对此有生动的描写,让我们看看作为"过来人",她对当年的回忆:

> (诗人)田间在这里创办"诗传单",不但他写,而且把所有村干部、社员,都拉进去写诗。我们身为下放干部,就得负责给人家改诗,还得自己做诗,我坐在那里,一会儿一首,真正是顺口溜,从嘴角顺口就溜出来了。什么"千日想,万日盼,今天才把公社建。七个乡,成一家,社会主义开红花",诗歌泛滥成灾。

诗传单后来铅印了，还编成集子拿到石家庄出版了，并在《人民日报》上发表了。把参加写诗的农民马秉书、王瑞斌他们也弄得头晕眼花。后来，这一场诗歌运动越闹越大。闹到在火车上每个旅客必须交诗一首，闹到制定文学创作规划，各乡提出评比条件。这个说："我们年产诗一万首"，那个说："我们年产长篇小说五部、剧本五部"……挑战竞赛。最后，张家口专区竟出现了一位"万首诗歌个人"，或曰"万首诗歌标兵"。他一个人在一个月里就写出了一万首诗！当然，我们谁也没见过他的诗。只听说他的创作经验是，抬头见什么就来一首诗。譬如出门过铁路见田野、见电线杆……都立即成诗。写成就投进诗仓库——一间空屋。后来听说这位诗人写诗太累，住医院了。

不光平民百姓，连个别党和国家的领导人也失去了正常的判断，开始在《人民日报》上讨论"粮食太多了吃不完"的问题，建议人们只好先吃和多吃好的！

那是一个充满幻想和幻觉的时代，也是人们暂时丧失理智而陷入迷狂的年代，更是一个不堪回首的年代！

梁漱溟呢？面对这样的全民族陷入的迷狂，他在想些什么，又做些什么？

前面我们说过，梁漱溟一直盼望着，在新的政权建立并巩固后，能够有一个大规模的经济建设高潮。中共八大的召开和有关决议的公布曾经让梁漱溟兴奋不已，以为新的经济建设高潮就要来临。不料，等待在知识分子面前的是一场严厉的反右派斗争，这让梁漱溟感到困惑，难道经济建设不搞了？

带着疑惑，他认真研究了毛泽东的著作，在《关于正确处理人民内部矛盾的问题》中，梁漱溟发现下面的一段话：

> 现在的情况是：革命时期的大规模的急风暴雨式的群众阶级斗争基本结束，但是阶级斗争还没有完全结束；广大群众一面欢迎新制度，一面又还感到还不大习惯；政府工作人员经验也还不够丰富，对一些具体政策的问题，应当继续考察和探索。这就是说，我们的社会主义制度还需要有一个继续建立和巩固的过程，人民群众对于这个新制度还需要有一个习惯的过程，国家工作人员也需要一个学习和取得经验的过程。在这个时候，我们提出划分敌我和人民内部两类矛盾的界限，提出正确处理人民内部矛盾的问题，以便团结全国各族人民进行一场新的战争——向自然界开战，发展我们的经济，发展我们的文化，使全体人民比较顺利地走过目前的过渡时期，巩固我们的新制度，建设我们的新国家，就是十分必要的了。[①]

梁漱溟认为，毛泽东虽然习惯于以政治运动解决思想问题，但中国的经济建设他并没有忘记，毛泽东的这段话，与中国共产党八大决议中提出的以经济建设为中心的口号并不对立。因此，当1958年“大跃进”开始后，梁漱溟就错以为这就是他期盼已久的新的经济建设高潮。加之他对基层的情况不甚了解——长期居住在北京，即使下去视察，也难看到真相，终于导致他对“大跃进”作出了不恰当的判断。另一个导致他判断错误的原因，是当时的人们在大跃进中焕发出来的激情，与梁漱溟著作中强调的观念有相似之处，即《人心与人生》中的理论。从报纸杂志和广播中的虚假浮夸的宣传中，他看到了人的精神力量的伟大以及精神可以转换为物质的实例。

① 《毛泽东文集》第七卷，216页。

1959年，为了庆祝建国十周年，梁漱溟开始写作《人类创造力的大发挥大表现——试说明建国十周年一切建设突飞猛进的由来》一书，试图用自己的理论，解释说明新中国所取得的巨大成绩，自然这成绩也包括那些虚假的大跃进战果。此书约7万字，大概用两年时间才写完。不过，梁漱溟生前没有出版此书，后收入《梁漱溟全集》。

这是一部非常有意思的书。

由于时代的局限性，梁漱溟在此书中，自然出现了一些带有那个时代痕迹的语言和表述方式，以及不可避免的夸大失实的论述，给人感觉是：梁漱溟也终于革命了！也会写革命的文章了！

但梁漱溟还是梁漱溟，他有他的立场和观点，而且不会轻易改变。

此书开头，梁漱溟即明确表示：建国十年来一切建设突飞猛进，便全世界为之震惊失色，人类创造力发挥表现之大观莫有过于此者。如果要问人本来就有创造力，为什么单单在这个期间得到充分的发挥，当然要归功于中国共产党和毛主席领导。但梁漱溟要说明的是，在他们的领导何以这样得法而竟有如此大的成功？

与当时通常的说法不同，梁漱溟没有把这种成功归结为大抓阶级斗争的结果，而是归结为人的因素，归结为人类创造力的发挥。也许是为了给自己的理论和解释找一个支撑点，也许是梁漱溟确实赞同，他首先引用了毛泽东的一段话，作为展开论述的前提：世间一切事物中，人是第一个可宝贵的。在共产党领导下只要有了人，什么人间奇迹也可造出来。[①]

梁漱溟认为，世界上一切生物或多或少总有它的活动力，而其中活动力最强大的莫过于人；一切活动力总在其能以改变其他事物上见之。它必有所改变是一定的，不过有时我们说做是破坏，有时则说做是创造或生产。这多半是从我们主观要求这样或不要这样而分别。——其活动顺合于

① 见1958年6月26日《人民日报》第8版一短文内引用1949年毛主席写的一篇评论中的话。

我们要求的，即为创造或生产；反之，即为破坏。人类具有最最强大的活动力，因而亦就具有伟大无比的创造力。因为创造力所具有的两面性，就要求人们注意利用好的一面，防止破坏的一面。而在历史上，阻止和破坏人类好的创造力的因素主要有两类，一是自然灾害，一是人与人的斗争。既然现在人类对于大自然的灾害基本上都能够克服，则主要的障碍来自于人类之间的斗争，这种斗争的表现形式通常为国家之间、阶级之间、民族之间、血缘之间以及宗教之间等等。

说来说去，我们看到了梁漱溟的本意：他还是在非常巧妙地说明，阶级斗争对于经济建设是有害无益的。

按照梁漱溟的意见，新中国之所以取得这么大的成就（在这里梁漱溟显然被夸大的宣传所蒙蔽了），关键就在于领导的正确。这种正确首先表现为建立了一个人民的政权，然后表现为领导者善于引导和鼓励人民的积极性。对此梁漱溟仍然不把这种积极性的调动归结为阶级斗争的胜利如反右等，而是依然从唤起人心特别是整体的人心的主观能动性来谈。从这个意义上，他非常赞同共产党对人、对人心、对人性以及对人类生命力的尊重和深刻的理解，认为他们能够最大限度地挖掘人类的一切潜在的力量，从而创造出巨大的经济成就。在这里，梁漱溟表现出过分高估人类主观能动性的倾向，同时也有过分简单化的一面。最关键的是，他所依据的所谓巨大的经济建设成就，其实只是夸大的宣传。而且，他有些一厢情愿地把自己对人心、对人性的认识与当时带有空想色彩的“左”倾思想联系在一起，事实上也是不正确的。在写于1984年的一段话中，梁漱溟曾表示想在亲属的帮助下修改此书稿，但由于身体原因，此事最终作罢。

也许是梁漱溟自己也感到，自己的观点其实与毛泽东的观点从根本上并不一致，所以在此书的最后他写道：

此文脱稿于1961年1月11日，计自1959年1月下旬动笔，首尾恰有两个整年之久。自己复看一遍，感觉于马列主义、毛泽东思想少所发挥引用，而谬先学习之名，却贩卖了自己的思想见解。北京俗语"三句话不离本行"，此文适落此诮。远在1924年我蓄志写《人心与人生》一书，腹稿乃至讲稿多有累积，而三十多年总在酝酿中，讫未正式着笔。正式着笔始自1957年，又屡作屡辍，而此文即在其辍笔中动笔。胸中紊回往来者自有其一套见解；有意无意之间辄以己见作说明，譬如戴着色眼镜者所见无非其色一样。学习马列主义毛泽东思想亦是有的，不过甚有限耳。在许多地方缺欠发挥，例如关乎"生产力与生产关系问题"、"上层建筑与经济基础问题"、"不断革命"等理论，每见人用来说明"大跃进"，而我却没有。

这实际上就是宣告：他还远没有做到同意接受马列主义的观点，他也没有放弃自己的思想理论。他固执而有些天真地想把毛泽东的某些理论与自己的观点扭在一起，当然不会得到理解，更不会受到赞扬。于是，等待着他的就只有一个结果：继续思想改造，继续接受批判。

实际上，从1953年开始，梁漱溟在长达数十年的时间内一个重要的角色，就是扮演被批判者。他在表面上似乎也认同了这个角色，内心深处却依然有着自己的判断，即使在十年"文革"的疯狂中，他也没有改变自己的信仰！

——对于这样一个"人"，即使"神"也无能为力！

让我们讲一个令人心酸的故事，也许会因此加深对那个年代的理解。

今天的青少年可能很难想像，在20世纪"大跃进"年代，曾有过一个轰轰烈烈的消灭麻雀的全民运动，更不知道有很多人为此遭受悲剧的命运。小小麻雀，竟然成为政治高压线。[1]

1955年，毛泽东在组织起草农业发展纲要草案，即《农业十七条》时，决定将麻雀与老鼠、苍蝇、蚊子一起列为必除的“四害”。在这个草案的酝酿过程中，鸟类学家郑作新等科学家提出麻雀实际吃谷有限，而吃害虫很多，因此是益鸟，不应消灭。但这些生物学家的意见并未被接受，1956年1月经中共中央政治局讨论、最高国务会议正式通过的《纲要草案》第27条规定从1956年起分别在5年、7年或12年内基本上消灭包括麻雀在内的“四害”。于是，消灭麻雀的运动正式兴起。在这种形势下，许多科学家仍顶住巨大的压力，坦陈麻雀不是害虫，不应消灭。中科院实验生物研究所的研究员、副所长朱洗先生以历史为例，说明消灭麻雀的危害。当年普鲁士国王腓特烈大帝非常讨厌麻雀，在1744年下令悬赏消灭麻雀，一时间普鲁士的麻雀几乎绝迹。但不久就发生大规模虫害，腓特烈大帝不得不收回成命，并从外国运来麻雀。生物学家郑作新、薛德育、张孟闻、辛树帜、丁汉波、张作人等都以自己的研究为坚实的基础，公开反对消灭麻雀。他们退一步说，要定麻雀为害鸟起码是证据不足，建议在没有得到科学结论之前要暂缓杀麻雀。

但是，这些生物学家的反对意见毫无作用。1958年，在“大跃进”的高潮中，消灭麻雀的群众运动也在全国进入高潮。如上海市就决定12月13日是全市统一打麻雀的日子，从凌晨起，全市的大街小巷红旗招展，房顶上、庭院里、空地上、马路上和农村的田野上布满无数岗哨和假人，大中小学生、机关干部、工人、农民、解放军战士此起彼伏地呐喊。一般由青壮年负责捕、毒、打，老人和小孩守住轰赶岗位，在公园、公墓、苗圃等处设了150个火枪区。人们不停地敲着锣鼓、脸盆和一切能发出响声的东西，使疲于奔命、惊魂未定的麻雀不敢落地，最后气力耗尽，纷纷坠地身亡。据报载，仅这一天，上海就消灭麻雀194432只！据不完全统计，从

① 薛攀皋：《为麻雀翻案的艰难历程》，《炎黄春秋》1998第12期。

3月到11月上旬，8个月的时间中全国捕杀麻雀19.6亿只！为此，《人民日报》还专门发文热情讴歌。不过，“惩罚”自然之后，必然要受自然的“报复”。1959年春，上海等一些大城市树木发生严重虫灾，有些地方人行道树的树叶几乎全被害虫吃光。在这种情况下，生物学家更强烈要求为麻雀“平反”。

然而，1959年7月10日下午在庐山会议的一次讲话上，毛泽东再次提到麻雀问题，说麻雀现在成了大问题，还是要除掉。

面对庐山会议后强大的“反右倾”浪潮，朱洗、郑作新、冯德培、张香桐等几位科学家仍无所畏惧，继续为麻雀鸣冤翻案。所幸的是，他们的强烈反对意见此时实际得到中科院领导的支持，院方十分策略地决定以党组书记张劲夫的名义、以反映科学家不同意见的方式写了《关于麻雀益害问题向主席的报告》，经胡乔木转报毛泽东，并成立了“麻雀研究工作协调小组”。这份附有大量科学依据和分析的报告终于打动了毛泽东，他在1960年3月18日起草的《中共中央关于卫生工作的指示》中提出：“再有一事，麻雀不要打了，代之以臭虫，口号是‘除掉老鼠、臭虫、苍蝇、蚊子’”。4月6日，谭震林副总理在二届人大二次会议所作关于农业问题的报告对此十分委婉地说道：“麻雀已经打得差不多了，粮食逐年增产了，麻雀对粮食生产的危害已经大大减轻；同时林木果树的面积大大发展了，麻雀是林木果树害虫的天敌。因此，以后不要再打麻雀了……”

麻雀的劫难终于结束，但是，在十年“文革”中，这些科学家却被扣上“利用麻雀做文章反对伟大领袖毛主席”、“反对大跃进”、“反对最高指示”等种种罪名，受到残酷迫害。

小麻雀的命运如此坎坷，大元帅的命运又会好些吗？

谷撒地，薯叶枯，

青壮炼铁去，收禾童与姑。

来年的日子怎么过？

请为人民鼓与呼！

1959年彭德怀元帅回到故乡，他看到在虚假的统计数字下，群众却是饥饿浮肿，难过得流下眼泪。尽管一些老友已提醒他“功高震主”、“言多必失”，他却仍全然不顾。他把上面这首一位老红军赠来的诗修改了一下，拿来对疯狂的“大跃进”提出尖锐的批评。同时，他给毛泽东写了著名的“万言书”——以一个人民代言人的身份慷慨进言，为民请命。结果，在庐山会议上，他受到严厉的批判，成了所谓的右倾机会主义集团的代表，直至在十年“文革”中被迫害致死！



1960年，中国农村和整个国民经济一样，陷入空前的困境之中。而对于当时国民经济遇到的困难，毛泽东依然说是前进中的问题，是九个指头与一个小指头的问题。梁漱溟虽然住在北京，但从全国各地的亲友学生处，仍然不断传来各地经济陷于困境的消息。而他自己，也从衣食住行中感受到中国经济的空前危机。不过，他认为无论怎样，城市总比农村好些，他最关注的还是中国的农民。

1960年3月12日，梁漱溟以全国政协委员的身份，带领水利部有关人员到郓城视察侯集十二连洼水利改造工程。这一工程曾经受到国家有关部门表彰。以往侯集一带地势低洼。常受涝灾之苦，实施这一水利工程后大大减少了灾害程度。梁漱溟在郓城主要视察了侯集、城关、武安等地。

这次视察，给梁漱溟一个具体了解当时中国农村和农民真实状况的机会。可惜这次视察并未减少梁漱溟的忧虑，但他除了一嘘三叹外，又能做些什么？

菏泽地区位于鲁西南，历史上一直是山东经济比较落后的地区，而郓城又可以说是这一地区的代表。郓城古称郓州，是宋江的故乡，有“梁山一百单八将，七十二名在郓城”一说。此地百姓淳朴慷慨，民俗大有古风。但因自然条件很差，经济非常落后。三年困难时期，有些人被饿死，下关外（东北）逃荒者更是不计其数，以致在长达数十年间，这一地区惟一的一个济宁火车站，专门每天发一趟到哈尔滨三棵树的专列，上面的乘客几乎全部是逃荒的鲁西南农民。

对于菏泽地区的历史，梁漱溟自然不会陌生，因为他当年在北大教书时，曾经有不少山东籍学生，而陈亚三就是其中的佼佼者。陈亚三（1895～1964）山东郓城人。1924年北京大学哲学系毕业后，终生大部时间追随梁漱溟左右。1931年梁漱溟的山东乡村建设研究院创办后。陈亚三先后任训练部主任。菏泽乡建分院副院长。1935年任菏泽乡建实验县县长。1940年任梁漱溟创办之四川重庆北碚的勉仁中学校长。1948年又任教于勉仁文学院。解放后随梁漱溟来北京。陈亚三对先秦哲学、宋明理学均有研究，对《易经》研究尤有独到之处，并深有道家修养。

既说到陈亚三，则不能不介绍其老师王鸿一先生（朝俊）。当年陈亚三在北大聆听梁漱溟的《东西文化及其哲学》的讲演后，回山东时即告知王先生。王鸿一非常高兴，认为梁漱溟的理论能够解决自己的思想问题，即来北京见梁漱溟，并请他到济南讲演，由此开始了与梁漱溟长达十几年的友谊。后王鸿一1930年去世后，梁漱溟特意撰《悼王鸿一先生》一文，其悲痛心情溢于言表：“郓城王鸿一先生7月26日在北平作古。呜呼！二十年来， 吾民族精神之颓败极矣；于兹而得一见先生其人，所以扶倾起衰，正有赖焉；而天不假年，吾自今宁能复见有斯人哉！”对于他的思想学说，梁漱溟也有极高的评价：“以今日眼光看去则其思想正富于人民性，其人正富于革命精神，其内蕴之侠义骨气直可干云。然先生于中国古人为己而尽伦之学独能体会而力行之。清末之革命既为其先驱，对于‘五四’运动新思潮之兴起复深感兴味。顾于深感兴味之中，复大有所不安。不安于其非薄固有学术文化也。”[①]

正因为有上述关系，所以当年梁漱溟在邹平兴办乡村学院后，才又在郓城的黄安镇办了一所“重光学院”，由时任县长的陈亚三担任校长，虽然仅办一届，但梁漱溟依然对此事非常重视。这大概就是梁漱溟的山东之行除了邹平外，必然要去菏泽地区的原因吧。

1960年3月12日上午，梁乘坐由菏泽地委派的吉普车来到郓城。由于当时党内正在大力“反右倾”，郓城县委正在大力批判“右倾机会主义分子”鲁成（曾任该县县长，因反对浮夸风以及所谓同情“右派”的问题被撤职），因此对于梁漱溟这样一个既特殊又敏感人物的接待，有关部门感到非常棘手——既不能热情招待，又不能不好好招待，还要防止让梁漱溟看到真相。这样，为防止鲁成借机喊冤闹事，就将鲁成关进县公安局。而梁漱溟到郓城后，也没有安排他住进县政府的招待所，而是直接被安排到县政府内某一干部的房间居住。为防止意外，县政府派人带枪随身保护，即使梁上厕所也守在门口。

然而梁漱溟又怎能满足这样的保护和照顾式的安排，他的个性和此行的目的决定了必然会和地方当局发生冲突。果然，在听取郓城县委领导的汇报后，梁漱溟问此地是否有丰产不丰收的情况。该领导也不客气地反问说，什么是丰产不丰收？梁漱溟回答说，邓子恢副总理不是在《红旗》杂志发表的文章中谈到了这个问题吗。原来，1958年的确是风调雨顺之年，粮食大丰收。但由于运动一个接一个，农民无暇收获，使粮食都烂在地里，导致后来的大饥荒。笔者当年就在郓城，虽然年纪很小，但对于那时遭受的饥饿，却永远不会忘记。

当然，真实情况有关部门是不会说的，而梁漱溟也不会就此罢休。果然，真正的冲突就在就餐前时发生了。原来为招待梁漱溟，郓城县专门派人从济宁市购买了虾、海参等高档菜，由专人在县政府食堂烹饪。不料午

① 《略记当年师友回合之缘》，《梁漱溟全集》第七卷，第415页。

间梁入席后，见摆了好几桌如此奢侈的宴席，当即大发雷霆，责问陪同人员："你们郓城有这样的菜吗？这样太浪费、太奢侈了！"这大概是1953年后，梁漱溟为数不多的一次发怒吧。郓城县有关领导想必也没有料到梁漱溟竟然会这样不给他们面子，只好连连解释说，郓城是小地方，惟恐招待不好，影响您老的健康。并表示以后不再这样，由梁漱溟自己点菜。梁漱溟说：由我点菜，那只吃白菜豆腐就行。果然，他虽然后来在餐桌边坐下了，但只吃他的白菜豆腐。这就是在当地流传很广泛的"梁漱溟罢宴"一事。

此时的中国老百姓，恐怕大都陷于饥饿的威胁之中。也正是在刚刚视察过的菏泽乡下，梁漱溟亲眼看到农民家里吃的是又黑又硬的草籽，他又怎能吃得下这面前的山珍海味？他知道郓城的百姓绝不可能比荷泽百姓生活得更好，但从这大摆宴席的举动看，郓城方面对他的视察看来早有准备。

果然，当天下午，在郓城县领导的陪同下，梁漱溟去乡下视察时，在街上看到有小孩在吃油炸丸子，这在三年困难时期绝对是罕见的。梁漱溟就问孩子这油炸丸子的来历，天真无邪的孩子说这是生产队发的（当时仍实行公共食堂制，以生产队为单位）。又有一小女孩说，今天上面当官的要来看看我们吃得好不好，所以发丸子。孩子的话令梁漱溟悲哀，但更让他心酸的是这时有人说起了顺口溜："节节草（当地的一种水草，三年困难时期被普遍用来充饥），拉弦子，生产队里炸丸子。大人仨，小孩俩，生产队长用碗挖。赶快吃，赶快咽，别让社员看得见。"说顺口溜的人可能不知道，他所面对的是谁，他的话又在梁漱溟的心中激起怎样的波澜，据说梁当时"大为不悦"。随后梁漱溟又看到了这样的景象：三四十个农民拉着一辆牛车，车上装着农家肥料。梁漱溟对此不解，陪同者解释说，这是社员劳动积极性高的表现。梁漱溟问："那为什么不用牛？"回答却是："生产队里正在让牛长膘，不忍心用。"——又一个美丽的谎言！

这样的视察已经没有意义，梁漱溟默默不乐地回到县城。但他没有想到的是，他的视察已经给有关方面带来麻烦——他们已经决定要让他赶快离开！就在他回到县城后，郓城方面即与荷泽地委联系，表示梁漱溟留在郓城只会添麻烦，不如让他提前回去，并建议说可以用北京来电话让其回京开会的名义骗他离开。对于这样的谎言，看来荷泽地委还不敢直说，于是提出让郓城县方面去对梁漱溟说。据说梁漱溟听后感到疑惑，说从北京来时没有说有什么会要开，并坚持要再看一天——虽然梁漱溟也很清楚，他的视察不会给这里的农民带来任何好处，也不能影响有关方面的农村政策。

他的坚持与其说是一种姿态，不如说是一种精神，一种无奈，一种蕴涵悲凉的选择。

之后的视察已没有必要叙述，在由郓城返回荷泽途中。梁漱溟在黄安公社稍作停留，为的是看看当年“重华书院”（其石制校匾至今仍在）的故址。在喝茶时梁漱溟说：我这次来是看一看一个小指头的问题，看来这个小指头的问题还不小。传说临上车时，梁漱溟口占七言：

郓城历史有千年，
春秋战国古城垣。
东临阿泽西结郓，
孙膑宋江生其间。

梁漱溟一生极少做诗，这一顺口溜自然也不能说明其诗歌水平。但从他的吟诵中，不是可以感悟到许多东西吗！

应当感谢郓城方面的有关人士，是他们为笔者提供了上述珍贵的史料，使得笔者相关的研究有了更多的历史依据，也对梁漱溟先生的思想和风骨有了更深刻的理解。①

当年彭大将军的“我为人民鼓与呼”，曾经震撼了整个神州大地，却依然未能减轻现实中的苦难，身居高位的他本人反倒陷入万劫不复之境地，是为我们这个民族的不幸。而梁漱溟生前有限的几次去农村视察，对于身份尴尬的他，自然更不能指望会有什么奇迹发生。

这既是梁漱溟先生的悲哀，也是我们这个民族的悲哀。

① 此处资料提供者李树霖（已82岁，曾任郓城县文化馆馆员、县文物办公室工作人员，退休时为县政协副主席）。1959年春，李出差到北京接受由郓城籍人士夏坡斋（号夏莲居居士）捐赠的文物时，在夏处认识了梁漱溟（夏与梁二人关系甚密）。夏莲居居士（1884～1965），本名夏继泉，字溥斋，号渠园。中年以后专修净业，改名莲居，又号一翁。山东郓城人，清朝云南提督夏辛酉之长子。20世纪杰出的佛教学者。系由刘东陆（郓城一中教师）于2004年6月25日在李的住处采访时，根据李的口述记录所得。

# 政协学习会上的“老顽固”

1

20世纪60年代初，在国民经济极度困难的时期，中国人民表现出极强的牺牲精神和拼搏精神。作为这种精神之代表和象征的，就是当时刚刚达到世界一流水平的中国乒乓球队。而国家为了唤起民众的斗志，增强战胜困难的勇气，也有意识地在宣传方面进行引导，神州大地一时出现了乒乓球的热潮。

当时，即使在偏僻的农村，也会有水泥制作的简陋的乒乓球台。人们买不起球拍，就自己用木板做一块。至于乒乓球，虽然最便宜的只要7分钱，但对于那时的人们来说。这也不是一个小数目。于是，人们把打破的球用胶布粘住，一用再用，直到这个缠满胶布的球几乎不能再有弹性为止。

1959年4月5日，容国团获得世界乒乓球赛的男子单打冠军，也是那时中国在任何体育项目上的第一个世界冠军。他的出现，开启了中国的乒乓球时代。此后数十年，世界乒乓球坛上，中国战绩彪炳，所向披靡。可惜的是，1968年6月12日晚上，容国团不堪“文化大革命”的迫害，自杀身亡。

1961年4月5日至14日，第26届世界乒乓球锦标赛在中国北京举行。以容国团为主力的中国男子乒乓球队，在北京获得了男子团体冠军。此外，中国还获得男子单打和女子单打冠军。这史无前例的胜利，极大地鼓舞了国人，也使梁漱溟非常兴奋。从其日记中得知，一向对体育不感兴趣的他，也在4月2日那天和妻子一起去观看乒乓球比赛。

小小乒乓球，一时成了民族精神的体现。更值得一提的是，10年之后，在毛泽东的谋划下，乒乓球又成为推动中美外交的神奇武器，最终导致当时的美国总统尼克松访华和《中美联合公报》的签订，所谓“小小银球推动了地球”，成就了世界外交史上的一段佳话。

20世纪60年代的梁漱溟，也开始感到暮年的来临——毕竟他就要进入古稀之年了。

所幸的是，他的身体状况还非常不错，据梁漱溟日记记载，1961年时他的体重是41公斤，血压分别为70～110，一个非常正常的数据，特别是对于一个年近70岁的老人。这应归因于他的坚持锻炼，特别是坚持不懈地打太极拳和练习气功。在60年代的日记中，有关体育锻炼的记载明显增多，可以看出他的锻炼很有规律。

在家庭方面，从20世纪50年代末开始，梁漱溟享受到很多亲情的温暖：他的两个儿子先后结婚并有了孩子，隔代的亲情使梁漱溟对孙辈给予了远远超出当年对儿子的关怀和照顾。其中最让人感动的是在1961年，梁培恕夫妇为支援边疆，从北京调到黑龙江安达市工作。当时正是著名的大庆油田进行石油会战的时期，全国各地都抽调力量支援，以使国家尽快摆脱缺少石油的困难。当时，梁培恕的儿子梁钦东刚刚出生三个月。他们一家到东北后，才发现那里的条件实在是太艰苦，根本无法照料孩子，只好送回北京。

由于两个孩子自参加工作后就没有和梁漱溟住在一起，因此小铜井一号的大院里平时只有他们夫妻两人，多少有些冷清。这下好了，孙子回来了，梁漱溟老两口非常想亲自抚养。可是，在那个时代，极左思想的影响和外在的一些有形无形的压力，使梁培恕不得不注意与自己受过批判的父亲划清界限——尽管幼小的儿子不可能有什么阶级意识。此外，他也确实不愿意给两位老人增加负担。因此，面对老父亲的期望，他只好选择把幼小的儿子送到自己的哥嫂那里。哥嫂虽然也有孩子，毕竟已经可以送到幼儿园了，而且，还找到一个很好的老保姆，带孩子的事基本上都可以承担起来。

事情就这样定了，梁漱溟在失望之余，也知道在那样的情况下，这恐怕是一个最好的办法了。不过，从此以后，他开始增加了去北大蔚秀园的次数——那里有他的两个孙子。

因为长子梁培宽夫妇工作繁忙，梁漱溟还承担了采购婴儿用品的任务，直到两年后钦东可以进幼儿园为止。不过，送到幼儿园后，梁漱溟的负担反而更重，因为辞掉了保姆，他要负责接送孩子。正常情况下，星期六下午把孩子接到他的小铜井的住处，然后星期一上午再送到幼儿园。为了照顾孙子，梁漱溟有时竟然自己累出病来。有时孩子病了，梁漱溟就整夜不睡，守候在孙子身边。对于从前没有过照顾孩子经验的梁漱溟来说，这的确是一个不小的考验，更是一个神奇的进步——因为当年因忙于国是和教育事业，对于他的两个儿子的抚养，他是基本上没有尽到做父亲之责任的。他的两个儿子，在很长一段时间里，都是由梁漱溟的朋友代为照料的，而朋友的家，也就成了他梁漱溟的家。

写到这里，有必要介绍梁漱溟的两位夫人。

第一位夫人名黄靖贤，她与梁漱溟的结合颇有传奇色彩。她虽为女儿，却颇有男儿气概，在其他女孩已经到谈婚论嫁年龄时，她还从未有此念头。直到28岁那年，却忽然产生应该结婚的想法。而她与梁漱溟的相识，则要归功于伍庸伯先生。

青年时期的梁漱溟，十四五岁时开始为人生问题所困惑。他曾回忆自己看到家里的女工天天做饭，洗衣，辛苦得很，就问她是否辛苦，她说习惯了。看上去她并不感到苦，脸上常有笑容。梁漱溟由是想到他自己，家产富足，又是家中的小儿子，备受父母疼爱，看上去好像不存在什么不满意的地方，但为什么内心却常常很苦闷？他反复思索，认为人生的苦乐不在外界（环境），而在自身，即在主观。其根源在自己的欲望，满足则乐，不满足则苦，这种欲望是无穷尽的。第一个欲望满足了，第二个欲望又来了，而欲望是很难全部满足的。他说有的人坐轿子，坐马车，称得上荣华富贵，坐不起轿子和马车的人则步行。但千万不要以为坐轿子的乐，走路的苦，那可不一定。坐轿子的正在为某个难题（欲望）发愁，步行的却悠然自得，并未感到苦。总之，这些事看得越多，对梁漱溟的刺激越大，后来的接近佛学也就顺理成章，并逐渐萌生出家之念，当然也就不想结婚成家，这在前面已经提及。

后来，父亲的自杀，以及民国时期社会的黑暗，使他意识到自己的出家只是解决了自己的人生困惑，却不能拯救苍生于水火之中，其实是一种消极的逃避。而他所相信的佛教的大乘学派，却主张不仅要度己，更要度他人，这样才是真正的大慈大悲。在所谓他所关注的两大问题：人生问题和中国问题中，中国问题——拯救国人和使中国富强的问题开始占据上风，诚如他自己所说："在北大一住7年，增长了我内心的争名好胜，是我摆脱出家意念的重要原因之一。回到我思索、探求的中国与人生两大问题上，促成我的实际行动的，如中国问题占了上风，我则参加辛亥革命，当新闻记者，进北大教书等等，如人生问题占了上风，我便不结婚，吃素，想出家。这两大问题在我身上始终矛盾着，运行着。后来，中国问题逐渐占主导地位，人生问题逐渐退居次要地位，我就这样走过了漫长的80年，对比同时代的中国知识分子。我认为自己的生活道路是复杂而又独特的。"①

既然决心入世救人，则婚姻就是自然之事，特别是父亲3没有看到自己成家就去世的事实让梁漱溟非常痛心，也就想赶快成家以慰父亲的在天之灵。不过，他对女方的要求非常奇特，且看他自己的叙说：

> 我们结婚之年，靖贤28岁，我29岁，伍庸伯先生实为媒介。1921年（民国10年）夏，我应山东教育厅之邀为暑期讲演于济南，讲题即为"东西文化及其哲学"。讲毕回京写定讲稿准备付印，正在闭户孜孜而伍先生忽枉顾我家，愿以其妻妹介绍于我，征询我的要求条件如何。我答：我殆无条件之可言，一则不从相貌如何上计较；二则不从年龄大小上计较；三则不从学历如何上计较，虽不识字者亦且无妨；四则更不需核对年庚八字（注：旧俗议婚两方互换庚帖，庚帖上载有生辰八字）。当然，亦非尽人可妻。我心目中悬想得一宽厚和平之人；但其人或宽和矣，而无超俗之意趣，抑何足取？必意趣超俗者乃与我合得来。意趣超俗矣，而魄力不足以副之，势将与流俗杆格而自苦；故尔要有魄力才行。我设想以求者如是如是。伍先生笑曰，你原说无条件，你这样的条件又太高了。然而我要为你介绍之人却约略有些相近。

① 汪东林：《梁漱溟问答录》，第48页。

其时我一心在完成手中著作，未暇谈婚事，且询知伍先生娶于旗籍人家，虽属汉军旗而袭染满洲人习俗，我夙所不喜，当下辞谢其介绍之好意。

其后既卒于订婚而成婚，成婚之夜我为靖贤谈及上面说的宽厚、超俗、魄力三点。她不晓得魄力一词，问此二字怎样写，正为其读书不多，超俗云、魄力云，非所习闻也。

黄夫人为梁漱溟生了两个孩子，就是梁培宽和梁培恕。

1935年8月20日，黄夫人因病在山东邹平去世，时梁培宽11岁，梁培恕仅8岁。妻子的死使梁漱溟非常悲痛，他在《悼亡室黄靖贤夫人》中是这样充满深情厚谊回忆这段生活的："我自得靖贤，又生了两个孩子，所谓人伦室家之乐，家人父子之亲，颇认识这味道。"对骤失所亲爱相依的人，呜呼！我怎能不痛呀！我怎能不痛呀！"为了哀悼亡妻，梁漱溟还写了一首诗，以示纪念：

我和她结婚十多年，
我不认识她，她也不认识我。
正因为我不认识她，她也不认识我，
使我可以多一些时间思索，
多一些时间工作。
现在她死了，死了也好；
处在这样的国家，
这样的社会，
她死了使我可以更多一些时间思索，
更多一些时间工作。

梁漱溟并且决定，以后不再续娶："我此后决不续娶，不在纪念她的恩义，表现我的忠贞，而在不应该糟蹋她留给我的这个机会。"

但是，在1944年，梁漱溟还是有了第二次婚姻。事情是这样的：

1943年夏天，在桂林老家的梁漱溟经人介绍，认识了在当地做教师的陈淑莱女士。陈女士是北京师范大学毕业生，年已47岁，尚未婚配。年已51岁的梁漱溟似乎完全忘记了过去的誓言，居然很快爱上了陈淑莱。

1944年1月23日，梁漱溟与陈淑莱女士在桂林友人家中举行了传统的婚礼，证婚人就是他的老朋友李济深。梁漱溟首先在庆祝仪式上发言："婚姻是人生中一件重要的事情。我们要请教有着丰富生活经验、年高望重的龙积之先生。"于是，龙积之老先生捋着花白的胡子就婚姻的意义引经据典地作了一番高论。梁漱溟的旧友李济深先生也作了道贺式的讲话。来宾中的作家白鹏飞的讲话声音洪亮又不乏幽默。他说："梁先生原籍桂林，……抗战开始后方归故里。但他在桂林并无家室，既无家室，何言回家。那么最好就是着手建立家庭。敞开的心扉自然容易被人占据。陈女士出阁甚晚，因为她一直要嫁给一位哲学家……于是，她就乘虚而入了。"话一说完，大家就大笑起来。

在来宾们的要求下，梁漱溟兴致勃勃地讲起了他们的恋爱经过。说："现在，我听说谈恋爱要花很多钱，下馆子，看电影，看戏等等。但我却没有花过一分钱。我是羞于谈及此事，但的确连出去散步也没有过。我也曾给她写过信，约她在天气好时一起去经山村的河边散步。但那天却恰逢阴天小雨。她是否会应约前来呢？我犹豫了一会儿，拿把伞就出门了。如我所料，在半路上遇见了她。因为还在下雨，我们仍然无法去散步。于是我们终于只是在路边的小亭子里坐了一会儿。"恋爱的故事讲得细致动人，惹来宾朋热烈的掌声和欢快的笑声。讲完了恋爱故事，梁漱溟还破天荒地唱了一段京剧《黄天霸》，引来一阵喝彩。而后他对来宾说了声"我去也"，便挽着新娘兴冲冲地走了。

因为梁漱溟与其妻子的年龄加起来差不多是100岁，所以有好事者戏称他们的婚姻是真正的“百年好合”，在当时也是一段佳话。

梁漱溟自与陈淑茱女士结婚后，一改过去严肃显得有点古板的性格，从此竟然也谈笑风生，幽默了许多。总之，梁漱溟的第二次婚姻一开始可以说是十分完满的。

不过，婚后的生活似乎并不是十分和谐，这从梁漱溟日记中隐约可以看出。特别是在梁漱溟1953年遭受不公正批判后，他似乎并没有从自己最亲近的人那里得到多少安慰。这一方面在于梁漱溟从来不愿意向他人讲述此类事情，而是自己默默思考，一方面也是他人并不能真正理解他，理解他真实而深邃的内心世界，而最重要的恐怕还是，他的第二个妻子的脾气太坏。

当然，对于这类属于个人隐秘之事，我们最好还是不作评论。

2 如今50岁左右的人，一定记得20世纪60年代的那场轰轰烈烈的学雷锋运动。 60年代初期，中国出现了严重的三年经济困难。面对国内外巨大压力，中国共产党一方面纠正自己的失误，一方面领导人民艰苦奋斗，度过困难。而在此期间，雷锋的事迹，在沈阳部队，在东北大地，已广为流传。雷锋本人除坚持搞好本职工作，抓紧学习革命理论外，利用一切机会做好事，应邀外出作报告。他像一团火，走到哪里，哪里就出现激动人心的场面。 显然，大力宣传雷锋的事迹，对于鼓舞人民战胜困难，有着非常巨大的作用。

1963年3月5日，中央各大报同时刊出毛泽东“向雷锋同志学习”的手迹。 3月6日《解放军报》刊载了刘少奇、周恩来、朱德、邓小平的题词手迹，3月7日首都各大报又同时作了转载。刘少奇题词为："学习雷锋同志平凡而伟大的共产主义精神。"周恩来的题词为："向雷锋同志学习、憎爱分明的阶级立场，言行一致的革命精神，公而忘私的共产主义风格，奋不顾身的无产阶级斗志。"朱德题词为："学习雷锋，做毛主席的好战士。"邓小平的题词为："谁愿当一个真正的共产主义者，就应该向雷锋同志的品德和风格学习。"就应该向雷锋同志的品德和风格学习。？7月24日，各报又发表了陈云的题词："雷锋同志是中国人民的好儿子，大家向他学习。"

一个空前规模的学习雷锋运动迅速开展起来。

梁漱溟也不例外，他不但认真阅读了当时报纸上有关雷锋的报道，而且亲自参观了雷锋事迹展览。在他看来，雷锋正是一个可以很好说明他的人心与人生理论的范例。

与雷锋这个普通士兵相反的是，梁漱溟又从一个赫赫有名的拿破仑那里，同样感受到人心和人性的力量。那是在1961年，梁漱溟在读《拿破仑传》时特意摘录了这样一段：

> 我是相当善良的人，但我从很早的少年时代起，就尽力使这条心弦静止下来，以至现在它不发出一点声响。

这是拿破仑少有的非常坦率的自白，它引起了梁漱溟的共鸣。但是，又是什么原因，使这样一颗伟大的心灵，逐渐归于静止，以致不再发出一点声音呢？这对人类而言，是一件值得庆幸的事还是令人遗憾的事？

1961年，大致从下半年开始，梁漱溟比较细致和系统地阅读好友熊十力的著作，并着手写批评熊十力学说的文章。文章的写作非常困难，可能也超出梁漱溟自己的估计，日记中多次出现"午后思索写稿，未得头绪"

等字样，甚至已写好的初稿竟然决定毁掉重写。从这年3月27日之日记中，出现“开始阅熊著《原儒》，有意写《读熊著各书书后》一文”，到该年11月20日才最后完成，费时8个月之久。这是不同寻常的。最后的成果是：编《熊著选粹》一册，写成《读熊著各书书后》一篇长文。大概梁漱溟有意借着评论熊十力学说的机会，对自己的思想学说也来一个总的反思，特别是有关佛学的学说。

综观《读熊著各书书后》一文，感到梁漱溟对熊十力的学说批评得相当严厉，甚至认为熊十力在治学方面的失误已经到了“自毁”的程度。这可能很令读者意外，因为梁漱溟与熊十力有着长达数十年的友谊，即使是在梁漱溟写作此文期间，从其日记中仍可看出两人依然保持着密切的书信联系。那么，是什么原因使梁漱溟对老友的理论采取如此激烈的态度？

其实，梁漱溟对熊十力的学说早就有不同看法：“我与熊十力先生虽同一倾心东方古人之学，以此相交游共讲习者四十余年，然彼此所见固不尽同。先生生平著述甚富，晚年尤孜孜，屡有成书。每书出，必先以赠我，我读之多有不足于先生之处。今缕缕记之于此，将留待以就正后之学者。(无意出示当世人故云。)”[①]

“无意出示当世人故云”一句非常重要。既然无意在当代发表，则语气严厉一些本也无妨。而且，梁漱溟认为熊十力早年的观点还是比较严谨和正确的，只是近年来治学作风和思想的路数出了问题。他进一步认为熊十力治学的一个毛病在于常常自说自话，对学术界的一些论辩或热点不够关注：“又很显然，当熊先生轻易地谈论这些问题(上列十五例证在内)时，绝没有看近若干年有关中国社会史论战的那些文章，从而对于中国社会发展何以竟尔淹滞好长时期不进于资本社会的一大问题，至今在学术界尚难有很好的解答，亦未尝措意。却只顾自己说自己的话，自己肯定自己的话。

“我所为不足于熊先生者，就在此等处。

---

① 《梁漱溟全集》第七卷，第734页。

“我以为对于某一问题我们不发言则已，要发言必先看一看旁人在这问题上如何持论。特于那些意见不同于我者更须仔细审看，求其有助于我的思考，而免得我发出言来早在人家批判之列尚不自知。(我于此虽知所当勉，但怕做得还是不够。)”①

原来，梁漱溟所责怪熊十力的，就是他过于专注于自己的学说而忽视现实。“免得我发出言来早在人家批判之列尚不自知”，这句话当是梁漱溟的经验之谈吧。

当然，对于熊十力学说中的精华，梁漱溟非常赞同，不然他就不会专门编辑一个《熊著选粹》了。最后，梁漱溟认为熊十力无论在治学方面还是生活态度方面，都缘自其“我慢之重”。所谓慢就是傲慢。“我慢”就是觉得自己掌握了真理，内心高傲，看不起别人。生活中比如某人考上名牌大学，他母亲就觉得了不起，到处向人炫耀；或是有人养了一只漂亮的狗，他觉得了不起，带着那只漂亮的狗招摇过市；或是向人炫耀自己的名、利和财产等，都称为慢。梁漱溟认为熊十力自己本知道自己的缺点，但就是不愿改正，因此有必要给予严厉批评，以引起其警醒。

在附于该文后面的写于1965年的补注中，梁漱溟再次以康有为为例批评熊十力：“康有为著的《大同书》正同此一例。假如先自承认是一种思想游戏，倒还不必加以菲薄；却是自己矜夸其伟大，那便令人齿冷。”②

对老友及其学说能够有这样的严肃态度，能够以这样严谨的论证方式给予评论，梁漱溟的确称得上是出于公心，出于劝诫老友的诚心，也是对自己思想理论的检验，同时也是为他之后所写的《东方学术概观》做一理论上的准备。

但在日常生活中，对于那些因遭受不公正的批判而身陷绝境的一些朋

① 《梁漱溟全集》第七卷，第743页。

② 《梁漱溟全集》第七卷，第786页。

友，梁漱溟并不害怕和他们继续往来，相反却常常有意到他们家中探望，使这些体会到“门前冷落车马稀”的朋友，能够感受到几丝温暖。

那是20世纪60年代初的一天，梁漱溟去看望储安平。当年他们二人曾因为共同赞成走所谓的“第三条道路”而被视为同党，如今储安平被打成右派，梁漱溟幸免于难——他想他应该来看看他。1949年后，他没有和储安平来往，因为那时的储安平正是春风得意，潇洒地周旋于政界与学界之中——梁漱溟想他不需要自己的探望。如今，储安平从天上掉到地狱，他可以来见这位老朋友了。

他来到储安平家门旁，敲了老半天门，却没有人开门。过了很久，门终于开了。储安平出现在门口，如今的他面色苍白，神情迷茫。见到老友，他竟然没有一点热情，只是解释说，他不想见人，所以有叫门一向不应。这次是因为梁漱溟敲门的时间太长，他才过来开的门。

储安平的家中静悄悄的，除了他没有第二个人。两个老朋友开始闲谈——也只有闲谈，否则能够说什么呢？

最后，储安平送给梁漱溟一套完整的《观察》，并且解释说，这是最完整的一套，也是他自己保存的最后一套。

当时，梁漱溟没有多想，只是认为老朋友给自己的礼物有些太沉重。过去他太忙，这些杂志没有时间好好看，如今好了，可以慢慢阅读老朋友的得意之作了。

他不知道，其实，此时的储安平已经决定离开这个世界，他不想再忍辱偷生，才把自己一生中最重要的东西托付给梁漱溟。1966年，在“文革”风暴中，储安平不能再忍受下去，他投河自杀，却被人救起，反而落了一个企图以自杀向人民示威的罪名。不过，多次惨遭毒打的他终于在一个夜晚从这个世界消失——有人说他被红卫兵打死了，有人说他自杀了，有人说他出家了，但直至今天，也没有人见过他。

在他从这个世界消失后16年，有关部门才终于做出了他已死亡的结论。

后来，在“文革”初期的抄家高潮中，在红卫兵的“革命行动”中，这套杂志连同其他梁漱溟保存的一些祖上留下的文物等，一起变成了黑夜中的熊熊烈火。储安平如果看到这样的场面，是否会为自己当年的做法感到遗憾，还是感到庆幸？

1963年8月，在统战部的安排下，部分政协委员到大连避暑，梁漱溟也参加了这次活动。由于火车不通，他们只好于7月31日先到天津，再转乘船去大连，轮船的名称叫“民主11号”。

7月底8月初，正是中国北方最热的季节。好在行驶在海上，夜晚来临后，海风习习，颇为凉爽。因船上不能练习拳脚，梁漱溟晚饭后就在甲板上散步，却正巧碰上了著名历史学家顾颉刚。顾颉刚原名诵坤，字铭坚，苏州人， 1920年北京大学毕业，所以也是梁漱溟的学生，虽然他们的年龄一样大。顾颉刚是我国著名的历史学家和民俗学家，他从研究《诗经》入手开始了的“古史辨”的讨论，认为古代的史实记载多由神话转化而成，并最终提出了“古史是层累地造成的”的学说。1924年4月《古史辨》第一册出版，在学术界引起震动，顾颉刚一下成为史学界的中心人物。1923年底，顾颉刚担任《歌谣》周刊编辑，专心从事民俗学、民间文艺研究，成为《歌谣》周刊的主要撰稿人。1949年以后，他先在上海工作，1954年任中国科学院历史研究所第一所研究员，从此在中国社会科学院历史所一直到去世。顾颉刚作为一个史学家，其史学理论在20世纪中国历史研究领域，占有十分重要的地位。

且说两人相见，都非常高兴，自然回忆起当年北大的一些往事。顾颉刚首先问到蔡元培和梁漱溟的关系，然后两人又谈到陈独秀、李大钊等北大的代表性人物。因为梁漱溟与他们都有着非同一般的友谊，又是面对自己的老学生，所以谈起来格外兴奋。正好船上有很多大学生，他们得知这位貌不惊人的老者就是著名的梁漱溟时，纷纷过来旁听他纵谈当年的逸闻趣事。次日一早，梁漱溟起来与同行者交谈时，竟然又聚集了很多学生。他们对梁漱溟与陈独秀和李大钊的关系特别感兴趣，所以要求梁漱溟特别详细地讲这些方面的事情。梁漱溟已经是很久没有机会向青年一代讲述五四那一代人当年的风风雨雨，没有想到在船上遇到这样一群可爱的青年学生，心情很是高兴。[①]

这次去大连，梁漱溟还见到很多老朋友，如周培源、朱光潜等。他们一是著名的物理学家，一是著名的美学家，对于梁漱溟的学说他们可能不很了解，但作为朋友，作为民主党派的领导人，他们对梁漱溟的人格都极为敬佩。

## 3

中共统战部关于与党外人士合作共事的涵义：党与党外人士合作共事，是指中国共产党同党外人士在国家权力机关和政府以及各种社团组织、社会基层单位和企业、事业单位中的合作共事。它是统一战线中最普遍、最经常的一种关系，存在于统一战线的各个时期、各个领域、各个层次、各个环节上。坚持共产党同党外人士的合作共事，是中国共产党的一项基本政策，是由我国社会主义制度所决定的。我国是人民民主专政的国家，人民享有广泛的民主权利，全体人民都有权依照法律规定，通过各种渠道，参与国家事务管理。坚持人民民主专政与爱国统一战线的统一，加强和扩大党与党外人士的合作共事，对于推进共产党领导的多党合作和社会主义民主政治建设，增强国家政权组织领导经济建设的基本职能，促进社会的安定团结和祖国的和平统一大业，都具有重要意义和作用。

上述一段，摘自有关部门关于统战工作的文件，可以算是官方的定

① 《梁漱溟全集》第八卷，第695页。

义。事实上，1949年后的很长时间内，也一直是按照这个来执行的。

当然有时会有例外。原因很复杂，也不容易弄清楚，我们姑且不论。

以下我们要写的，是梁漱溟从20世纪60年代开始，要介入的一种间接参与治理国家工作的组织——全国政协学习委员会。以此为舞台，梁漱溟在直到“文革”开始、政协中断活动之前的数年间，还是上演了一些轰轰烈烈的场面。

当然，在绝大多数情况下，他都是充当了一个反面教员的角色，一个遭受批判的角色。

为此，我们要引入在梁漱溟晚年生活中起到重要作用的一个人——汪东林先生。因为正是他在“文革”之后，先后发表的一系列有关梁漱溟的文章和论著，让外界有机会了解了这位思想家、哲学家和文化大师级人物的晚年生活和学习的具体情况乃至生动的细节，披露出梁漱溟在十年“文革”浩劫中，敢于站出来反对“批林批孔”的行动，以及“三军可夺帅也，匹夫不可夺志”的大无畏精神。特别是汪东林先生对梁漱溟晚年的一系列采访以及发表的有关论著，为学术界研究梁漱溟，提供了很多很有价值的第一手资料，为梁漱溟研究的深入作出了很大贡献。

汪东林，曾用笔名郑直淑、郑言、江郎山、汪洋波等。原籍安徽徽州，1938年出生于浙江江山，1960年毕业于复旦大学中文系。1962年到全国政协机关工作直至退休。系第八届、第九届全国政协委员。正是在这期间，他结识了梁漱溟，并有意记录了梁漱溟晚年在政协参加各项活动的具体情况。“文革”结束后不久，他即整理出版了有关梁漱溟晚年生活及思想的论文著作等多种，其中以《梁漱溟与毛泽东》、《梁漱溟问答录》等最为有名。此外，还出版其他著作多种。

汪东林先生是一个有心人，早年刚到全国政协机关工作时，自然并不是马上能够理解梁漱溟其人与思想的，只是在组织的提醒下，知道他是一个“有严重问题”的人，一个当年在北大就很有名的学者。作为新中国培养的大学生，汪东林当然对接触梁漱溟持有戒心，但随着时间的推移，他为梁漱溟的高尚人格和广博的学识所吸引，很快改变了态度。

他们的第一次会面就颇有戏剧性。[①]

那是1963年初夏的一个上午，政协学习委员会活动的日子。汪东林作为秘书第一次参加学习会。通常学习会的时间是上午9点开始，汪东林却8点20就早早站在政协礼堂门口，等候各位委员的到来。他知道这些人都是资格很老的名人，像学习组的组长于树德，是老同盟会会员、李大钊的挚友，后来在广东时与毛泽东相识，两人也是老朋友了。因此汪东林非常有礼貌地和这些人打招呼，请他们到会议室入座。委员们一个个来了，梁漱溟却始终不见出现。眼看学习时间就要到了，也许是渴望看看这个“古怪的老头”吧，汪东林暗暗地有些焦急了，莫非梁漱溟不来了？就在9点差5分时，有人说，梁漱溟来了，汪东林看到一辆小轿车迅速驶来，车子刚刚停稳，后门已开，跳下一个头戴瓜皮小帽的小老头，别人悄悄地告诉汪东林说，这就是梁漱溟。并且提醒他不要和梁漱溟握手。谁知梁漱溟从他们身边经过时，竟然看都没有看他们一眼。那些政协的老工作人员说，梁漱溟就是这样，对人爱理不理的。不过这老头的身体好极了，你看他走路的轻快劲，像70多的人吗？会议开始前，学习组长向各位委员介绍汪东林时，梁漱溟才注意到这位新来的学习秘书。会议中间休息时，大家都在一楼散步闲谈，只有梁漱溟自己上了二楼。汪东林有些好奇，就跟了上去。只见上面有两个人正在打拳和练气功，其中练气功的一个就是梁漱溟。他见汪东林上来了，就主动给他们二人作介绍。原来另一人是有名的武术家，叫赵君迈，他与梁漱溟因体育锻炼而认识并成为好友。这第一次的见面，给汪东林留下了深刻印象。他感

① 此处描写根据笔者2004年9月12日电话采访汪东林的电话记录以及汪东林的有关论著。

到这个老头有些与众不同的东西。[1]

汪东林在政协的具体工作，就是当梁漱溟等人在学习会上发言时做文字记录工作，由于当时的特殊政治气氛，他只能记录不能表态，工作很是枯燥。但自从他改变了对梁漱溟等一些党外人士的看法后，就有意把单调的文字记录工作，当作记载这些人物言行的收集资料的工作。他知道这些人都是20世纪中国历史上有名的人物，他们的言行都有保存价值。为此，他的记录力求完整和细致，并注意保存。即使是在"文革"时期，他也注意保护这些珍贵的资料。当"文革"风暴乍起之时，他就找了一个箱子把这些记录装好带回家。因为他只是政协的普通工作人员，所以没有遭受抄家的灾难，这些资料得以保存下来，至今仍有100多本。

"文革"结束后，汪东林感到应该整理这些材料，让人们了解梁漱溟的晚年生活和学习等情况，就应邀于1980年11月在《北京日报》上，发表了一篇题为《一位刚直不阿的老人》的一千多字的短文，简单介绍了访问梁漱溟的一些情况。不料文章发表后引起轩然大波，据说某位领导（其人已去世）看过后勃然大怒，说：什么刚直不阿，梁漱溟对谁刚直不阿？怎么能宣传梁漱溟？原来编辑为了使文章更有吸引力，将原题目《梁漱溟先生访问记》改为《一位刚直不阿的老人》。结果报社领导和有关人员为此专门写了检查，汪东林也自然受到组织批评，只好写检查才算过关。当时十一届三中全会刚刚开过，极"左"思想的余毒依然相当有市场，出现这样的事也就不足为怪了。令人欣慰的是，当时的《北京日报》表现得非常好，他们为了保护作者，把责任都揽了过去。而且，毕竟是十一届三中全会之后，随着思想解放运动的开展，汪东林也就更加坚定了为梁漱溟写传的决心。

不过，这件事还是给梁漱溟带来不利影响，最直接的影响就是，本来他的《人心与人生》有关出版社已准备出版，但此事发生后不久，稿件就

① 参看汪东林《梁漱溟问答录》，第226～229页。

被退了回来。后来上海成立了一家学林出版社，可以为作者自费出书，梁漱溟才决定自费出版，并为此几乎拿出了全部的积蓄。为此，汪东林感到很不安，但梁漱溟却多次安慰他。好在此后不久，政治氛围逐渐宽松，梁漱溟的著作已可以公开出版，连那本自费出版的《人心与人生》也早就脱销，汪东林内心的愧疚才消失。

今天的读者也许不太清楚，当年的全国政协里面怎么会有一个“学习委员会”？它又是做什么的？参加这个委员会的又都是些什么人？

对此汪东林当然最清楚。根据他的回忆，全国政协学习委员会，是主管全国政协委员中的非中共人士日常学习的工作机构，在几个民主党派中央和全国工商联都设有分会。而梁漱溟所参加的是直属学习组，其成员大多是政协委员中的无党派人士，也包括少数主动要求来参加这个组学习的民主党派人士。尽管这个学习组的人数不多，只有几十个人，能够经常参会的更少，却因为这些人大都是知知名人士而引人注目。除梁漱溟外，像马寅初、赵朴初、于树德、王芸生、程思远、爱新觉罗·溥仪、杜聿明、宋希濂等，都是20世纪中国历史上的重要人物。在20世纪五六十年代，这些人的身份比较特殊。一方面他们是被批判和被改造的对象，一方面鉴于他们在历史上的影响，又给予某些特殊的照顾和保护，特别是在生活待遇方面。这些人没有什么单位，也没有正式的工作，政协就是他们的单位，而定期来参加政治学习就是他们的工作。在一个相当长的时间内，这个学习委员会由于要经常召开批判会，而成为政协内最繁忙的机构，这是只有那个时代才有的一个特殊现象。

例如著名经济学家马寅初，1957年6月，他在第一届全国人大第四次会议上，作了题为《新人口论》的书面发言，“控制人口，实属刻不容缓，不然的话，日后的问题益形棘手，愈难解决”，必然引起一系列矛盾，“拖住我们高速度工业化的后腿，使我们不能大踏步前进”为此马寅初受到大规模的批判，但他毫不畏惧，大义凛然地说："我虽年近80，明知寡不敌众，自当单枪匹马，出来应战，直到战死为止，绝不向专以压服不以理说服的那种批判者们投降。"结果可想而知，他被迫辞去了北京大学校长的职务，后来又丧失了全国人大代表的资格。此后，马寅初一直是受批判的对象，"文革"中更是多次受到冲击。直到1979年，北京大学才为马寅初公开平反，恢复名誉，并宣读了教育部关于任命马寅初为北大名誉校长的通知。而此时，他已是98岁的老人了。以下谨摘录马寅初的《思想何以要自由?》中的一段，以表示我们的敬意：

> 三度空间与时间，也是一个人的死牢，如欲逃出这死牢，一定也要有一根超三度空间和时间的轴，这根轴，就是思想自由，人之所以异于禽兽，因为他有思想，苟思想不受钳制，他就渐渐地摆脱这三度空间和时间的羁绊，变成生物中一个例外了。
>
> ……
>
> 我们越知道地球的过去，我们旅行的行程越远，好像过去悠久的世界尽复现在我们的面前，无疑把我们的寿命延长。所以思想的自由，产生了科学，中世纪思想不自由，酿成学术界的黑暗，科学是记述过去的伟大学者顺了三度空间中第四轴向不同的方面所走的路程，过去大的哲学家科学家开发和扩展人类知识的领域，而大的工程师和技术人才把他们投影到现实的世界上来。煤铁和石油深藏在地下不知几千万年了，而人类思想领域的发展，把他们伟大的力量从地下解放出来，在海陆空三方面充分地发挥他们的威力，一方面是不断地战胜自然，一方面在创造我们新的环境，新的生命。

20世纪60年代初，马寅初参加了这个政协学习组，当然就是被批判的对象。但老人不愿充当所谓的反面教员，在学习组正要开会批判他时，竟说自己工作太忙，请长假“拂袖而去”，被视为阶级斗争的新动向。而就在马寅初离开学习组不久，一向对参加政协学习不感兴趣的梁漱溟，突然声明要来学习了。梁漱溟的这个行动引起了有关方面的高度紧张，他们认为来者不善，善者不来，梁漱溟肯定要给学习组惹麻烦的。

果然，梁漱溟参加学习不久，就小试牛刀，让人们为他展开了一场争论。

那是1963年6月29日，梁漱溟在学习会上大谈反对个人迷信问题。[①]虽然他说的是当时苏联共产党的赫鲁晓夫等人对斯大林先搞个人崇拜和个人迷信，后又大反斯大林等等，好像与中国无关。但这个问题中国共产党在其第八次全国代表大会上曾经提出，此后随着情况的变化，这个话题在20世纪60年代已经不再被提起，因为它过于敏感——那时毛泽东的个人威望达到顶点，对他的个人崇拜事实上也已经很厉害。而梁漱溟此时谈到这个话题，自然容易引起争论。

但梁漱溟既然来政协学习组，就不会满足于单纯的听他人发言，他的性格和他的思想决定了他不会随大流，说一些不痛不痒的话，那样还不如待在家里专心著书。

1964年12月的一天，梁培恕从自己家赶去小铜井看望父母，年底就要到了，他挂念着看两位老人还需要什么。没有想到的是，他刚进门，父亲就给他一份文件让他好好看看。原来，当时正在召开全国人大三届一次会议和全国政协四届一次会议，由于是是五年一度的换届大会，当然十分重要。在人代会上，周恩来总理作了政府工作报告，总结了若干年来政府工作的成绩和经验，按照惯例，全体政协委员都列席听取这个报告，并在

① 参看其1963年6月的日记。

会议中分组讨论这个报告。梁漱溟就在这次会议的分组会上，针对这个报告作了发言。

在梁漱溟发言之前，到许多人的发言都十分肯定地说，政府工作报告从头至尾贯穿着一条阶级斗争的红线，所以报告才好得很，并推而广之，认为建国15年来成就之取得，也主要是由于抓了阶级斗争，等等。梁漱溟当然不赞同用这一个大道理，来解释并说明一切的主张和论点，何况他也没有忘记中共八大的《决议》，也没有忘记自己写的那篇约7万字的长文《人类创造力的大发挥、大表现》，但1953年事件后，他知道绝对不好在人大、政协这样庄重的会议上与别人发生正面冲突，而且他对阶级斗争究竟在社会发展过程中能够起多大作用，也没有把握。因此他决定不提否认阶级斗争，而是自说自话，只谈自己的心得体会。他以为这样总不会有什么问题吧。

梁漱溟的发言不长，只有几千字，主要论点其实就来自他那篇《人类创造力的大发挥、大表现》，以下是他发言的要点：

周总理的长篇报告论述到国内国外许许多多的事情，但据我理解，则自首至尾贯穿着两个大道理。

第一个是：我们要认识必然以争取主动的道理。所谓必然何所指？即一切客观规律是也！认识此必然性的客观规律，我们就能因之用以制胜于客观事物，这便能取得主动权了。人原是有主观能动性的，但不循必然规律盲目而动，便要碰钉子，要失败，落于被动而没有主动可言，没有自由可言。反之，果能在实际工作中不断地总结经验，认识其客观规律而掌握之，行动之，则工作成就可观，今后亦能顺利前进。我认为周总理的工作报告第3页、20页、22页、23页都说到这个意思。回顾建国十五年来走过的路，事实也是这样。

第二个大道理是：要信赖群众，依靠群众，充分调动起群众的积极性和创造性，就能解决一切问题，完成任何艰巨任务。这是领导上经常说的话，而在周总理的报告中又再三再四说了的。（请看报告第15页，20页，30页、40页、50页、55页、71页。）

前后两个道理是彼此配合，不可分割的。前者重在客观事物规律的认识与掌握，后者重在人类主观能动性的发挥与表现。前者可以说是科学之事，后者不妨说为道德之事。两者缺一不可，而且在事实上也往往结合在一起的，请看大庆油田的惊人成功，不是眼前最好的具体事例吗？

周总理的报告还引用了毛主席的话：世间一切事物中，人是第一可宝贵的。在共产党领导下，只要有了人，什么奇迹也可以创造出来。我上面所举事例还是奇迹之小者，奇迹之大者就是建国十五年来以从未有过的统一、稳定、繁荣震动了世界的中国。大奇迹也好，小奇迹也好，其所以出现，总不外乎“科学之事”、“道德之事”这两个道理。我们运用这两个道理就可以说明它、解释它。两个道理都要紧，但后者尤其重要，因为人是最主要的，一切都依靠人。这一点还要往深处说，那就是人民群众的精神力量往往是潜在的，有待于领导去启发、培养和运用。在中国现代史上，人民群众的精神力量从来没有像新中国成立以后这样得到大发挥、大表现。显然中国六七亿人如果没有共产党毛主席，恐怕到今天还是一盘散沙，瘫痪无力的，出现不了什么奇迹。为什么惟独共产党毛主席能领导，而旁人不行？为什么我说的这两个道理独被共产党所掌握所发挥？这无疑是共产党毛主席所本的是无产阶级世界观和马克思列宁主义的基本原理。因此这两个道理又是同无产阶级的思想、精神分不开的。

归结起来一句话：共产党、毛主席站在无产阶级立场致力于中国革命事业和中国民族之前途，自然要发动群众，依靠群众，其力量无可匹敌是当然的。与此同时，在革命进程中，中共从建党、建军而建国，四十多年间不断总结经验，掌握了种种客观规律，时时操有主动权，其势如破竹也是当然的。伟大奇迹之出现，我以为以此两大道理解释之，说明之，似乎更切题，更有说服力。个人体会是否得当，请指正。①

对于梁漱溟的这个发言，立即有人指责。他们的理由是，大家都谈阶级斗争，你梁漱溟却对阶级斗争只字不提，而大谈什么两个道理，可见居心不良。有人更进一步，说梁漱溟一贯否定阶级斗争，现在又以自己那一套反动唯心论来曲解周总理工作报告，本身就是阶级斗争的新动向。对此，梁漱溟早已见怪不怪，任凭乱指责扣帽子，亦不作理睬。

不过，让梁漱溟感到惊奇的是临近政协大会闭幕的那一天，有一篇专门指责他的大会书面发言，发给到会的全体近千名出席者。这个书面发言说，“梁漱溟曲解周总理报告，否定阶级斗争”，“曲解群众运动，否定党的阶级路线”，甚至大谈“从梁漱溟的反动立场、观点，可以看出反映在旧知识分子当中的阶级斗争的尖锐性、严重性”，等等。

梁漱溟马上要起而抗争，只是因身边一熟人相劝，才没有立即发作。但是，大会主席团的一位领导，竟专门在讲话中介绍了这篇指责梁漱溟的书面发言，说它值得一看。至此，梁漱溟再也无法忍耐，便立即给大会主席团写了一封信，申辩这个书面发言是对他在小组的发言断章取义，胡加歪曲，而大会执行主席又偏听偏信，乱加肯定，实不足以服人。因此梁漱溟严正要求大会给他以答辩的机会，以正视听。信写好后，梁漱溟立即把这封信直接交给周恩来。

无奈交信时已临近散会，而第二天便是大会的闭幕式。梁漱溟也知

① 《梁漱溟全集》第七卷，第126～139页。又可参看《梁漱溟问答录》中有关章节。

道，不可能因为他一人的事，而延迟大会的闭幕。因此他又提出，如时间来不及，可在会后辩论。对此，周恩来在大会闭幕时说，这次大会是一个团结的、民主的大会。在谈到民主的大会时，他提到有一个委员要求辩论，可以在会后安排，意在充分发扬民主。

一场有可能发生的政治风波就这样暂时被平息了。

但梁漱溟知道，这件事没有完，他也不想就这样结束，因为他还要为自己正名。果然，大会结束后不久，全国政协学习委员会的负责人便通知梁漱溟，说大会主席团已将他的信转给学习委员会了，可以在学习会上进行辩论，要梁漱溟先做准备。

这次对梁漱溟的批判，是从1965年5月正式开始，至10月结束，一般每周两三个半天，即使连暑期也没有休息，可见斗争的紧张和激烈。

但这次批判并没有结果。

1965年8月3日，针对所有的批判，梁漱溟作了一篇将近8000字的答辩发言，重申他的本意和观点。然后，他不再说什么，因为已经没有必要。自此以后，他每场必到，却只是洗耳恭听。

梁漱溟的答辩很有力量。他首先说他是以一种抱歉的心情说话的，因为他要申辩的问题很简单肤浅。阶级斗争问题并不简单，但有人指责他否定阶级斗争，这个问题很可笑，对大家的学习意义不大，占了大家的宝贵时间，很是抱歉。

人们对我的批判根据什么呢？梁漱溟说，他把自己的发言稿翻了又翻，脑子里想了又想，惟一的根据是：自己的发言中没有出现“阶级斗争”这四个字，因此说他是有意不提。但是不提就是否定，就是反对吗？

其实，梁漱溟说，他从来没有否定过阶级斗争，包括解放前，那时他也只是说阶级斗争不能解决中国问题。当然这样认识是错的，应该批判，但就是这个，也并没有否定阶级斗争。至于解放以后，他说自己更有转变，有改造。十多年来，事实很多。先有《两年来我有了哪些转变？》，而后有学习《矛盾论》心得以及《何以我终于落归改良主义？》、《关于经济基础及其上层建筑问题》、《人类创造力的大发挥、大表现》等文章，有的发表过，有的请毛泽东审阅，有的请有关方面提意见，都是他思想发生转变的表现。

既然如此，那些污蔑他今天否定阶级斗争的人，有何根据？

至于这次发言的本题，梁漱溟解释说，虽然主要部分是论述“科学之事”与“道德之事”这两大道理，没有标出阶级斗争这四个字，但结论是明白的，因为梁漱溟已经说了：何以这两大道理独被共产党毛主席所掌握、所发挥，而旁人不行？答曰这两个道理是与无产阶级思想、无产阶级精神分不开的，难道这不就包括了阶级和阶级斗争？

梁漱溟还从思想认识等方面一一驳斥了对他的不切边际的批判，最后总结为三句话：一是他在政协会上的这次发言，可以肯定地说没有落于唯心窠臼；二是他不敢保证自己能免于唯心，即思想问题没有解决；三是他有充分的证据说明自己在政治上不反动。

梁漱溟确实“顽固”，他明确承认，自己的思想问题并没有解决。当然，在政治上，他同意人们对他的批判，也就是甘心当一个“反面教员”。

对于这样一个人，你可以剥夺他的一切，但不能剥夺他拥有自己的思想和信仰的权利！

不过，既然批判已经开始，总要继续下去，否则不好收场。而梁漱溟呢，也非常配合，每当批判会已经毫无新意，有些难以为继时，他就会说一点可能引起他人攻击的话，使批判又有了新的热点，很有意思。

就在这一时期的批判会上，有人为了挖梁漱溟的反动根源，揭发说梁漱溟曾经在山西讲了阶级斗争就是人与人之间倾轧的话，并责问梁漱溟是不是妄图否定和反对阶级斗争？对此梁漱溟引用和解释了恩格斯的话为自己辩护，并复述了他多年来对阶级和阶级斗争问题认识之演变。不过在最后，他终于忍不住，还是明确摆出了自己的观点。他说，结合恩格斯的话，联系中共八大的《决议》，自己认为在完成所有制的三大改造，进入社会主义社会阶段之后，就不应把人的力量用在彼此间的斗争上，而应该使人与人之间的关系得到调整，同心协力，把矛头指向大自然，这样才能使人类做自然界的主人，一步步进入自由王国。对这几年来大抓阶级斗争的做法，自己思想认识上不理解，一时转不过弯来。如今因为大家要他说，他便如实托出，希望多多指教。

原来，1964年全国政协曾组织政协委员到山西农村参观“社教”（俗称“四清运动”），当时大家谈感想时，梁漱溟引用了恩格斯的一段话，意思是只要人与人之间还存在相互斗争，而没有联合起来共同向自然作斗争时，人类就还没有进入自由的王国。梁漱溟认为，根据恩格斯的话，人类进入自由王国与世界大同相仿，是最高境界的理想。人与人之间的斗争，阻碍着人类联合起来共同向自然作斗争，推迟了进入自由王国的时间。但人类一直在不断地消除人与人之间相互斗争的种种原因，最终总是要共同向自然开战，进入自由王国的。当时梁漱溟并没有直接联系“四清”运动，也没有明确提及阶级斗争问题。没有想到，如今，有人还是利用这段话攻击梁漱溟，梁漱溟也就不再隐瞒，坦率地承认自己的思想问题没有解决。

梁漱溟的话，使参与批判的人吃惊之余又非常高兴。惊讶的是在这种时候他还说出这种不识时务的话，高兴的是在经过若干日子的批判之后，梁漱溟终于实际上承认了自己至少是不赞同这样大抓阶级斗争的。

这下好了，对梁漱溟的批判会又掀起了一个小高潮。然而梁漱溟却又一言不发，冷眼旁观。也许在他内心，正在构思自己的某部著作；也许他正在进行气功的入定训练……

# 第七章 “理性之国”的疯狂

1966年“文化大革命”开始了。

为了叙述的方便，为了让那些没有经历过十年“文革”浩劫的读者对“文革”有一个基本的认识，我们先摘录中共中央十一届六中全会通过的《关于建国以来党的若干历史问题的决议》中的两段话：

实践证明，“文化大革命”不是也不可能是任何意义上的革命或社会进步。它根本不是“乱了敌人”而只是乱了自己，因而始终没有也不可能由“天下大乱”达到“天下大治”。在我国，在人民民主专政的国家政权建立以后，尤其是社会主义改造基本完成、剥削阶级作为阶级已经消灭以后，虽然社会主义革命的任务还没有最后完成，但是革命的内容和方法已经同过去根本不同。对于党和国家肌体中确实存在的某些阴暗面，当然需要作出恰当的估计并运用符合宪法、法律和党章的正确措施加以解决，但决不应该采取“文化大革命”的理论和方法。在社会主义条件下进行所谓“一个阶级推翻一个阶级”的政治大革命，既没有经济基础，也没有政治基础。它必然提不出任何建设性的纲领，而只能造成严重的混乱、破坏和倒退。历史已经判明，“文化大革命”是一场由领导者错误发动，被反革命集团利用，给党、国家和各族人民带来严重灾难的内乱。

对于“文化大革命”这一全局性的、长时间的左倾严重错误，毛泽东同志负有主要责任。

事后人们才发现，十年“文革”的序幕，其实早在1965年就已经拉开。1965年11月，在毛泽东的亲自关注下，由江青策划，姚文元写的《评新编历史剧〈海瑞罢官〉》一文在上海《文汇报》发表，全国的政治空气立刻紧张起来。

“文化大革命”自然要先从文化界开始，批判了吴晗的《海瑞罢官》后，接着就是对邓拓、吴晗、廖沫沙等三位文人的所谓“三家村”的批判。1966年5月17日，邓拓不能忍受迫害自杀身亡，成为十年“文革”中大量自杀者中的第一人。吴晗此后也自杀而死，只有廖沫沙经历了无数身心折磨后活了下来，1979年初平反，1991年去世。

梁漱溟对“文革”的发动最初是不能理解的。为此，他非常认真地研究学习了毛泽东的著作以及中国共产党的有关文件，他还大量购买和阅读了马列以及很多西方哲学家、政治家的著作，试图找出可以支持发动“文革”的理论基础或者某种合理的解释。在他这一时期的日记中，对时局的关注程度明显增加，对经典著作的研究记载也明显增多。

在梁漱溟的日记中，第一次提到“文化大革命”是在1966年4月。当月28日，梁漱溟去政协参加学习会，听传达文化部关于今后“文化大革命”运动的报告以及郭沫若的发言，他的评价是“均好”。次日的日记中，又有对昨日听报告的评价：“叹服于毛主席之深心大愿”。显然，梁漱溟认为毛泽东发动“文革”之愿望早已有之，如今终能实现，其手段之高明，其善于借助群众力量的思想，都使梁漱溟印象深刻。

不过，此时的梁漱溟，对于“文革”，对于背后的深刻政治因素特别是党内斗争因素，并不是十分了解。

他只是感到困惑和迷茫。

他还是按时参加政协的学习会，更加认真的阅读报纸和有关文件，默默地思考着。

眼看国家和民族陷入空前的混乱状态，梁漱溟心急如焚。然而，此时连中共领导人刘少奇等大批干部都已被剥夺了权利，遭受批判，他一个党外人士还能做些什么？

在1966年5月的日记中，他告诉自己的学生和朋友，在目前这种情况下，更加要保持个人内心的清净和无邪，注意个人的修持。他以佛教的“三世”说启迪弟子，同时也是勉励自己，在这样的局面中，如何不丧失自我，如何保持良知。

他也要尽力挽救这个民族，虽然知道自己的一切行动都无济于事。

1966年6月7日，梁漱溟终于不再沉默。

在政协学习会上，梁漱溟发表了他对形势的看法。他说：几个月来，对时局的发展、变化，我的心境是困惑、难过，常常是事前茫然，事来震惊，事后百思而不得其解。我一直是这样的心情，不希望有这种事情发生，看到这种事心情是难过的。好比是人身上长了毒瘤，早发现，早动手术，固然是好，但究竟是毒瘤，是不好的事情，如果没有，岂不更好？如今有了，无论如何是国家的不幸，国家肯定要受损失的。过去若干事情，我们这些局外之人不接触、不知道。聂元梓身居其中，要与对立面争斗，她当然会对揭发、撤换陆平等人感到高兴。而我们事前茫然，听到这种事还来不及拍手称快，心里有的只是不好过、困惑。我们不可能也做不到像聂元梓那样。也许在座的有比我前进的，但我说自己的心里话，怎样想就怎样说，我想有的朋友也可能有同感。

他又说：现在看，不仅仅是邓拓、吴晗、廖沫沙，北京市委的主要负责人(指彭真、刘仁等)统统不行，都撤换了，而且还有其他若干重要人物，都在其中。问题的严重性远不是当初或现在我们这些人所能预料的。

不过，梁漱溟感到难以理解的是，那些搞了多年的革命、受到党和人民很高的信任、已经进入党的领导核心的人，还出这种大问题，这是怎么回事呢？该怎样解释?是说他们早就是混进来的反革命，还是参加革命后逐渐成为反党反社会主义分子的？似乎都不大好自圆其说。报纸上大文章中的一些分析、批判，亦不足以使人诚服。梁漱溟承认他自己一直在思考这个问题，但是得不到圆满的回答。

梁漱溟在看《解放军报》的宣传教育要点中，发现有几句话值得注意，似乎多少解答了他的部分疑问。文章说："……在一般同志身上，都存在着共产主义思想和个人主义思想的斗争。……放松了斗争，个人主义就会发展起来，就会由小个人主义发展到大个人主义。"梁漱溟认为：这"大个人主义"一词说得奥妙。按照他的理解，这大个人主义亦可称之为大个人英雄主义。他说他个人历史上就是很吃了这大个英雄主义的亏的。独立思考，自有主见，不随波逐流，人云亦云；自己看准了的，不管旁人职位高，势力众，也不改变自己的初衷。他说自己就是因为这碰了大钉子，检讨时也以大个人英雄主义作分析。旁人不以为然，他却认为毛病就出在这里。

梁漱溟的分析是有道理的。但问题在于，独立思考，不随波逐流，不是我们每一个人都应该做到的吗！为什么反而成为人们碰钉子的原因？梁漱溟没有说，但他其实应该知道的。

接下来，梁漱溟再次表现出他特有的思考问题的逻辑。他说，如今对照“三家村”“四家店”的诸公，他以为他们也是因为有了这个人英雄主义之膨胀、扩展，那就尽管他们曾经在很长时间、很多地方走的是无产阶级道路，在国家、在党政军诸方面，做了许多事，甚至功劳卓著，但他们终究没有免掉个人主义，还发展为大个人主义，于是一步步走上与党相反的道路，也未可知。因此即便历史上他们曾经有过99个功，因为有了现在反党这一过，便不行了。以反党这一大过， 抹掉了他们过去长年来的99个小功。最后，梁漱溟总结说，他认为，眼前发生的令人难以相信的若干人与事，如果以此来解释，倒是一个较能自我解脱‘不理解’、‘想不通’的好方法。

梁漱溟这一席关于“99个小功比不上1个大过”的奇妙说法，在当时自然遭到了一些人的批评和指责。他们说梁漱溟是在“替反党分子开脱罪责”，又说“梁漱溟反对文化大革命的态度是多年来的反动立场决定了的”，要求对梁的“反动言论”开展批判。[①]

但这一次并没有形成批梁热潮。这倒不是政协和统战部门有必要保护梁过关，对梁漱溟这样的名牌“反面教员”，是无论何时何地进行各种名目的批判，也不为过的。问题仍在于文化大革命史无前例，发展神速，出人意料——他们来不及批判了。

1966年7月7日，政协第四届全国委员会常务委员会第五次会议和第三届全国人民代表大会常务委员会第三十三次会议举行联席会议，决定全国人大、全国政协会议不定期延期召开。政协的活动事实上已经处于瘫痪

① 参看汪东林《梁漱溟问答录》，第226～229页。

状态，只有宣布让各位委员回家自学，对梁漱溟的批判自然无从谈起。

但梁漱溟不可能就此安然无事。

不过，灾难来临之前，梁漱溟还是度过了短暂的一段平静生活。在那“山雨欲来风满楼”的形势下，梁漱溟既然不必再去学习（接受批判），则得以全力进行《人心与人生》的写作。而且，他竟然在一次到政协洗澡时，巧遇同乡李宗仁先生。这位原国民党代总统于1965年7月18日和夫人郭德洁女士从海外回到阔别多年的祖国，曾经是轰动一时的新闻。李宗仁先生回来后，在周恩来的安排下，受到了隆重而热烈的欢迎和接待，梁漱溟也曾到机场欢迎。归来不久，毛泽东、刘少奇等党和国家领导人就接见了他，并对其生活进行了妥善安排。李宗仁回来后至此，与梁漱溟私下相会，这还是第一次。老乡兼老友相见，自是非常兴奋，“欢然道故”。[①]

遗憾的是，李宗仁归来不久，“文革”风暴就席卷全国，正当人们猜测共产党会给李宗仁在政协内一个什么样的职务时，政协已经受到冲击停止了活动。当然，作为从海外归来的国民党方面的最高人物，李宗仁得到严密的保护，并没有受到红卫兵的批斗。另一方面，对于“文革”的爆发以及共产党内部的斗争，李宗仁当然无法理解。限于身份和立场，他即使有不同见解也不可能说出。1969年1月30日，落叶归根的他终于逝世于“文革”高潮中。不过，对于李宗仁的历史功勋，人们是不会忘记的。例如他指挥的台儿庄大战，“文革”后被拍成电影，成为永久的纪念。

## 2

1966年8月17日夜，北京第二中学的红卫兵拟就《最后通牒——向旧世界宣战》，宣布要“砸烂一切旧思想、旧文化、旧风俗、旧习惯”，“理发馆、裁缝铺、照相馆、旧书摊……等等，统统都不例外”。

①《梁漱溟全集》第八卷，第720页。

第二天，毛泽东在天安门广场第一次接见数十万红卫兵（号称百万），并在建国后第一次身穿军装登上天安门城楼，表示要把文化大革命这场人民战争进行到底的决心。也是在天安门上，一名女红卫兵把鲜红的红卫兵袖章佩戴在毛泽东的左臂上，从此毛泽东成为红卫兵的总司令。这位女红卫兵叫宋彬彬，毛泽东对她说：不要文质彬彬，要武嘛，从此她改名为“宋要武”。之后，在全国掀起一个改名的热潮，什么“卫东”、“红卫”之类的名称成为最时髦的名字。

显然，毛泽东的接见和对宋彬彬名字的议论是一个强烈的信号，是对红卫兵的极大鼓舞，是对红卫兵“打砸抢”行动和批斗所谓“走资派”运动的默认和支持。这样的接见毛泽东总共进行了八次，据说共接见红卫兵1000万人次，也是一个奇迹。

次日，一个大规模的抄家行动在北京城迅速蔓延开来。一切外来的和古代的文化，都是扫荡目标。以中学学生为主体的红卫兵（加上少数大学生）杀向街头，以打烂一切“四旧”物品为宗旨，把北京城内外砸了个遍。8月22日，中央人民广播电台向全国报道北京红卫兵的伟大功勋。次日，全国各大报均以头版头条报道“无产阶级文化大革命的浪潮席卷首都街道”，《人民日报》更发表社论《好得很！》，鼓动红卫兵要再接再厉。

于是，史无前例的“破四旧”运动迅速燃遍了全国城乡。

在这场浩劫中，仅北京市就有10万户被抄家，而全国上下总共约有1000万户人家被抄，散存在各地民间的珍贵字画、书刊、器皿、饰物、古籍不知有多少在火堆中消失！

梁漱溟的老朋友、著名学者马一浮是中央文史馆副馆长，在他的家被搜罗一空、席卷而去之前，他恳求道：“留下一方砚台给我写写字，好不好？”谁知得到的却是一记耳光。84岁的马老悲愤交集，不久就卧床不起。1967年6月2日，马一浮去世。之前，他听说弘一大师李叔同的弟子潘天寿在美术学院遭到非人待遇时，马先生叹道：“斯文扫地，斯文扫地！”从此他不再开口，一病不起。在病床上，马一浮写下了绝笔诗《拟告别亲友》：

乘化吾安适，虚空任所之。
形神随聚散，视听总希夷。
沤灭全归海，花开正满枝。
临崖挥手罢，落日下崦嵫。

这是一首于豁达之中透着悲凉的诗。诗中所用佛教讴海之喻的文化意蕴久远深长。其实我们每一个人，在宇宙之中不过是一个小小的水泡——“浮沤”。沤生沤灭，生生死死，肉体的死亡已经无足轻重，只要精神长存，只要那文化与文明之“花开正满枝”不就够了吗！

梁漱溟的另一位老朋友章伯钧一生喜欢藏书，曾对周恩来说：“一生别无所好，就是喜欢买书藏书。我死后，这些书就归国家。”到1966年时，他的藏书已逾万册。结果，附近一个中学征用他的家做红卫兵总部，他的书便成了红卫兵头头夜里烤火取暖的燃料。后来，除极少数善本书被北京图书馆收去之外，他的藏书全被送到造纸厂打成了纸浆。

……

梁漱溟家自然不可能逃脱。这一天是1966年8月24日。

其实，这次抄家之前，梁漱溟已经有了思想准备：就在抄家前一天，积水潭附近一个工厂的“革命群众”，就已经以大字报的形式通知梁漱溟家，要赶快把湖边那块纪念梁漱溟之父梁济的碑刻拆掉，因为那是“四旧”！群众给的时间是限24小时内拆掉，以致梁漱溟家人第二天即找工人拆碑，以后碑拆掉后，其家人以为既已拆掉，则大字报就没有用了，于是撕下。结果遭到批斗，梁漱溟的夫人就是这次陪斗时被殴打致伤的。

让我们还是看梁漱溟被抄家的情景吧。[①]

8月24日那天，一大早忽然有人粗暴地敲梁漱溟家的门。梁漱溟亲自开门，一看是一大群十多岁的中学红卫兵。梁漱溟知道，遍布北京的大抄家来临了，此时此刻，他反而非常平静，对红卫兵说，你们是来破"四旧"的，请吧。其中一个红卫兵头领大声喊道：我们是来造反的！梁漱溟回答说：既然是造反，那就各自为之吧，查什么抄什么都行。

接着便是翻箱倒柜，搜遍了每个角落。他们把所有书籍，除了几本毛主席的书和马列经典著作外，其他的书便撕的撕，烧的烧。由于太多，来不及翻看，便又查抄运走。他们还呼口号，罚跪，打人。梁漱溟的夫人陈淑棻实在是气愤，说了一句："你们这是犯法！"立即遭到红卫兵的毒打。并罚她跪在地上，还逼她吃生丝瓜。梁漱溟见夫人受辱，就说："她年纪那么大了，你们就不要折磨她了。"竟也被勒令跪下。

这一年，梁漱溟74岁，他夫人70岁。而折磨他们的红卫兵，只有十几岁。

这是怎么了？这是怎样的世道？

想必梁漱溟在忍辱下跪时，一定会想到这些问题。也大概会想到，当年他执教北大时的学生、他当年乡村建设研究院的学生、他的四川勉仁学院的学生以及他的那些追随他多年的弟子，他们会对一个老人如此吗？

批斗会进行过程中，红卫兵给梁漱溟的两个儿子打电话，让他们回来看自己父母没被批斗的情形，看他们是否能够与父母划清界限。与此同时，全国政协的十几个人也来参加批斗会。当梁培宽、梁培恕兄弟赶到家时，现场的混乱和父母的惨状让他们震惊万分。但他们不能表现出来，只能把痛苦隐藏在内心。他们知道，任何表示对父母的同情和对红卫兵行动的反对，都只能加剧对父母的迫害。只有暂时表示"革命"，才可能以后

①此处参看李渊庭《梁漱溟年谱》、梁培恕《梁漱溟传》以及汪东林《梁漱溟问答录》中有关记录和回忆。

有机会再回来帮助两位老人。大概是他们兄弟的表现至少还可以，红卫兵们让他们旁观对梁漱溟夫妇的批斗，以接受“革命教育”。

后来，他们实在不忍心旁观自己父母挨斗的场面，就借口单位也有类似的革命行动匆匆离开了。

这次抄家，红卫兵烧了梁漱溟家三代的藏书、手稿和字画！他们撕字画，砸古玩，还一面撕，一面唾骂是“封建主义的玩意儿”。最后是一声号令，把所有抄出来的文物、字画、书信等统统堆到院里付之一炬。眼看几代人传下来的东西化为灰烬，梁漱溟痛惜万分。不过，最让他痛心的是红卫兵还要烧掉两部工具书——《辞海》和《辞源》。当红卫兵们抱出这两本大部头洋装书《辞源》和《辞海》时，梁漱溟再也不能容忍，因为他知道，这要烧掉的不是书，而是文化，是一个民族的根基。而且，这是一位外地的学生借给他的，如烧了就无法物归原主了。但在那时，面对几乎疯狂的“革命小将”，梁漱溟说什么也没有用，这两部书终究被扔进了火海。红卫兵一边烧还一边说，我们“革命”的红卫兵小将，有《新华字典》就足够了，用不着这些封建老古董。

红卫兵们烧完梁漱溟家的古籍字画，发觉他家有电话，而且院落也不小，一位头领立即宣布：“我们的司令部就设在这里，整个院子我们都占领了！”于是他们把梁漱溟家的日常用具从北房、厢房扔出，同时一伙人把梁漱溟拉出去游街、批斗。待游斗回来，便把他关进一间原来是放杂物的小南屋中。从此，梁漱溟夫妇白天除了被批斗，就是被强迫扫大街和打扫厕所，晚上就回到这小南屋。

最初几天上，这又闷又潮湿的小屋内连床铺也没有，他们只好席地而坐。

后来，在梁漱溟的一再要求下，红卫兵才同意他们拿去一些衣服和铺板、木桌等最基本的生活用品。这年的北京，秋天特别地凉，加上连日秋雨，气温骤降。一天晚上，梁漱溟实在无法忍受阴冷，只好把毛巾连成一个短裤，穿在里面。而他们的衣物，就在咫尺之外的北屋，但北屋已经是红卫兵的驻地！

大难来临，梁漱溟在想些什么？

当天晚上的梁漱溟日记中，有这样几个字："是夜开始宿南屋中间一间，因灯光太强，睡不好，然心境尚平。"

顺便说一下，著名作家老舍，就是在这同一天在北京新街口外太平湖投水自杀的。

后来，9月下旬的一个傍晚，暂时恢复自由的梁漱溟来到太平湖畔，独自一人坐在湖边的椅子上掉泪。

他应该是第一个来太平湖边悼念老舍的人！

敢于冒着巨大的风险来悼念一位作家，一位曾被授予"人民艺术家"称号的人，这样的人一定是已经忘记了周围的"红色恐怖"，而进入一个忘我的境界。

梁漱溟此时的心境的确非常平和，他想到的是，既然社会动荡混乱到如此地步，则个人生活境遇的恶化非常自然。而作为他个人而言，不能因此就放松对自己的要求，更不能虚度时光。面对厄运，他从佛教中汲取力量，口称佛号并自作偈语，决心以佛家所持有的人生态度自勉：

（一）一声佛号观世音，声声唤醒自家心，即心是佛佛即心，心佛众生不差甚。

（二）一声佛号观世音，声声唤醒自家心，此心好莫昏昧去，留得当前作主人。

（三）心静如虚空，永离一切有，施舍一切无所吝，亦无所施能施者，此是布施波罗密。

（四）心静如虚空，永离一切有，嗔心不起能忍辱，亦无所忍与能忍，此是忍辱波罗密。

（五）心静如虚空，永离一切有，精进不懈于修持，而实精进不可得，此是精进波罗密。

对于具有这样境界的人，现实中还有什么可以畏惧的呢？他的朋友和学生，此时有的正在被批斗、抄家，有的已经被迫害致死，但他梁漱溟还不能死。因为他还有使命没有完成，这就是他一直在写但尚未完成的《人心与人生》。可惜手稿被红卫兵没收，梁漱溟无法继续。他只有等待，期盼奇迹的出现，让他还能继续完成这最后的写作。

红卫兵们占领了梁漱溟家，认为对梁漱溟的斗争已经取得伟大的胜利，转而开始新的战斗。对于梁漱溟，则只命令他不准自由行动，老老实实的劳动改造，并交代一生的“罪行”，平时倒不大管他了。梁漱溟借着要写检查的机会，拿到一些稿纸。他看看外面，已是深夜时分，对面的红卫兵司令部中，不时传出“革命小将”的笑谈声。再看看身边，妻子挨打受伤，躺在那里呻吟，梁漱溟的内心不能平静，更无一点睡意。他想，该砸的都砸了，该烧的都烧了，该斗的也斗了，只有人还在。他坚信书可以烧掉，但人的思想是烧不掉的。如今他成天面壁而坐，为什么不能重新提笔呢？如果说《人心与人生》暂时不能写，可以写别的嘛！

于是从1966年9月21日开始，在没有一本参考书的情况下，凭着记忆，他以每天写一千多字的速度，写作《儒佛异同论》，全文约5万字……此文写完，梁漱溟意犹未尽，又开始写《东方学术概观》。

亲爱的读者，你们不妨想像一下：在那样一个岁月，一个70多岁的老人，冒着被批斗甚至被毒打的危险，在那样艰苦困难的情况下，仅凭记忆和坚定的信仰，写出这样纯粹学术性的文字，这是怎样的精神，怎样的毅力，怎样的境界！

让我们看看这篇《儒佛异同论》的主要内容吧。

《儒佛异同论》全文分三大段。首先，梁漱溟指出，儒家与佛家是根本不同的两个文化体系，它们一为入世，一为出世。但“同是生命上自己向内用功进修提高的一种学问”。儒家立足于人生上，归结在做人上，佛家则总是站在高于人生的立场来说话，所谓“破二执断二取”，归结到成佛。但儒家和佛家所说内容均为自己生命上一种修养的学问则一也。佛家是宗教，儒家则否。“孔子正亦要稳定人生”，“他给人以整个的人生。他使你无所得而畅快，不是使你有所得而满足；他使你忘物、忘我、忘一切，不使你分别物我而逐求。”“何言乎忘物、忘我、忘一切?信如儒家所云礼乐斯须不去身者(《礼记》原文：“礼乐不可斯须去身”)，人的生命时时在情感流行变化中，便释然无所执著，则物来顺应，一任其自然哀乐之情而不过焉，即在遂成天地大化之中而社会人生于以稳定。”“在社会生活方面，佛家是走宗教的路，而儒家则走道德的路。……道德在乎人的自觉、自律；宗教则多转一个弯，俾人假借他力，而究其实，此他力者不过自力之一种变幼。”文中指出：“试看生命活动岂有他哉，不断贪取于外以自益而已。”“物类生命锢于其形体机能；形体机能掩盖了其心。人类生命所远高于动物者，即在心为形主，以形从心。”“佛家期于成佛，而儒家期于‘成己’……亦即后世俗语所云‘作人’。……此即儒家根本不同于佛家之所在。”“然而作人未易言也，体机能之机械性势力主强，吾人苟不自振拔以向上，即陷于俱生我执，分别我执重重障蔽中，而光明广大之心不可见，将终日为役于形体而不自觉，几何不为禽兽之归耶?”“是故儒家修学不在屏除人事，而要紧功夫正在日常人事生活中求得锻炼。”

此文纯粹是从理论上阐释儒家与佛家的相通与相异之处，相当深奥。但即使如此，仍能感到文章层次分明，论证严密精确，词语简洁，没有一点人间烟火气，完全不像一个身处绝境者在遭受种种折磨中写出来的。由此可以看出梁漱溟向内用功进修甚高的境界，令人肃然起敬。[①]

在这之前，为防止万一，梁漱溟做好了最坏的打算。一天晚上，已是后半夜，梁漱溟向妻子交代一些要事，等于是做口头遗嘱，没有想到，红卫兵们竟然在门外偷听。梁漱溟发觉后，认为自己没有什么要保密的，依然把这最重要的谈话进行完毕。次日，红卫兵即以此为借口，说梁漱溟还是妄想对抗运动，勒令他写检讨书。

不过，有意思的是，这些狂热的红卫兵，连日来在与梁漱溟的交往中，被梁漱溟的人格魅力所打动，竟然不知不觉发生了微妙的心理变化，开始改变对梁漱溟的态度。首先是允许梁漱溟取走一些日常生活用品，然后是归还了梁漱溟的一些存款单、现金以及贵重物品，后来甚至归还了梁漱溟正在写的《人心与人生》的手稿。对于手稿的没有葬身火海而终于失而复得，梁漱溟欣喜若狂，赶忙写信通知朋友。最后，这些红卫兵竟然把梁漱溟当作一个可以相信的人了，连他们要下乡劳动的事也告诉梁漱溟，并说在他们走之前，梁漱溟有什么困难他们可以帮助解决。

梁漱溟与这些红卫兵的联系保持到第二年的4月。之前，这些红卫兵早已从梁漱溟家撤出，改由街道负责监管。

这些与梁漱溟发生不寻常关系的红卫兵，来自北京123中学。今天，他们当已年过半百了吧！

被抄家之后，梁漱溟虽然心痛那些祖辈传下来的书籍、字画等文物的被毁，却更担心自己已经写了7章的《人心与人生》手稿的安全。他忽然想到，自己的这种状况，也许只有毛泽东才能改变——他不是已经成为全国红卫兵的总司令了吗！于是，1966年9月10日，梁漱溟在完成《儒佛异同论》后，就给毛泽东写信，要求归还他的手稿[2]：

① 可参看《梁漱溟年谱》中有关章节。

② 第八卷《梁漱溟全集》，第79页～80页。

中央文化革命小组鉴阅，并劳转主席赐鉴：

主席此番发动的无产阶级文化大革命运动，使广大群众振起向上精神，鄙视资产阶级，耻笑修正主义，实为吾人渡入无阶级的共产社会之所必要。漱溟于此，何能无所认识。当红卫兵之来临，我以拥护此一大运动之心情迎之，以故拙妻被殴伤，而我幸未挨打，此可告慰于主席者。今后或该斗，或该批，方在静候中，当一切听从群众，不烦主席垂注。却有一个问题——我此后余年如何度过问题，愿为主席一陈其情。回忆1952年曾因我请求去苏联从事研究工作，承召在颐年堂谈话甚久。尔时我自陈幼年既未读四书五经，所受近世教育亦甚少。一生数十年唯在一个中国问题一个人生问题所刺激所驱使之下，求其有所解决（前者求其实际的解决，后者求其在思想上的解决）而竭尽其心思气力。中国问题现在由于共产党领导既有一条大道可循，我将集中心力于人生问题之研究，写出《人心与人生》一书，偿其夙愿于余年。此1952年8月7日事也。对于我去苏一层，主席当时未予许可，第未知对于我之自述其生平心愿事今犹留有印象否乎？近年来，我正在撰写此书尚未完成。此番抄家，一切文稿（已完成的，未完的）全被收去（似有被毁的）。假如在或斗或批之后，不发还此书稿，即不可能续写，无异乎宣告我的死刑。盖人生一日，必工作一日；工作必是从其向上心认为最有意义的工作。人的生命是与其向上心不可分离的；失去意义的生活，虽生犹死，生不如死。以故家中书籍几于全数被收或被毁；钱财百分之百被收去（发还十二元）；衣物等等被毁被收者百分之九十八；在我举不足惜。唯求发还我的那些文稿，准许其续写成书。书之出版与否，非所计，甚且限于自己寿命，是否得完成其书亦复难定。但我生活一日，必致力于此工作一日耳。此其心情主席其必能谅察之

乎！倘得文稿发还，准许写作，则有生之年皆领导党之所赐。披沥心肝，冒昧以陈，敬唯

主席裁之！专此布陈，敬颂

主席万岁！

梁漱溟敬上

1966.9.10

此信不卑不亢，态度沉着坚定。对于个人的遭遇，梁漱溟明确表示无所谓："今后或该斗，或该批，方在静候中，当一切听从群众，不烦主席垂注。"即并不请求给予特殊照顾。他惟一所要求的，不过是继续工作和著述的权利："盖人生一日，必工作一日；工作必是从其向上心认为最有意义的工作。人的生命是与其向上心不可分离的；失去意义的生活，虽生犹死，生不如死。"

然而在当时的情况下，即便不是有什么个人恩怨，但出于对全局的考虑，毛泽东也不可能回复此信，甚至他是否见过此信都是问题。后来，梁漱溟就要求归还文稿事又几次写信给周恩来，也同样没有得到答复。

就在给毛泽东写信的次日，梁漱溟再次阅读《卓娅与舒拉的故事》一书，并在日记中写下"此书早经阅过一次，值得玩味"的评语。也许，看到眼前红卫兵小将的野蛮行为，使他联想到卓娅与舒拉道德品行的高尚，联想到人心的差异和世事的险恶，也使他对人心与人生问题有了更直观的理解？

对于这些十几岁的红卫兵，当然不能把责任完全归结到他们身上，因为他们也是受害者。但问题在于，当面对一个70多岁的老人时，当面对

那些人类文化的结晶——书籍、文物时，他们内心深处的良知是怎样消失的，他们如何丧失了人之所以为人的底线，以致他们可以极其粗暴地对待他，焚毁它们？事实上，很多红卫兵在破四旧时，也知道文物的可贵和金银的价值，不少人偷偷把抄家得到的黄金和首饰藏在身上，甚至带上了天安门，以致当毛泽东接见红卫兵结束后，在天安门城楼上有关部门捡到了他们掉下的金条。——他们因为见到伟大领袖时太兴奋和激动了，就不小心让自己的战利品掉了出来！

1966年的中秋节到了。梁漱溟待在自己的小南屋内，不禁想到了两个儿子，此时的他们是否平安？是否能够理解父亲？他当然理解自己的孩子，因此他要告诉他们不必为自己担心。他拿起笔，给两个儿子写了这样一封信[①]：

宽恕两儿：

两信均收阅。知父莫如子，知子莫如父。你们生长起来数十年皆在我跟前，我完全懂得你们，你们亦应当懂得我。既然懂得，我就不必需多说什么话了。

事情发生的初期几天内，我稍有些不自然外，却从内心到外表基本不改常度。几天之后到现在就完全平平常常了。——此指精神亦指身体说。你们不必挂念。

计自8月24日至今三十六天，始终不明白我的问题究竟何在。三十天来如石沉大海，渺无音讯（只9月14日政协来电话，嘱我去领百分之六十的工资一次而已）。我曾写去一些信件（底稿附去一阅，勿失），亦无回音。我只有静候消息。当前事无能为力，所能自勉者只在今后而已。

① 梁培恕先生提供的资料。

昨日（9月28日）午前午后多次电五五三三四0皆不得通，不解何故。

此信颂华、胡真同阅之，阅毕寄回给我！

我颇挂念艮庸的情况如何。他本人无问题，但恐受你二姊和我的牵连影响耳。你们能去看他吗？他似住在民盟内。问阎秉华可以知道。

其余不谈。

父手字

9月29日旧中秋节

自己身处逆境，却让孩子不必为自己担心，并且非常关心朋友和学生的安危，让儿子设法去看望他们。这就是梁漱溟的胸怀和境界！

这个中秋节，可能不是梁漱溟所过的最困难的一次，却是他过的最凄凉的一次。两个孩子都在北京，却都不能回来和父母过一个团圆节。还有他的孙子，也不能来看望爷爷。何况中秋节在那个时候，已经作为封建节日受到批判，又有谁还敢公开过节呢？

## 3

抄家后不过几个月，红卫兵开始了全国大串联，为的是把革命的火种撒遍全中国。后来，更有人以各种方式走出国门，要把毛泽东思想的旗帜插到世界各地，一场史无前例的红色风暴从北京迅速吹遍整个世界。

1966年12月16日，林彪发表了《〈毛泽东语录〉再版前言》，后收入中国共产党中央委员会主办的《红旗》杂志1967年第1期。这是十年“文革”时期几乎家喻户晓的一篇文章，从此毛泽东的那本小红书成为全中国人民手中几乎须臾不可离开的精神圣经。想必下面一些话对于经历过哪个时代的人而言，还是那样的熟悉甚至能够背诵吧：

毛泽东同志是当代最伟大的马克思列宁主义者。毛泽东同志天才地、创造性地、全面地继承、捍卫和发展了马克思列宁主义，把马克思列宁主义提高到一个崭新的阶段。

……

因此，永远高举毛泽东思想伟大红旗，用毛泽东思想武装全国人民的头脑，坚持在一切工作中用毛泽东思想挂帅，是我党政治思想工作最根本的任务。广大工农兵群众、广大革命干部和广大知识分子，都必须把毛泽东思想真正学到手，做到人人读毛主席的书，听毛主席的话，照毛泽东的指示办事，做毛泽东的好战士。

梁漱溟自然也不能没有这本红宝书，并被要求背诵其中的某些段落。当时，对所谓的反动分子，红卫兵最经常要求他们的，就是要背诵毛泽东的“凡是反动的东西，你不打，它就不倒。就像灰尘一样，扫帚不到，灰尘照例不会自己跑掉”。红卫兵把自己当作是扫帚了，而对于使用他们的是谁，他们可能没有想过。至于灰尘扫掉之后，扫帚应该被放到哪里，他们很快就会知道了。

其实，对于毛泽东的著作以及马恩列斯的著作，梁漱溟多年来一直没有间断学习和研究。1966年底，随着“文化大革命”的进一步深入，梁漱溟的状况开始逐渐好转，因为他已经是一只反动的“死老虎”，以后的任务就是“老老实实”地接受改造罢了。朋友和学生开始悄悄地来探望他，亲人也能有条件的来看他，帮助他买煤买菜等，以度过北京的漫长寒冬。

就在1966年年底，在十年“文革”进入最疯狂的全国性的武斗风潮中，局面几乎失控之时，梁漱溟决定写一本书，名字为《中国——理性之国》。这是一个如今看来具有讽刺意味的书名，不过梁漱溟当时却没有这个意图。

《中国——理性之国》是梁漱溟生前惟一的一部没有公开出版的专著。梁漱溟于1966年底开始为此书搜集材料，1967年开始写作，至1970年完成。由于正是“文化大革命”最疯狂的几年，梁漱溟的写作受到很大影响，不仅资料得不到充分的提供，而且连最基本的写作条件都没有，他常常是只能到中山公园、北海公园等处一面锻炼身体，一面找地方写稿。同时，由于不断受到迫害，写作多次被中断。此外，由于时代的限制和当时的社会氛围，梁漱溟不可能深入了解中国社会的真相，因此有些观点今天看来可能不够正确。后来在20世纪80年代，梁漱溟曾经打算进行修改，终因年龄过大精力不够而没有进行。

1973年旧历除夕，梁漱溟在写给一位老朋友的信中说，要解答的是重大问题。问题是从马列主义来的，解答仍不离马列主义。然所伸张之义，不免惊俗。须10年20年后再发表，我殆不及见矣。

梁漱溟的预言说对了一半，他在生前确实没有见到此书的出版，但也没有等到他逝世后10年就出版了。1991年此书被收入《梁漱溟全集》，由山东人民出版社出版。

那么，梁漱溟在这部书中有哪些“不免惊俗”的言论呢？

对于写作此书的宗旨，梁漱溟认为是受恩格斯的《反杜林论》的影响，意在探求中国怎样成为一个“理性早启的国家，证明社会主义无非是这种理性自然而然的发展结果。梁漱溟曾经非常认真地研究学习马列一系列著作，特别是在1953年的“雅量” 风波后。他注意到恩格斯在《反杜林论》中有这样一段话，大意是现代的社会主义思潮实际上是从18世纪启蒙学派的理性主义而来。那时的思想家根据理性来评判一切，并要求建设一个理性的国家和社会。然而，法国大革命的出现及其后果却是对理性胜利的极大讽刺，而真正理性的社会只有到了社会主义阶段才有可能。

梁漱溟认为，其实，法国那些讴歌理性的启蒙思想家，其思想资源倒是来自中国文化，是受到中国古代哲学思想影响的。其次，社会主义诚然如恩格斯所说，出自人类理性之贯彻，但在梁漱溟那个时代，所谓的修正主义之出现，让梁漱溟认为只有中国才是社会主义未来的希望所在。最后，梁漱溟认为，中国之所以能够有今天的成就，绝非偶然，实在是由于中国是一个“理性早启”的国家而直至今天依然如此的缘故。但他也明确指出，弄得不好，中国同样会和苏联一样，有倒退的可能。

为此，梁漱溟首先区分了理性和理智的差异，认为西洋人所长在理智，其学问就偏于探求自然物理而有自然科学的发达；而中国人所长在理性，则其善于研究社会人事以及情理就很好理解了。

梁漱溟提问说，按照马克思主义的说法，推翻资本主义、建设社会主义的使命本来应该是由发达资本主义国家的无产阶级来承担的，为什么如今反而是在中国这样资本主义很不发达、无产阶级力量非常弱小的国家获得成功呢？其次，学术界一直认为，中国古代封建阶段特别漫长，资本主义的萌芽迟迟不能成长，又是为什么？这两者之间（社会主义发展快、资本主义发展迟）是否有什么联系？

当然，梁漱溟的解释还是根据他自己一贯的思想。他认为，其实问题很好解答，对第一点的回答是因为中国虽然无产阶级的力量弱小，但由于毛泽东和共产党善于调动人的主观能动性、发掘人的创造能力，所以能够克服客观条件不足的困难，使社会发展朝着有利于自己方向前进，才终于夺取了革命的胜利。显然。梁漱溟的解释根本没有涉及传统的理论，例如把革命成功的原因归结为“统一战线、党的领导和武装斗争”三大武器方面，他的解释更多的不是在政治层面而是在哲学和文化传统层面。当然，梁漱溟并没有忘记对毛泽东和共产党的功勋进行赞扬，但这种赞扬最终还是归结到对旧中国社会特性的深刻把握方面。例如他指出毛泽东之所以要提出“农村包围城市”的方针，就是因为他充分了解中国农村的实际状况，了解农民的革命需求即对土地的需求等。因此，如果说中国革命的发展道路特殊，不如说是中国社会的特殊状况决定了非如此不可。

对于第二个问题，梁漱溟以日本和印度为参照系，指出相对于这两个邻国，中国自有其特殊性，这就是他在《中国文化要义》等著作中一直强调的“伦理本位、职业分途”等思想，由此决定了中国社会的重农轻商思想，资本主义当然就很难发展起来。梁漱溟同时为了证明自己的正确，还引用了马克思对印度为什么不能走上资本主义道路的分析，认为马克思的分析同样适用于中国。这两种古代的文明，由于都把人生的关注点不是向外而是向内，不是改造自然而是修炼自身，当然就不会有对大自然的征服和利用，也就导致了社会生产力的发展缓慢，以致长期处于封建阶段。

梁漱溟最后总结说，中国在人类发展史上应该是一个特例。说它是特例，一是因为它的早熟，二是因为西方社会的发展从古希腊到19世纪的近代资本主义繁荣可以认为是正常状态，这与马克思说的古希腊人是发育正常的儿童而古中国人是早熟的儿童有一致之处。但中国社会虽然是特例，却并不是惟一，印度是另一个特例。而且，从人类社会由无阶级到有阶级再到阶级消灭这整个过程看，中国和印度都没有超出这个大过程，在最终发展目标上依然是一致的。

总之，梁漱溟的这部写于非常时期的学术专著，虽然带有明显的时代痕迹（如对所谓的“农业学大寨”的赞颂等），虽然在政治上可能也有意识地适应当时的大气候，真诚地相信一些今天看来是极“左”的思想理论，但在基本点上还是坚持了梁漱溟早在《东西文化及其哲学》、《中国文化要义》等中的基本思想。

在这部书的最后，梁漱溟多少有些天真地指出：“今天既事实证明了中国人不能学资产阶级，却能学无产阶级，再加以传统的风俗习惯重情义而轻财物，凡在西洋国法律所致详的物权债权问题而几千年中国法律却一直是忽略的，则我们说中国人将不为资产阶级法权观念所阻碍，较易进入共产社会，不是很可以说的吗？”①

以下是一件大概只有梁漱溟才能做出的事情。

1972年12月26日这一天，是毛泽东的八十诞辰日，梁漱溟把刚刚完成的这部书稿，亲自送到中南海新华门，让有关部门转交给毛泽东，算是给他的生日礼物。此事他原打算请老朋友章士钊代转，后来决定自己去送。不料新华门的警卫说这里不接待来访，让他去西门。而到西门后，警卫问梁漱溟有什么事，梁漱溟说今天是毛泽东的生日，他送一件东西表示庆贺。但警卫说毛泽东的生日不受礼，拒绝收下。梁漱溟解释说，这不是什么礼物，只是一部书稿，门卫只好打电话请示，得到的指示是：可以收下，谢谢。但后来也一直没有回复，不知毛泽东是否知道此事，更不能知道他是否读过。如果读了，他是否悟到梁漱溟在书中所要说明的那些“伸张之义”呢？

梁漱溟为什么要送给毛泽东这部书呢？毛泽东是否读过呢？

可惜，这已经是几乎不会有答案的问题了。

**4** 在那个疯狂的岁月中，在那个人们的言行已经变得不可理喻的年代里，最容易看出一个人内心深处的良知是否泯灭，也最容易衡量人与人之间关系的真诚程度。作为一代大师，梁漱溟自然最多感受到的，是严酷的批判和打击，还有亲人的被迫的冷漠和疏远。打击迫害他本不怕，但亲友的疏远却让他感到寒冷。尤其是一些青少年和儿童的恶作剧，让梁漱溟感

① 《梁漱溟全集》，第480～481页。

到特别伤心：这些祖国的花朵，这些未来的希望，怎么会变得这样？可惜，他们受那个疯狂年代的影响太大了。

且看梁漱溟日记中的有关记载——

1967年5月27日夜里，有人爬到梁漱溟家的屋顶上来回走动，梁漱溟给予斥责后才下来，但第二天才发现竟把他家的大门顶部给拆坏了。

同年8月5日，梁漱溟外出购物。当天因下雨等车的人很多，在上公共汽车时，他竟然被一青年从背后推倒，幸而他马上能够站起来，但衣物却都弄脏了。

从1968年9月开始，不知为什么，有很多小孩到梁漱溟家来大声喧哗、吵闹捣乱，后来更是到梁漱溟家里"大肆破坏，苇帘全毁，屋内狼藉"。这种吵闹竟然持续一周之久，让梁漱溟不仅不能看书写作，连休息都无法保证。后来梁漱溟一再找街道居委会，他们才派人制止。

本来，在最初的被抄家和批斗后，随着红卫兵的撤走和街道办事处的接管，梁漱溟的生活已渐渐恢复平静。尽管住在又小又闷、夏热冬冷的小南屋内，但梁漱溟依然可以相对安静地读书写作。但到了1968年4月，街道竟然通知他说，他被划为"右派"，从此要接受管制和劳动改造——每天要清扫马路、外出必须请假。这让梁漱溟非常愤怒：他在1957年都没有被打成"右派"，为什么现在还会如此？这"右派"的帽子难道还是随便就能给人戴的吗？更让他难以忍受的是，这一年的5月4日，梁漱溟和夫人被强迫参加批斗会。梁漱溟原来以为只是看他人挨斗，到了以后才知道自己也在被批斗之列。"思想上颇有斗争，最后决定服从。"[①] 结果，他不仅在会上被强迫低头弯腰，即著名的所谓"喷气飞机式"，弄得腰骨疼痛，而且会后又遭到游街示众的惩罚。

这对梁漱溟而言，是平生第一次受到这样的侮辱！"士可杀而不可辱"，依照他的性格，是绝对不能忍受的。但当时，考虑到如果反抗，自

① 《梁漱溟全集》第八卷，第790页。

己的夫人就可能受到牵连，所以他才最后决定服从。

不过，回来后梁漱溟的内心久久不能平静，他在考虑是否应该再写信给最高当局，陈述自己的遭遇并要求得到公正的对待。

谁知，他还没有来得及写信，新的打击又来临了。

1968年7月8日，新成立的街道革命委员会忽然通知梁漱溟要他搬家，要他离开他已经居住了快20年的父亲留给自己的房子，而且要求第二天就要马上搬走。——这真是欺人太甚！如此短暂的时间，找房子也来不及呀。

但这是“革命”的需要，谁又敢反对？

梁漱溟只好要求再缓几天，得到的答复是最多拖延一天！

无奈，梁漱溟只好托他的几个学生和朋友帮忙，于7月10日离开了小铜井的住所，来到鼓楼铸钟厂的一个大杂院居住，给他的住房是两间小东屋。搬家这天，天气奇热，已经75岁的梁漱溟累得精疲力竭。等到全部搬完后，本想好好休息一下，但因是东屋，阳光正好从西面照射过来，酷热难忍，根本无法睡眠。

稍后不久，梁漱溟参加一个群众大会，却被告知他已不属于群众之列，因为他已经是“右派”—— 一个“反右”结束已经10年后的“右派”！

今天的读者，如果没有经历过那个年代，又怎能想像得到，这样一个国学大师，一个著名的哲学家、思想家和爱国人士，会落到如此地步？

梁漱溟愤怒了，他不能再忍受这样的折磨和屈辱。他奋笔直书，写信给周恩来并转毛泽东，再一次陈述自己的遭遇并表示抗议：

近者4月24日忽奉居民委员会通知，说我被划为右派，应受群众监督管制。且在5月4日在群众斗争其他坏分子时陪斗一次，只是呼喊打倒右派梁某口号，不言罪行何在。过去1957年反右运动中，我因未涉入问题中也。自此时行动即受限制，不得访友借书，然我仍自力行研究写作不辍。最近7月8日忽奉街道通知，要我随同住之邻人两家另迁新址，而指定给我住之东厢房夏日夕阳太强，又狭窄不透气，蒸热欲死，深夜凌晨犹不稍松解，因之，连日来眠食俱废。我以七八十岁之衰年而不得眠不得食，其何能支？至此乃真不能写作矣。此即敢以上闻之实情。

我的研究工作有无可取之处，有已成之一部分可供审查。如其不无可资参考者即望给我以研究写作之环境条件。——此环境条件极简单平常之至。“人生一日必工作一日，工作必是从其向上心认为自己所应当尽力者乃有意义。人的生命是与向上心不可分的。失去意义的生活，虽生犹死，生不如死。”此1966年被抄家后我写上主席一书说过的话。现在之迫不得已写此信者，亦正为此耳。

我之被划为右派，是何时决定的？缘何有此决定？出于何方面的讨论决定？一切不得而知。此事只由街道通知我，固非街道群众对我的判断。今者计无所出，我想我之为人，主席总理早有了解，早有印象。近年之事，今日之事亦可加以调查而了解之。我愿听主席总理的处理。除以实情上闻之外，不作任何乞求。[1]

结果怎样？当然是没有任何答复！而且，甚至这信本身是否到达周恩来那里，也是一个疑问。

梁漱溟的失望可想而知，但他也清楚，在那样的局势下，自己的处境还不是最坏。而且，至少他身边，还有一些学生和朋友敢于继续来看他，尽管也不免要偷偷摸摸地来往。也就是在这个时候，梁漱溟更真切地感受到这些来自亲友的温暖。

① 《梁漱溟全集》第八卷，第82页。

最早的来自亲人的关爱，出于梁漱溟夫人的妹妹陈二姨。当梁漱溟遭受抄家之难，连人身自由都已经丧失的时候，是她第一个冒险来看望姐姐和姐夫，并把绝大部分饮食需要承担下来。而她当时已经得了重病，却因悲观厌世而不去治疗——她对人说她不想活了——她认为生活在那样一个时代，活着已经没有意义。但看到姐姐和姐夫遭难，她不仅没有落井下石(这在那个时代是非常普遍的事)，没有主动与他们划清界限，反而意识到这正是他们需要自己的时候，而勇敢地给予关爱。也许她没有什么更深刻的思想，只是出于最基本的亲情和人伦观念，但这不正是梁漱溟所一直强调的中国文化的精髓吗?

后来，看到有些工作自己无力完成，她就把自己的亲戚找来帮忙，其中帮忙最多的是赵凯、赵春生姐弟以及他们的父亲。当移居铸钟厂后的第一个冬天来临时，他们一家帮助梁漱溟买来了沉重的生铁炉和煤球以便取暖。夏天又帮助梁漱溟在小院里搭起凉棚以遮挡炎炎烈日。以后，姐弟二人都去农村插队，但每次回到北京，还是来梁漱溟家帮忙。他们都是普通市民，对梁漱溟的学术思想可能并不了解，但他们却能出于人的最基本的同情和理解来帮助梁漱溟，而这种帮助恰恰是在梁漱溟最困难的时候，可以说是雪中送炭。

更难能可贵的是，后来，随着“文革”的结束和梁漱溟境遇的改观，他们一家又渐渐离开了梁漱溟，根本没有想到利用梁漱溟的名声为自己获取什么好处。

至于第一个敢于来看望梁漱溟的朋友，是王培德(字星贤)先生(1901年～1990年)。他是山东威海人，1925年毕业于北京大学，后任教于威海、桂林等地的学校，还曾在马一浮的乐山复性书院协助工作。梁漱溟当年任教北大时两人结识，算起来梁漱溟当是属于老师一辈，但梁漱溟和他一直以“星贤老弟”相称。他们的友谊一直持续到梁漱溟去世。

也许，在王星贤先生看来，越是那样的时代，越需要真诚而纯洁的友谊。和师生友谊比起来，那些可能遭遇的危险和迫害又算什么！

王星贤来了，其他学生和朋友也渐渐开始了往来。在那样一个时代，梁漱溟最大的幸运，用他的儿子梁培恕的话说就是，“父亲的一生身边一直有很多的朋友”，所谓“患难之交”，说的就是梁漱溟和他的这些学生及朋友吧。

而且，这种被打入另册的状况，使梁漱溟有机会接触到普通的市民百姓，从他们那里，他也感受到许多温暖。对于普通百姓而言，他们心目中的梁漱溟，毕竟是一个有名的文人，他们以自己最朴素的感情来对待这位名人，特别是搬家到鼓楼铸钟厂后，这里的住户给予梁漱溟的，不是严厉的管制和批斗，而是朴素的理解和关心。

该说说陈姓兄弟的故事了，因为这个故事让我们可以感到温暖，可以看到，即使在那样一个年代，许多人的良知还在，对真理的追求仍在，也就是我们这个民族的希望还在。

现在已经不太清楚他们是如何能够结识梁漱溟的了。根据梁培宽先生的回忆，可能是出于熊十力先生的义女仲光的推荐。全国解放后，熊先生来北京后，收了一个义女，命名“仲光”，以便和他自己的女儿又光、再光排行。仲光喜静，爱读佛书，帮助熊先生料理家务，抄写稿子，熊先生一生很少和夫人在一起，子女也不学哲学，在北京及在四川，都是独立生活，晚年有一女儿作为弟子，又能听他讲学，十分满意，认为又多了一个可以传道之人。后来熊先生南下上海后，仲光留在北京。陈维博、陈维志兄弟热心佛学，渴望得到高人指点，大概就是通过仲光的介绍得以有机会接近梁漱溟的。

他们兄弟二人都是普通工人，文化水平并不高，但在那个时代，能有一个“工人”的身份是很多人梦寐以求的事情，因此他们在与梁漱溟来往时可以不必考虑会有什么嫌疑。加上当时的单位几乎处于半瘫痪状态，他们就有很多时间来梁漱溟家。如果说赵家姐弟主要是在生活方面照顾梁漱溟的话，则陈姓兄弟就更多的是以佛学弟子的身份来师事梁漱溟，这对梁漱溟而言自然是极大的安慰。

有很长一段时间，兄弟二人几乎每天都来，梁漱溟有什么家务活他们就很自然地给干好，然后就听梁漱溟讲解佛学知识、中国古代文化思想以及他自己的学说。对于处于劫难之中的梁漱溟而言，当自己原先的一些学生因为受到批判已经不能再与老师交往的时候，陈姓兄弟的出现使他又有了可以交谈的对象，这是他最大的享受，使他可以免除寂寞和孤独，特别是思想上的无人交流的困惑。兄弟二人个性稍有不同，哥哥维博比较忠厚、沉稳，而弟弟比较活泼，更有灵气。相对之下，梁漱溟更愿意与维志交谈，认为他是当时惟一可以够资格听他讲学的人。在梁漱溟的这一段的日记中，不时可以见到梁漱溟为维志讲学的记载。

一连三个春节，当自己的孩子已经下放外地到“干校”劳动而不能回来的时候，都是陈姓兄弟陪伴着年近80的梁漱溟度过那除夕之夜，多少减轻了老人的寂寞。

“文革”结束后，他们的交往继续保持着。后来，兄弟二人先后成家，生子，梁漱溟及其家人均表示祝贺。1981年，陈维博得一女儿，请梁漱溟给取个名字，梁漱溟欣然同意，取名为陈勤，小名勤儿，并写信给维博表示祝贺。同年8月在写给维志的信中，针对维志当时身体不好的状况，梁漱溟劝告说，人生当时时采取主动，不要落于被动。疾病之来，都是身体落于被动而反抗斗争之事。吃药又使身体在被动中，不如采取主动手段，如静坐，或习拳，为好。在与维志的交谈中，梁漱溟又把自己多年来健身静坐之心得传授给维志，指出只要耐心持久行之，一定会成功。

可惜，他们的这种交往随着梁漱溟先生的日益年迈而渐趋减少，梁漱溟去世后，陈姓兄弟怀着无限的悲痛参加了向梁漱溟遗体告别的仪式。他们知道，从此，他们少了一个导师，一个长者，一个对他们的人生之路产生重大影响的人。维志在“文革”结束后，凭着自己的聪慧和梁漱溟的推荐介绍，以自学起家，终于成为一名医生。能够悬壶济世，也算是实现了梁漱溟的愿望。

令人惋惜的是，由于某些误会，他们与梁漱溟后人的交往已经终止，对此梁培恕先生表示非常的遗憾，他曾写信和打电话给他们，都没有得到回复。一段因缘就此终止，梁漱溟倘九泉之下有知，不知该有何想？

## 5

“我的事情谅必知道，即不多谈。计自8月24 日以来到今天既有四十多天。初时如疾风暴雨，但近四十天寂无音响，似一时不会解决。我自信从来不为一身一家之谋，所关心而致力者不是国家危难，即是人类文化问题。我的遭际自有天命在焉，不是我一个人的事情。古人说：‘不怨天，不尤人。’颇觉自己衷怀亦能如此。而深有歉于自己不谦虚，不谨慎，亏负所学。此学是天然谦虚，天然谨慎的，我全无实践，何能不出问题。假如我不能完成我在人类文化前途的使命，一面是咎在自己，一面是合该如此。现在事情如何尚在未定之天，且等一等看吧。”（此当指《人心与人生》稿能否收回续写而言——引者）[①]

这是梁漱溟在被抄家后不久写给一位朋友的信，所谓“我的事情”就是指1966年8月24日抄家。此信写在略大于掌的纸片上，无上款亦无日期，大概是考虑到万一被红卫兵发现，也不会给朋友带来麻烦的缘故吧。从这封信中，梁漱溟对自己的使命依然充满自信。他最关心的还是《人心与人生》的写作能否完成，至于个人的生死，他早已置之度外。

其实，《人心与人生》的写作想法早就有了。最早的动机，当出于20世纪20年代。

① 《梁漱溟全集》第八卷，第278页。

1921年，梁漱溟在北大任教时，有《东西文化及其哲学》讲稿发表，其主旨在称扬孔孟思想。1923年他又在北京大学哲学系开讲“儒家哲学”一课。在讲儒家伦理思想中，梁漱溟尝试以他自己对人类心理的理解而为之阐说，同时试图修改《东西文化及其哲学》中的某些错误。其改正要点就在于分析辨别辨认人类的心理与动物的心理之异同。随着梁漱溟对于心理学方面的认识不断深化，遂有志于《人心与人生》一书的写作。此后，他在北京各大专院校举办的讲演会上，多次以“人心与人生”为题进行讲演，并有意写成专著，为此梁漱溟还提前写过一篇自序，但并没有正式撰写此书。

直接导致梁漱溟产生写此书的念头来自他对伍庸伯先生学术的叹服。

1927年，梁漱溟在广东听伍庸伯先生讲学后，萌生了为伍先生著书传道的念头。他对伍先生说，如果先生自己无意著述立说，他愿意负责此事。伍先生当时说，你听了之后，不反省自己，警惕自己的言行，反而想到为我传道，为什么有这样多的为别人的想法呢？梁漱溟当时恍然若失，有所顿悟，但这个著书立说的心愿并没有消失。

1952年，伍先生去世后，梁漱溟就开始了《人心与人生》的部分写作工作。后来，由于受到批判及各种因素的干扰，写作时断时续。1956年夏天的一天，在北海公园那座著名的白塔下面，梁漱溟对次子梁培恕说了这样一段话：这本书不写出来，我的心不死！他边说边挥动着手臂。这样的语气，加上这样的手势，以致梁培恕几十年后依然对此话记忆犹新。

真正重新开始这本书的写作，倒是在“文革”风暴最猛烈的时候。他在日记中郑重地记下了这件事：“我久想写此一书，今（1967年3月25五日）始动笔。”在此之前，该书已经写了七章，也就是“文革”抄家时被抄走后又追回的初稿。

可想而知，在那样一个时代，遭受那样的打击迫害，写作条件的艰苦不言而喻。对于梁漱溟来说，除家中外，公园是最好的写稿之处，颐和园、北海以及中山公园等都是他常去之地，日记中此类记载数不胜数。至于资料的获得，就比较有难度了。除了马列和毛泽东的著作容易得到外，其他参考书很难弄到，幸亏他的一些朋友和学生极力设法为他寻找，才使写作有了最基本的资料保证。

在如此困难的条件下，梁漱溟为写《人心与人生》一书，做了大量准备工作，仅从书中注释看，他阅读了40多位古今中外著名专家学者的著作50多卷，还看了不少有关刊物杂志上发表的有关文章。主要是达尔文和马恩列斯的著作以及毛泽东的著作。如《进化论》、《哲学之贫困》、《社会主义从空想到科学的发展》、《反杜林论》、《劳动在从猿到人转变过程中的作用》、《家庭、私有制和国家的起源》等；还有弗里茨汉的《马克思所理解的"人的本质"》、《马克思早期著作中人的理想》；列宁的《民粹主义的经济内容及其在司徒卢威先生的书中受到的批评》，斯大林1924年在军校演说《列宁的为人》，毛泽东的《论持久战》等；此外，他还阅读了那时所能得到的西方学术名著，如柏格森的《创化论》、《心力》，罗素的《社会改造原理》、《论教育》，施密特的《复苏》，汤姆生《科学大纲》、《心之初现》，克鲁泡特金的《互助论》、《无政府主义的道德观》，詹姆士的《心理学简篇》、《大心理学》等，以及康德、费尔巴哈的有关论述。

梁漱溟对苏联巴甫洛夫的著述也阅读了不少，有《巴甫洛夫选集》、《大脑两半球机能讲义》、《研究动物高级神经活动的生理学与心理学》、《神经系的演化过程》、《精神病学》、《苏联高等医学院校教学用书》、《关于巴甫洛夫学说》等。

在引用中国古典著作方面，有《论语》、《礼记》、《仪礼》、《大学》、《乐记》、《墨子》、《庄子》、《孟子》以及大程子、陆象山、王船山等宋明儒家学说。佛书方面，有《大乘起信论》、《唯识论》、《楞严经》、《成唯识论》、《禅宗》、《瑜伽师地论》等等。

1975年，《人心与人生》终于完稿。

此后，梁漱溟在给朋友的信中说，“今日可死而轻快地离去”。当然，“我一任其自然，无意求速，亦不作推延之想”。[①] 信末的署名是“老僧”！看来，写完《人心与人生》的梁漱溟，已经对尘世无牵无挂，可以回到他终生向往的佛界了。

大功虽然告成，梁漱溟自己却并不十分满意。在写于书后的《书成自记》中，他认为该书“文笔有时简明顺畅，有时则否，亦可见其学力才思竭蹶之情矣。盖少年时因先父之教既耻为文人，亦且轻视学问，而自勉于事功。其后知事功犹是俗念，不足取；唯于社会问题祖国外患则若无所逃责，终不屑脱离现实，专事学问。一生学识既疏且隘，写此书时屡有感触。谈古中国文化则于古来经籍未曾一日用功。甚且不能通其文字章句。谈及现代学术，则未能熟习一种西文，尤短于自然科学知识”。这当然是梁漱溟自己的谦虚。不过，受外在条件的限制，书中有些观点和内容明显带有那个时代的痕迹，有些值得商榷。但瑕不掩瑜，这部著作的价值历史会有一个明确的回答。

至于写作此书的缘由，梁漱溟承认既有个人主观方面的因素，也有客观方面的原因：“若问其何以于自己所不能胜任的学术上根本性大问题——人心与人生——竟尔勇于尝试论述者，则亦有故。第一，年方十六七之时对于人生便不胜其怀疑烦闷，倾慕出世，寻究佛法。由此而逐渐于人生有其通达认识，不囿于世俗之见，转而能为之说明一切。环顾当世，此事殆非异人任。第二，生当世界大交通之世，传来西洋学术，既非古人囿于见闻者之所及，抑且遭逢世界历史大变局、祖国历史大变局的今天，亦非生活在几十年前的前辈人之所及。当全人类前途正需要有一种展望之际，吾书之作岂得已哉！”[①]

虽然有某些不满意，但梁漱溟对于这本书的内容和观点还是非常自信的，认为“将为世界文化开新纪元。其期不再远，不出数十年也”。[②] 他

---

① 《梁漱溟全集》第八卷，第188页。

说他的思想和主张全部都在这部书中，可以认为是他一生思想学说的集大成者。

梁漱溟大概也知道，在那个时代，他的书不可能出版问世，因此才寄希望于数十年之后。如今他的著作早已公开出版，就让我们看看这部他视为自己最重要之代表作的内容吧。

道理平铺在
随人自取舍
偶然有得处
知亦同无知

这则题为《〈人心与人生〉自题书成》的小诗，是梁漱溟1975年写给朋友的。它简单平实地告诉我们，这本书讲的就是做人的道理，就是人类应该怎样生活。至于对谁有用有多少用处，那就看每个人的造化和取舍了。

该书第一章《绪论》的第一句话就是："吾书旨在有助于人类之认识自己，同时盖亦有志介绍古代东方学术于今日之知识界。"梁漱溟认为，人类要认识自己，首先要认识人心。因为人之所以为人，在心不在人。那么，什么是人心？人心的特点又是什么？这就是梁漱溟试图回答的关键问题。

什么是人心？梁漱溟回答说，心非一物也，当然不能确定它的形状。"其义则主宰之义也。主为主动；宰为宰制。对物而言，则曰宰制；从自体言之，则曰主动；其实一义也。"[①] 他又指出，"世间至可宝贵者莫如人，人之可贵在此心"，"心之所以为心在其自觉"，"人心基本特征在其具有自觉。""说心，指人类生活从机体本能解放而透露出来那一面，即所谓

① 《梁漱溟全集》第三卷，第759～760页。
② 《梁漱溟全集》第八卷，第187页。

理智理性者。”“人所不同于动物者即在生活方法上舍本能之路而趋重理智，体现了人心的主动性、计划性，于是就先后创造种种人生享用的文明事物。”

梁漱溟认为，人心最基本的特点就是自觉性，这种自觉性可以借用毛泽东在《论持久战》中所使用的三个概念“主动性、灵活性和计划性”来具体分析。

对于主动性，梁漱溟试图强调两个方面，就是人心是自动的和能动的；其次人有自己的意志自由。他说：“认识人心的主动性，宜先从其生命自发地（非有意地）有所创新来体认；然后再就人们自觉的主动精神——人们的意志来认取。”他进一步解释说，如果说创新是生命主动性的自然流露，那么自觉就是人心的一大特点。自觉的主动性不是别的，就是人们意识中的刚强志气，是那种不屈不挠的精神。在此，我们感受到了梁漱溟实际上是在做一个明确的宣告：人类的自觉不能也不会消失，但有时会遇到外在的破坏而暂时处于低潮。但对于真正有主动性的人来说，他们永远不会丧失自己的自觉性。所谓的气节，所谓的“威武不能屈”的精神，不就是对人类自觉性的最好描述？可惜，在那个时代是否太少太少了？

至于灵活性，梁漱溟认为与生命机体的分工和整合有密切关系，这里看出他受巴甫洛夫心理学的影响。什么是灵活性，他的回答是：不墨守成规而能巧妙地解决当前问题，就是灵活性。在讨论灵活性的时候，梁漱溟重点分析了身心关系。他认为生命机体地分工整合，一方面为灵活性提供可能的机会，一方面也有可能限制灵活。身体当然是人心得以显露的条件，但是人心也可能为身体所遮蔽牵累。因此，灵活性是要争取的，它是生命的流露和展现，它的出现和发展有赖于人的主动性。

至于第三个计划性，其实就是人心对于外在事物发展的预见性以及对

① 《梁漱溟全集》第三卷，第539页。以下引文如无特别说明者均出自该书，不一一注明。

自身认识的把握性。因此，计划性是人类的一种有意识的行为，从这个意义上讲，计划性更能体现人的特征。

但这三方面归结为一点，仍然是人的自觉性。梁漱溟这里所使用的“自觉”一词，虽然是从现代心理学和毛泽东的哲学著作借用而来，但从其在书中的具体涵义看，似乎更近于儒家的“良知”，具有浓厚的道德理想主义色彩，同时也有较为明确的现实指向。只要联想到写作此书时的大气候，就会对“自觉”一词有更深刻的体会。试问那个时代的中国人，包括知识分子在内，有几个人可以称得上是有“自觉”意识的呢？

梁漱溟对当时社会状况的不满在此书的字里行间可以看出，例如在第十五章讲人的性情、气质、习惯，社会的礼俗、制度时，他不禁借题发挥问道：“强霸之力在人类社会生活规制上所起作用，盖无在而不可见，吾人对此应作何评价？”此外，他在赞赏印度圣雄甘地反抗英国殖民统治所采取的不合作运动时说：“其中心思想是非暴力主义，代表着人类至高精神。”并说：“鄙弃暴力，摒除一切暴力，人类将来有可能有这一天。”“暴力——强霸之力出于身而施之于身”，“此斗争本能为人类同于动物所未能免。当其掩复着理性、理智而行动，即属愚蠢可悯。人类原不是只有聪明，绝不愚蠢呀！”

顺便要指出的是，当年抗战胜利后参与国共和平谈判时，美国特使马歇尔和大使司徒雷登，曾不止一次地称梁漱溟为“中国的圣雄甘地”，而梁漱溟自己，对甘地也是由衷地敬佩，其著作和日记中多次有对甘地及其思想的称颂。

在梁漱溟的《尼赫鲁自传摘录》中，有这样一段对甘地的描写，也可以看作是梁漱溟的写照：“甘地长得身材短小，体弱多病，但具有钢一般的坚强性格，坚如岩石的精神，不管外面压力怎样大，他总不屈服……尽管甘地貌不惊人，赤着身体，系着腰布，但是他具有高贵和庄严的风度，使人不得不尊敬他。……他的声音清脆，沁人心脾，引起共鸣。不管听甘地讲话的是一个人或一千人，他们都感到甘地的吸引力，感到跟甘地息息相通。……甘地在演说时能够使听众着迷，并不因为他善于雄辩，或者因为他用词漂亮。他的语言饬单中肯，很少用不必要的字。……甘地最显著的特点之一，是他争取人的能力，或者至少可以说是他解除反对者武装的能力。”①

在《人心与人生》的最后，梁漱溟指出：“古东方学术有异乎是：不务考究外物而反躬以体认乎自家生命，其道即在此自觉心加强扩大，至最后解脱于世俗生命”“此盖文化之早熟者，正为世界未来文化之预备。其中如古道家之学，古儒家之学之复兴正不在远。”“世界未来是古中国文明之复兴。”他对中国文化的未来充满信心，对中国文化将来必将有助于人类发展充满信心。这里所表明的对中西文化发展的基本观点，仍然是对其一生所坚持的人生三大问题以及由此引发的文化发展三条道路的引申和继承。

这事实上是在宣告，尽管梁漱溟一直在学习马列，并表示接受有关阶级斗争的学说等，但他并没有真正放弃自己的学说和思想。

不过，多少令人遗憾的是，这部梁漱溟自己非常看重、也的确代表了他的思想学说的著作，直到1984年才出版问世。而且，由于当时的社会状况和文化发展局面，这部著作的出版并没有引起多少反响，给人以不合时宜的感觉。

当然，梁漱溟从来也没有期望过自己的著作能够有轰动效应，他看重的是著作的内在价值，看重的是能否对重建中国文化产生深远的影响。

① 《梁漱溟全集》第七卷，第820～821页。

# 第八章 匹夫不可夺志

## 1

十年“文革”期间，一切都被打乱了，甚至连人们最基本的起居习惯都被迫改变。

因所搬迁的新居没有厕所，梁漱溟只有到外面解决如厕问题。这对于一个年过80的老人而言，绝非易事。在他的日记中，有关记载可谓多矣：

“早四时半起，去紫竹院散步，习拳，大便。”

“早起去天安门大便。”

大致比较固定的地点有两处，一个紫竹院，一个天安门，大概是由于这两个地方既可锻炼，厕所设施也比较干净的缘故吧。

在这个非常时期，梁漱溟极力使自己的生活有一定的规律。他知道自己的使命还没有完成，他要好好地活下去。

通常，他总是在4点半到5点之间起床，然后步行到公园散步、习拳，最常去的地方是紫竹院、颐和园、北海、天安门和中山公园等。然后，梁漱溟在外面吃过早餐，顺便给夫人捎一点食物或蔬菜。剩下的时间就用来读书写稿。午饭后他会和许多文人一样稍微休息一会儿，然后要么是继续写稿，要么再次外出散步兼采购物品。由于许多地方“停产闹革命”，很多日用品、蔬菜和副食品匮乏，梁漱溟不得不费很多时间寻觅采购。有一年他想买一本日历竟然没有，最后只好以一月份牌代替。还有一次他要买大葱，转了几个菜场都没有，眼看一个星期过去，大葱仍然买不到，他只好委托他人代为寻找。这是1968年9月的事情，正是实现所谓“全国山河一片红”（即全国所有省市都成立了省级革命委员会）的“大喜”日子，然而对此梁漱溟的评价只有三个字：“甚热闹。”

是的，革命不是请客吃饭，但要革命就首先要吃饭，饿着肚子当然也可以革命一时，却不能持久。

日复一日，年复一年，梁漱溟亲眼目睹着神州大地上所上演的那一幕幕悲剧、喜剧以及闹剧，正所谓“乱哄哄你方唱罢我登场”。然而，真正遭难的是那些善良的普通百姓，是那些还有良知的知识分子，是那些还敢于为民请命和独立思考的战士！

1969年4月，中国共产党召开了的第九次全国代表大会。在林彪代表党中央所作的政治报告中，再一次以极“左”的观点对“文革”的发动和进展，对所谓的“无产阶级专政下继续革命”的理论进行大肆的宣扬和鼓吹，声称要将这一革命进行到底。历史已经证明，这次大会的基本路线是完全错误的。

2 在那个特殊的年代，有时也会发生一些令人高兴的事情。

1968年5月的一天，梁漱溟照例去紫竹院散步，却意外发现多年不见的老朋友于道泉。老友相见，都非常兴奋，竟然站着谈了很久。分手时两人交换了住址，并相约数日后再次相会。此后一段时间，两人多次见面，畅谈当年，甚至互相谈起各人幼年时的情形。也由此看出，在那个非常时代，他们内心的寂寞和孤独。

于先生是山东临淄人，字伯源，生于1901年，早年就读齐鲁大学、北京大学，攻数学。先生有语言天才，精通藏语、蒙语、满语、英语、法语、德语、土耳其语和梵文等。他为了学习藏语，曾到雍和宫自愿服杂役。后到国立北平大学，任梵文教授钢和泰男爵的课堂翻译，并从其学习梵文、藏文、蒙文。1927年入历史语言研究所，曾担任著名历史学家陈寅恪先生的助手。1938年他赴英国伦敦大学东方与非洲学院讲授汉语、藏语和蒙语，将100多首藏族民歌译成德文。1949年回国后任北京大学文学院藏文教授，后随专业一起并入中央民族学院语文系，从事藏学人才的培养。1949年后，于先生与马学良先生等一起创建了中央民族学院少数民族语言文学系，开拓了一批学科，培养了大批人才。他自己也成为国内外著名的藏学泰斗。

说起于道泉，北京学术界和高校中流传很多他的逸闻趣事。比如说，他生活极为俭朴，但舍得花钱买书，据说他走进书店，总是一选就选中一大堆书。书店的工作人员，看他衣着普通，举止古怪，往往对他十分注意。等到于先生掏出一大沓钞票，用随身自带的包袱皮把书亲自背起来时，他们一个个惊讶万分。

又比如说，因为于道泉精通藏学和藏教，当年北京一些大学校园里，流传着于道泉教授在练习“飞”的传闻。人们以为那是笑话，甚至要批判他，却不知道这正是他练功的方法。

早年的北京学术界，还流传着陈寅恪多次亲笔写信给傅斯年，推荐于道泉的事。那是1926年，毕业于齐鲁大学的于道泉在担任陈寅恪助手的同时，经袁同礼推荐，来到当时的北海图书馆担任满蒙藏文书采访编目工作。为收集满蒙文献，于道泉做出了很大贡献，但待遇并不高。陈寅恪看到弟子生活困苦却毫无怨言，仍然潜心问学，也记挂于心。于是，他在写信给傅斯年，力荐于道泉。他说："于君甚精藏语，又兼治蒙文，实不可多得之人才。现在北海图书馆，月仅三十元，甚不敷用，前年弟每月借钱与之，他时历史语言所北平分所中似可以用，此人断不至为羊公不舞之鹤，请放心用。"过了几天，不见动静，他再次写信给傅斯年，旧话重提："于君道泉必可造之材，且为人能吃苦，谅必不敢为羊公不舞之鹤也。"但也许是傅斯年忘记了，也许是有其他原因，过了三个月还不见回音。陈寅恪又第三次修书傅斯年，还是谈推荐于道泉之事："于道泉君月薪百元，当可办到。彼现与喇嘛往来至繁，于蒙藏音韵语言之学，极有兴趣，必可造之才，且为人能吃苦，谅必不敢为羊公不舞之鹤也。"其中"羊公不舞之鹤"，取"羊叔子有鹤善舞，尝向客称之，客试使驱来，不肯舞"的典故，力劝傅斯年对于道泉大可放心。几经周折，于道泉终于得偿所愿，在名师大家的指点下，学术日精月进。

不过，说起梁漱溟和于道泉的交往，其实和一位大文豪有关，那就是泰戈尔。

1924年4月12日至5月30日，印度诗圣、诺贝尔文学奖得主泰戈尔来华访问，前后时间长达50天。他以64岁高龄，到我国各地访问、考察，足迹遍及半个中国，是轰动一时的新闻。泰戈尔到山东济南时，济南的教育界决定让英语水平高的年轻人于道泉担任泰戈尔的陪同、翻译。果然，当于道泉先生用英语准确地介绍了佛教传入中国的历史以及对中国文化产生的重大影响后，泰戈尔十分感动，认为这是他来中国见到的第一位对印度文化和语言有如此浓厚兴趣的人！而于道泉也十分敬佩泰戈尔的为人和文学成就，非常热情体贴地陪同泰戈尔游览。后来，当泰戈尔建议于道泉跟他到印度去学习梵文和佛教时，于道泉毫不犹豫地答应下来。而当时，于道泉已经考取了山东省的官费留美生，正是举家欢庆、邻里称贺的时候。结果，当他向家里宣布要放弃去美国留学而到印度去学梵文和佛教时，惹得父亲于明信先生勃然大怒，声言要把他撵出家门，并且断绝经济上任何资助。然而，于道泉先生坚持自己的决定，毅然跟随泰戈尔来到了北京。

可惜，由于当时北京的军阀、权贵醉生梦死，正忙于争权夺利，抢占地盘。于道泉追随泰戈尔去印度留学的愿望最终没有实现。[①]

就在泰戈尔离开北京之前，著名诗人徐志摩来找梁漱溟，请他去见泰戈尔，因为泰戈尔对中国哲学，特别是孔孟哲学，兴趣也很大，希望找一个这方面的专家谈谈。根据梁漱溟的回忆，当他来到泰戈尔的住地时，正值他与杨丙辰先生谈宗教问题，杨先生认为儒家就是宗教，而泰戈尔则说不是，意见不一。杨先生即指着梁漱溟对泰戈尔说：梁先生是孔子之徒，对儒家有研究，你可问他。泰戈尔即起身迎候，十分客气地说：我很愿意听听梁先生谈谈儒家的道理。但梁漱溟并无准备，又不能不就他们的话头而有所辩明。梁漱溟想了一下，反问泰戈尔：你为什么不认为儒家是宗教呢？泰戈尔说，他以为宗教是在人类生命的深处有其根据，尽其人生信仰、寄托、归宿之所在，所以能够影响人。凡宗教伟力之最者，其根植于人类生命者愈深不可拔，其影响更大，其空间传播更广，其时间延续更为久远。然而他看儒家似不是这样，仿佛孔子在人伦方面和人生各项事情上，讲究得很妥当周到。但却因此离人类生命的深处，离精神寄托的真谛远了。因为这些规定，要照顾各方，要得乎其中，顾外则遗内，求中则离根，所以说儒家不能算是一种宗教。泰戈尔又说，使他困惑的是，儒家不是宗教，却何以具有与各大宗教一样的给人类社会以伟大势力和影响？

① 此处参看《时代潮》(2001年第18期)有关文章。

对此，梁漱溟解释说：说儒家不是宗教是对的，但孔子的道理却不尽在伦理纲常之中。伦理纲常是社会的一面。《论语》云："吾十有五而志于学，三十而立，四十而不惑，五十而知天命，六十而耳顺，七十而从心所欲不逾矩。"这一层一层的内容，孔子说的是自己的生活，并未说到社会。又如孔子称赞其门弟子颜回的两点："不迁怒，不贰过。"也都是说其个人的品性，并未说到外面。无论自己为学或是教人，其着重点是明白的，何以从伦理纲常那外面粗的地方来看孔子呢？这是第一点。第二点，孔子并不一定要四平八稳，得乎其中。孔子曰："不得中行而与之，必也狂狷乎！"狂者，志气宏大，豪放，不顾外面；狷者狷介，所不为，对里面很认真。孔子认为，各趋一偏或两者相反，都不妥当，因此中庸不可能，则还是这个好。其所以可取，即在于从其生命真处发出来，没有什么敷衍迁就。反之，孔子所最不高兴的是乡愿，如谓："乡愿，德之贼也！"又云："过我门而不入我室，我不憾焉者，其唯乡愿乎！"乡愿是什么？即是他没有自己生命的真力量，而在社会上四面八方都应付得很好，人家都称他是好人。孟子则说得更明白："非之无举也，刺之无刺也，同乎流俗，合乎污世，居之似忠信，行之似廉洁，众皆悦之，自以为是；而不可与入尧舜之道。"这就是说，外面难说不妥当，可惜内里缺乏真的。狂狷虽偏，偏虽不好，然而真的就好。——这便是孔孟学派的真精神真态度。

梁漱溟这一席话，让泰戈尔十分敬佩。要知道，面对这样一位人物，要在很短的时间内解释清楚一个在中国历史上具有数千年历史的学派，不是一件容易的事。泰戈尔高兴地说："我对儒家所知粗浅，这是第一次听人这样清晰地解说儒家的道理，使我心里明白了许多。"[①]

如今，梁漱溟和于道泉这两位饱经沧桑的老人，竟然有机会在动乱之中相对从容地回忆往事，谈论练功习拳之法，应该是一件幸事。

①参看汪东林《梁漱溟问答录》，第66～68页。

不过，他们的交往没有持续多久，因为梁漱溟在这之后就被宣布划为右派，外出必须请假。梁漱溟非常郁闷，只好写信给于道泉说明情况。又过了很久，梁漱溟的情况有所好转，才又和于道泉联系，并有一次亲自跑到民族学院去找他，之后两人依然保持着书信联系。对于当时的社会混乱局面，他们都表现得忧心忡忡，但却是无能为力。

在那时，他们自身尚且难保，又能做些什么和说些什么？

的确，那时两位老人惟一可以做的，就是等待，等待那个“抽风”式年代的完结。

后来，于道泉在“文革”结束后重新投入他最喜爱的藏学研究专业。1992年老人驾鹤西行，享年92岁。这位一直向往能够飞行的藏学泰斗真的飞入了净界，在那里终于他可以不受打扰地研究学术，直接和先知对话了。

说到梁漱溟在这个非常时期的人际交往，还有一个人应该提起，就是著名音乐理论家潘怀素先生。潘怀素原名潘荘，字思白，浙江永嘉人。他青年时代曾留学日本攻读政法，后入德国柏林大学学习，获经济学博士学位。回国后，从事文学翻译工作，为“创造社”成员。后又任教于北京大学、中山大学和安徽大学等校，是“一二·九”运动北京各大学17位教授声援青年学生联名发起人之一，又是农工民主党的创建人之一。新中国成立后，潘怀素曾任政务院参事室参事。潘怀素酷爱音乐，1953年以后，致力干中国古代音乐和民间音乐的研究。1954年起任中国音乐研究所通讯研究员。曾翻译日本音乐家杯谦三著的《敦煌琵琶谱的解读研究》和日本信安季尚著的《乐家录·卷九》。他经过数十年的探索，终于设计出具有民族特点的“二十三不等分纯正律”。潘怀素的“二十三不等分纯正律”与今日在钢琴、风琴上通用的“二十平均律”不同处在于，前者各音相结合时——即同时发音为“和弦”时声音特别和谐，为钢琴等所不及。故称“纯正律”。同时为适应这种复杂的律制，潘怀素设计了一种特殊的键盘。

"二十三不等分纯正律"在原理上是在我国传统的音律基础上选取符合纯律的若干律，加入少数其他律而构成，具有较高的理论研究价值和实用价值。

为了发掘和保护中国传统音乐，潘怀素作出了很多贡献。

这里只说他的一件功劳。20世纪50年代中期，有人向潘怀素推荐欣赏一种北京特有的古老音乐。这音乐只有在北京的智化寺才能听到，而且面临失传的危险。智化寺兴建于明代，这音乐是依赖寺里的僧人代代相传而保存至今的。潘怀素立即来到智化寺，听完那独特的幽雅曲调后，潘怀素非常兴奋，马上把这个发现转告给音乐界的同仁杨荫浏先生。杨先生此时正致力于挖掘民间音乐家和乐种，瞎子阿炳就是他发现的。当他面对这个有着500余年历史，堪称"音乐化石"的智化寺音乐，也不得不惊异。他立即搬到寺庙里与老艺僧们生活在一起，进一步了解这种音乐。杨先生发现智化寺音乐在乐器、乐谱、乐调、曲牌和演奏方法等方面都较多地保留了唐宋旧制，其中的大多数曲牌更是来自具有中国古典乐曲特点的南北曲。潘怀素这一次偶然的发现使它得到了有识之士的重视，被纳入中国的文化遗产加以保护。不久，北京市成立了音乐研究会，召集过去的艺僧恢复演奏，还举办了几次小型的演出。20世纪60年代初，这支僧人乐队还曾在中央人民广播电台进行过录音，从此，智化寺音乐第一次永久地留下了自己的声音。

从梁漱溟日记中可以得知，两人早在20世纪50年代就已结识，其实在这之前，他们可能已经认识，但这方面的资料已经难以找到。潘怀素也是潜心向佛之士，这恐怕是他们得以成为朋友的重要原因。

"文化大革命"来了，潘怀素惨遭迫害，在上海、北京多次被批斗，夫人被迫自杀，而他只是由于不能放弃自己喜爱的音乐研究，才没有走上绝路。由于生活没有着落，他一度被迫到河南焦作投奔其子，但那里生存的条件更为艰难，只好还是回京，依靠友人接济度日。而这些友人中，梁漱溟的长期而固定的资助起了非常重要的作用。即使在这样极端困难的日子里，他仍以不屈不挠的精神力求把自己创制的纯正律更趋完善，付诸实现。1978年春，84高龄的他，从温州前往北京，因路途劳顿而一病不起。

梁漱溟对于潘怀素的音乐研究虽然不太了解，却知道其研究很有价值，在日记中对他的评价是“音乐史有成就”。因此，当潘怀素身陷困境时，梁漱溟毫不犹豫地施以援手。其实，早在上个世纪60年代初，他就已经多次给潘怀素资助了。“文革”之中，更是按月给潘怀素资助，时间一般是每个月的7号，这在日记中有详细的记载。此外，梁漱溟还不定期地给潘怀素其他帮助(如给他布票等)，后来更是热情帮助潘怀素申诉，请求平反。“文革”结束后，学者黄河清整理潘怀素遗著准备出版，请梁漱溟写序题签，梁漱溟因对音乐方面缺少了解，谢绝写序，但答应题签。对于他资助潘怀素事，梁漱溟自己是这样认为的：“仆与潘老相交以来，每以我绵薄周助其困，二三十年而不懈，盖心知其所从事价值不朽，关系重大也。然于此道，自己却全然一门外汉，不能赞一词。…… 以是之故，承嘱写序文一层，愧难报命，幸垂谅许。幸甚，幸甚。但如题签小事则不敢辞耳。”①

当然，受到梁漱溟资助的人还有很多，在梁漱溟的日记中常有这样的字句：“领到工资，待分配。”他的工资在那个很多人遭受迫害、衣食无着的情况下的的确确成了不少人的救命钱。

说起来还是应该感谢周恩来，正是在他的关照下，梁漱溟等少数知名人士的工资在“文革”期间能够照发（除被抄家的那一个月被扣大部外，其余都是全部照发，而那被扣掉的后来也补发了）。一般而言，外地的需要资助者梁漱溟亲自到邮局汇去，在北京的则自己到梁漱溟家里来取。这些接受资助者又有几种情况。一般梁漱溟认为有必要按时资助到底的，日记中就写为“赠”，略次一级的为“助以”（非定期的），由对方提出要求的写为“借”，还有一种是“索借”，表示梁漱溟不太认同对方的生活态度，

① 《梁漱溟全集》第八卷，第284页。

认为对方虽有困难，但不应过于依赖他人。不过，即使如此，梁漱溟还是以慈悲为怀的心态给予资助。

对于潘怀素，梁漱溟显然是认为需要长期给予资助的，因此，除了每月按时给予10元的资助外，每当潘怀素要到外地时，梁漱溟都给他路费，并常常给他一些临时的资助，这些在其日记中都有记录。应当说明的是，按照当时的物价，每月10元钱完全可以让一个人生活下去。

然而，毕竟个人的力量是有限的，梁漱溟常常只能带着遗憾和悲伤听到和看到老友遭难甚至去世的消息。不过，让梁漱溟不能理解的是：为什么在一个新的时代还会有这样的混乱发生？为什么自己人与自己人过不去而制造内乱，而做出那么多使亲者痛、仇者快的事情？

1969年的五一劳动节，梁漱溟在“文革”发生后第一次受到邀请参加天安门观礼活动。这意味着他的政治境况的好转。已经不太清楚此事是否与高层或周恩来的关照有关，但在那个时候，任何这类决策必定是由中央有关部门才能决定，却是毫无疑问的。梁漱溟本来以为可以借这个机会见到很多老朋友，却没有想到站在观礼台上的人大都是新人，98%他都不认识。同年国庆节，他再次受邀参加观礼，这一次人数更多，但梁漱溟所认识的还是只有寥寥数人。他终于明白了：很多老朋友要么依然受到迫害，还没有资格站在这个观礼台上；要么就是已经离开了这个世界。

相比之下，他还是幸运的。

也惟其如此，梁漱溟更加意识到自己的责任，那就是抓紧写完自己应该写的一切，为了中国，也为了那些遭受不幸的友人以及千千万万民众！

# 3

同时，也许是意识到自己的来日已经不多，除了继续《人心与人生》

的写作外，梁漱溟还写了大量的回忆性文章如《五四运动前后的北京大学》、《我所了解的蒋介石》、《略述1924年在曹州办学经过》以及《卫西琴先生传略》等等。

一个人开始回忆过去了，往往就是生命离终点不远的标志。

至少，说明他对自己的未来已不抱什么希望。

不过，对于梁漱溟，他的生命还会有最后的辉煌。

让我们谈谈他回忆卫西琴的文章，因为这一篇与其他不同，他写的是他惟一的一个外国朋友——卫西琴其实是德国人。其德文姓名今不详，后来又曾更名为“傅有任”，似从英文音译而来。他原为德国某银行总裁的独子，天资特高。因厌恶德帝威廉之军国主义而倾慕东方古代文明，第一次世界大战前夕出国，先后游历印度、日本后到达中国。曾用中文自名曰“卫中”，字“西琴”。

大概是1922年左右，梁漱溟在太原外国文言学校与其相识，从此成为至交，彼此交往相处十数年之久。后抗战爆发，梁漱溟为抗战四处奔走，两人断绝联系。后来梁漱溟得知卫西琴流落在日本。1946年，梁漱溟曾托一位朋友利用参与东京审讯战犯之国际法庭之便，与其取得联系，但随后又中断了。梁漱溟估计卫西琴以后是在日本身故，年纪当在60至70之间。

梁漱溟一生交友非常慎重，为什么会把一个外国人当作至交呢?

这要从卫西琴本人的经历说起。卫西琴的早年生活可分三个阶段：从4岁起经常跟父亲去看戏，这是他接受启蒙教育的主要形式；13岁时开始对音乐着迷，希望能从中找到生命的真谛；17岁上大学，先后在几所学校读过文学、医学、化学、博物学，25岁获得音乐博士学位。卫西琴认为，在人的感觉系统中，听觉属最高一级，与心最近，与智慧相通，对人格影响最大，所以在诸多艺术形式中，音乐离人的精神最近，可以给人最大的力量。可见他对音乐的理解，已经深入到心理学层面。梁漱溟认为卫的说法“确有见地”，卫西琴所说的音乐对人心的陶冶作用与我们所谓礼乐乃治国之本的古训，是一个道理，这大概是他们可以交往并成为朋友的重要因素。

根据梁漱溟的回忆，卫西琴的演奏方式很独特，他先把听众安排在一个昏暗的地方，然后自己进入帷幔，脱得一丝不挂，才能开始弹琴。之所以如此，据说是为了避免光线的刺激和衣服的束缚。此外，他还提醒大家："演奏时不得咳嗽，否则我就要很厉害地发怒。"梁先生聆听的是贝多芬的一支曲子，他的印象是“是非常强烈、勇猛”，最能代表西洋精神。演奏结束后，卫“竟浑身流汗，非立刻洗澡不可”。[①]

由于性格古怪，妻子说他是疯子，家人视他为傻子。卫西琴自己也看不惯周围的一切，于是决意离开德国。此后，他在法国参观美术展览时发现了东方文化的魅力，在英国接受了蒙台梭利的教育思想，最后于民国初年经印度来到中国。卫西琴说，他本来对中国文化非常崇拜，不料到了上海后却极为失望。他发现中国人正在拙劣地模仿西方，从服饰、建筑到教育、音乐，到处“都是让我仇恨的”东西，至于中国固有的文化和精神，却无处可寻，无人可问。两年后他离开上海去了日本。但当其东游抵达日本后，发现日本人更是处处(音乐在内)步趋西洋，失望之心更甚，只好又回到中国。此时第一次世界大战爆发，他的生活来源本来是依靠家中接济，此时被迫中断，生活极度窘迫。为了生存，也为了他所喜爱的中国文化教育事业能够有发展进步，他写了一篇长文寄给严复，请求翻译后发表。但严复很久也没有答复。无奈之下，卫西琴再次写信给严复，说自己本来是抱着景仰中国文化精神而来中国的，没有想到却没有人理解自己，并流露出要自杀的念头。严复看信后大吃一惊，赶忙复信表示可以翻译发表他的文章，后此文以《中国教育议》的题目发表在梁启超主编的《庸言》杂志上，引起人们的注意。

---

① 《梁漱溟全集》第二卷，第123页。

因为梁启超的缘故，《庸言》杂志很为当时人所重视，所以卫西琴的这片文章也引起各方注意，他因此得以受聘为保定高等师范学校音乐教员，生计问题暂时得到解决。

1921年底，梁漱溟应邀赴山西讲学，顺便参观了外国文言学校，得以认识了卫西琴。梁漱溟后来说："是冬游晋，得参观先生所主办之外国文言学校。则其间所有，举不同俗，一事一物，靡不资人省味……而窃见先生精神措注于百余学生之身，无微不至，直有欲呕出心肝之慨，尤不能不使人起恭起敬，倾心折服。学生百数十人，一一颜色怿然，神采焕然；凡外间一般学校学生，所有憔悴之色，沉闷之气，于此绝不可见。然学生肥而先生瘠。先生之劳瘁，睹面可识，不止于瘠，直已病矣！"[①] 经过与卫西琴的一夜长谈，梁漱溟认为卫西琴不仅非常正直，而且胸怀远大。后来卫西琴离开山西后又到北京，与梁漱溟、熊十力等人"在西郊大有庄租房……同住共学"，研讨儒家哲学与心理学，并以"每星期五为讲论之会"[②]。经过一年相处，梁漱溟对卫西琴的学问、为人有了进一步了解，二人友谊也日益加深。梁漱溟认为，像卫西琴这样人格高尚、学问广博的外国人之所以不为国人接受，除了性格上的原因之外，主要是语言上难以沟通。所以，他立志要以"将来的生涯与精力，划出一部分专替卫先生（的理论）作说明的工夫"。这是梁漱溟除了想弘扬伍庸伯先生的学说外，又一个终生想要实现的愿望。

梁漱溟没有食言，自结识卫西琴后他就在各种场合宣传鼓吹卫氏的理论，即使在十年"文革"中，他也没有忘记此事。例如在《人心与人生》中，他就辟有专门章节介绍"卫西琴"的学说，此后又专门撰写文章介绍卫西琴的生平和学说。梁漱溟曾经多次对他人说，他的朋友也许是那种生前不为理解、死后才被崇敬的大人物，而卫西琴就是这样的人。梁漱溟对

---

① 《梁漱溟全集》第四卷，第795～796页。

② 《梁漱溟先生年谱》，第58页。

朋友是不轻易赞扬的，因此他对卫西琴的推崇，确实值得注意。

看来，卫西琴能够让梁漱溟引为知音，除了他的音乐理论与梁漱溟的人心与人生的观点有相通之处外，恐怕更多的是卫氏献身科学的精神和热爱中国文化的举动感动了梁漱溟。从卫西琴身上，梁漱溟发现了类似佛家的普度众生式的胸怀，才引起了他自己的共鸣。

## 4

1970年5月20日，毛泽东发表著名的“五·二〇”反美声明，次日梁漱溟参加了在天安门举行的群众大会。这个声明的发表，可以看作是毛泽东开始把目光注意到国际问题。随着国内混乱局面的逐渐消失，全国政协的功能也在逐步恢复。1970年5月28日，梁漱溟接到政协的通知，商议恢复政治学习事宜，最后决定从6月日起开始政治学习。

梁漱溟等人又回到了稍微正常的生活轨道。

不过，这也意味着这些经常遭受批判的人们又可能随时成为政治批判的靶子，而首当其冲者，自然是梁漱溟。

果然，梁漱溟一不小心就几乎挨批了。

那是政治学习恢复不久，说是准备召开四届人大，提出“宪法草案”让梁漱溟他们内部学习、讨论和提意见。[①]

但在那个时候，所谓听取意见不过是走走形式而已，有关部门对此并不重视。而参与讨论的人们刚刚从动乱之中暂时得到解脱，亲眼目睹了很多亲友的悲剧，谁还敢去惹新的麻烦？因此大体都说“宪法草案”好，人人都应该认真学习，提不出什么意见。梁漱溟心里也十分清楚，中国原有的宪法，已被“文革”撕成碎片。这新的“宪法草案”，又能有多少意义？只是梁漱溟个性依然如故，以为既然征求意见，为什么不可以提上一点？

①此处参考了汪东林的《梁漱溟问答录》中有关内容。

"文革"进行了四年多，既无讲话的权利，又无说话的机会。现在有了，却又不敢说，不是太可惜吗？梁漱溟主意已定，就在认真阅读了发下来的"宪法草案"之后，提出了两点意见。

第一点，梁漱溟说宪法最早产生于欧洲，其最初的出发点之一是为了限制王权。换句话说，宪法的产生就是为了限制个人太大的权力。有了宪法，则从国家元首到普通公民，都得遵循，而不能把任何一个人放在宪法之上。因此，现在的"宪草"序言中，写上了个人的名字，包括林彪为接班人，都上了宪法，他都认为不很妥当。所谓接班人的说法，是中国的特殊情况，而宪法的意义是带有普遍性的。不能把特殊性的东西硬往普遍性的东西里边塞。世界上任何一个国家的宪法，都没有把个人的名字写进去的。不过梁漱溟也表示，他不赞同把个人的名字（包括接班人）写进宪法，并不是反对选择某个人当接班人。这是中国的特殊情况，别人没有，我们也可以有。

梁漱溟所提的第二点，就是认为新宪法的条文较之旧宪法少了许多，虽然条文少不见得就不好，但有的重要内容少了却不甚妥当。比如设国家主席一事，一国的元首，不能没有。设国家主席是一回事，选谁当国家主席合适是另一回事。国家主席不可不设，什么人当国家主席则可以经过法定手续来选。现在的"宪草"没有设国家主席这一条，不知为何？

这两条现在看来十分平常的意见，在当时却足以震惊四座。因为首先那第一条就是针对当时的"副统帅"林彪的，林彪确定为接班人是一年前中共"九大"就已写进党纲的，那么写进宪法似乎顺理成章。而梁漱溟不同意这样做，则明显有影射攻击之嫌。此外，当时毛泽东已经看出他的"亲密战友"林彪有"抢班夺权"的野心，一心想当国家主席，因此坚决不同意设国家主席一职。而不知道这些内幕的梁漱溟竟然主张设国家主席，无异于扔了一颗政治炸弹。

所以，当梁漱溟讲完两点意见之后，参加学习的人们都似乎晕了，不知说什么才好。随后便有人提出，在小组学习中出现这种现行的反动言论，是绝对不能允许的，对此应当场消毒，不准扩散。还有人忧心忡忡地说，这种话要在外头讲，当场就会被批倒斗臭，砸个稀巴烂的。小组召集人最后说，情况向上反映，听候处理；同时宣布，谁都不许向外扩散，谁扩散责任自负。

梁漱溟看到大家如此反应，也感到自己的失言。但他以为大丈夫一言既出，驷马难追，一人做事一人当。他对众人说，我说的话我负责，与各位无关。为此，梁漱溟做好了准备挨批，甚至被抓起来的准备。

不料几天后小组召集人在会上宣布，上级指示说，因为是征求意见，则提什么建议都是可以的；某些人因为思想一贯反动，借机放毒也不足为怪，可不必纠缠。于是梁漱溟等人虚惊一场，竟然平平安安过了这一关。那么这“上级”又是谁呢？是全国政协或中共中央统战部的军代表吗？梁漱溟知道事情一上了纲，军代表是没有这种胆量做这种表态的。那么军代表之上又是谁呢？自然是周总理办公室，就如“文革”之初，不扣发他们工资的情况一样。当时梁漱溟就是这样推测的——后来的事实证明，梁漱溟的推测是对的。

不过，政局的变化让梁漱溟等人再一次目瞪口呆：第二年，中央宣布林彪叛党叛国，摔死在温都尔汗。四届人大当然没有开成，而那个宪法草案自然也流产了。至于四届人大的召开，更是推迟到5年以后的1975年。

这一次差一点遭受批判，并没有让梁漱溟接受教训，他的个性和他的思想决定了他不会保持沉默，更不会说一些违心的假话。

当然，这就意味着他在那个时代必然会受到批判，而他所坚持的人格独立和思想自由，也惟其在承受巨大的政治压力的时候，才显得更加可贵！

# 5

孔子曰："岁寒然后知松柏之后凋也。"

民间格言："疾风知劲草，岁寒见腊梅。"

接下来，就是梁漱溟晚年最辉煌的一个人生的瞬间，上述名言警句，就是对梁漱溟这一时期言行的最好评价。

1973年1月1日，《人民日报》、《红旗》、《解放军报》联合发表《新年献词》，强调林彪的路线"是一条反革命的修正主义路线"，"要把批林整风这个头等大事继续抓紧抓好"，并转达毛泽东"深挖洞，广积粮，不称霸"的口号。3月10日，中共中央根据毛泽东批示，决定恢复邓小平的国务院副总理职务。6月22日，毛泽东提出关于三个世界的理论。7月4日，毛泽东与王洪文、张春桥谈话，批评外交部"大事不讨论，小事天天送"。又认为林彪同国民党一样，都是"尊孔反法"。8月24日至28日，中共第十次全国代表大会在北京召开，大会仍坚持"无产阶级专政下的继续革命"理论，预言"党内两条路线斗争将长期存在，还会出现十次、二十次、三十次"。10月，江青等指令北京大学、清华大学成立"大批判组"，编辑林彪与孔孟之道的材料，撰写批孔文章。江青反革命集团策划的并得到毛泽东支持的"批林批孔"运动就此开场。

很多在"文革"中经历过各种批判运动的知识分子，知道这所谓的"批林批孔"仍然是一场新的政治运动，而知识分子仍然是首当其冲挨整的对象，都在准备各自的态度和应付的方式，而他们各自的取舍，就反映出他们的人格气节和思想意识的高下。

这时候，梁漱溟所参加的政协学习组就不只是直属组了，还有八个民主党派和工商联的成员，总人数有200来人，分为若干小组，并统一由政协成立了一个临时学习领导小组负责安排。这些人都是老"运动员"了，所以应付这些学习很有经验。"批林批孔"运动一开场，大家就都先后"表态”、“拥护”，说一些言不由衷的话，什么要狠批“孔老二”啊，什么林彪和孔子是一丘之貉啊等等。

一个多月过去了，梁漱溟所在的学习小组所有的人都表了“态”，惟有他一言不发。但是大家都知道，梁漱溟本来就是研究孔子和儒家哲学方面的大师，用当时的话说，是“一贯尊孔”派。因此他的不表态，就很容易引起他人的注意。其实，对于这个批孔背后有什么阴谋，梁漱溟倒也不清楚，他只是感到不能片面地否定孔子的思想学说。而且，把林彪的所作所为归罪于孔孟之道也有些牵强。当然，梁漱溟知道这是一场政治运动，既然自己不清楚上面的用意，那就还是沉默为好。

不料在那个年代，保持沉默也是有“罪”的。在全组20余人都纷纷“表态”，积极参加这场运动之后，对于梁漱溟的依然沉默，有人就提出了异议：对重大政治问题保持沉默本身就是一种态度，这里边有个感情问题，立场问题。而且，就在这时，北京大学的冯友兰先生，已经公开在报纸上发表文章，由一贯尊孔而转变为支持批孔了。冯友兰当年在北大学习时，梁漱溟已经在北大执教，所以二人算是师生关系。因此有人就在学习会上发言说，“据悉，某教授‘五四’时代在北大还是一名学生，而梁先生那时已经在北大讲坛上讲授印度哲学和儒家哲学了。时至今日，如果梁先生也向某教授学习，公开表态支持批孔，影响将会更大，大家都会欢迎你的转变。”

需要表态的压力就这样越来越大。而且，对于应如何表态，似乎没有什么选择。

梁漱溟该怎么办？

让我们以时间表的形式，简单回顾梁漱溟在这次批孔中的思想变化以及在遭受批判围攻最厉害那一段时间的内心感受：

一开始是，梁漱溟决定保持沉默，不发言，以无言表示轻蔑和抗议。“最大的轻蔑是无言，甚至连眼珠也不转过去。”鲁迅的这段名言此时用在梁漱溟身上格外合适。1973年8月7日日记："阅杨荣国文章。"——杨荣国的批判孔子的文章，是当时批孔运动中最早也是最有影响的文章。

后来，面对他人一次次的别有用意的挑战，他决定不应战。1973年11月7日日记："杜某挑战不应战。"11月14日日记："听白寿彝批孔。"

同年12月5日，梁漱溟在政协学习会上听人宣读了冯友兰的两篇批孔的文章后，在当天的日记中只写下两个字："可叹。"

最后，实在是忍无可忍，遂决定应战，决定反击。就在为冯友兰文章感到"可叹"的次日，梁漱溟"夜间思索孔子思想评价问题，当从理智理性二分法入手，证明中西文化之异，而论其功罪"。

1973年12月14日，梁漱溟在学习会上说："此时此地我没有好多话可说。这里是政协学习会，'政'是政治，必须以当前政治为重，'协'是协商、协调，必须把一些不尽相同的思想、意见求得其协调若一。因为我们都是从四面八方来的人，原不是一回事。怎样求得协和、协调呢？那就是要求同存异。毛主席多次说过，允许保留不同意见。我对当前的'批林批孔'运动持保留态度。至于如何评价孔子，我有话要说，我准备专门写篇文章。但我的文章不能公开，怕有碍于当前的运动。我的苦衷是，我很不同意时下流行的批孔意见，而我的亲属、友人都力劝我不要说话，文章不发表，不公开，我无奈答应了他们。眼下我能说的就是这些。"会上马上有人说话："有话就摆到桌面上来说嘛，要光明正大，不要搞阴谋诡计，怕什么？"梁漱溟说："我的文章太长，要在会上讲，会占各位许多宝贵时间，还是写完后交给领导参阅更好，不必公开。"主持会的人立即答复："讲与不讲，由你自己定。但时间长没关系，听听你的高见，我们愿意奉陪。"

退路没有了，被逼上梁山了！梁漱溟答应准备应战。

就在这期间，忽然传来消息，说江青在首都体育馆鼓动"批林批孔"、"评法批儒"时，还顺便批判梁漱溟，怒斥"梁漱溟何许人也"云云。不几天政协的人们听录音，贴大字报，证实了这个消息。这反而激起了梁漱溟非说话不可的决心。

此后梁漱溟即暂时放下手头的写作工作，准备这篇长文。期间，曾阅读柳诒徵的《中国文化史》，认为颇有参考价值。又阅读柏拉图等西哲的著作。

12月16日日记："发言表示保留意见。"

1974年1月3日，梁漱溟开始写《今天我们应当如何评价孔子》一文。在未写好前，学习时没有就孔子评价事发言。

1月24日，有朋友劝告梁漱溟，这次批林批孔来势凶猛，要多加注意，"极言时势不便"。

之后，其他亲友多来劝阻，2月的日记中多有此类记载。有时甚至为此"争吵"起来。但梁漱溟决心已定，丝毫不为所动。

2月4日，梁漱溟先在小组会上发言，并把发言底稿交给学习办公室，表示并不惧怕批判。

2月8日，在学习会上"舌战群儒"。此后，决定不再费事反驳。

2月11日、13日，众人多次进行批判，均"不置答"。

2月19日，为感谢亲友多次好言相劝，决定以《敬答一切爱护我的朋友，我将这样地参加批孔运动》为题，写一篇新文章。文章中有这样的话：

> 从批孔运动发动以来，好多朋友因我自称保留不同意见，而没有积极参加，为我担心，怕我犯重大错误，忠言劝勉，十分可感。今写此文，敬答厚爱。先从我没有参加运动说起，然后再说我将怎样地参加。
>
> 我个性很强，遇到问题要独立思考，以自觉自愿行之，所以初时没有随群众参加运动。个性很强，既有其生来的一面，亦有其后天环境条件造成的一面。……
>
> 正为我从来个性如此，所以批孔运动起来，我不理解，我不

同意，但我想这是一政治运动，必然有其必要，我尊重领导，绝不能作妨碍的事。我不说话好了。同意的话在我口里说不出来。……

……

由于好多朋友劝勉的殷切和细细想《红旗》二期短评中“这不是个学术问题而是个政治问题”的指点，我决定在原计划写《今天我们应当如何评价孔子》一文之作，另写一文来参加批孔运动。注：今不见有此文稿；似未写出。——编者前后两文写法不同。其不同如下：

前篇是站在今天立场评价孔子，一分为二，亦涵有批判在内；后一篇则从当前政治上的需要，专批儒书流传在过去两千多年历史上起的不良影响，特别是在当前社会主义革命和社会主义建设上有碍作用；说话偏于一面。

前一篇为了评价孔子，就要谈到孔子当时的阶级立场问题。从而不能不涉及当时究竟是个什么社会。而这个社会发展史问题正是聚讼已久的，文中虽不能多谈，但自己有意见不能不说。因此前篇提出奴隶制社会在中国大有疑问的意见。但孔子当时是处在阶级社会是没有疑问的。是否封建社会呢？它也不同于欧洲日本的封建社会。像这样的涉及学术的研究分析，后一篇完全避开不谈。——这是前后两篇写法不同的一例。[①]

1974年2月22日和25日，梁漱溟用了两个半天的时间，在政协直属组作了题为《今天我们应当如何评价孔子》的长篇发言，中间没有人打断，会场上很安静。梁漱溟事后说他已经20余年没有登大学的讲坛了，那一次倒得到一次登台开讲的机会。

① 《梁漱溟全集》第七卷。第319～321页。

当梁漱溟面对那些与自己年纪、资历和名声都差不多的政协委员侃侃而谈时，那些人内心的真实感受如何？他们是否知道，这也许是当时的中国大地上，惟一发出的反对批孔的声音？

历史当会铭记这个时刻。梁漱溟的声音将永远回荡在历史的长河之中。

最后梁漱溟发表声明，说自己的主张已全部公开，之后不再反驳：

> 上月22日和25日两天我作了五个小时的连续有组织的发言，其内容主要是谈中国社会发展史问题。在这个问题上我表明了两点意见。头一点是根据恩格斯《家庭、私有制和国家的起源》一书，以古希腊、罗马的奴隶制社会（这是典型的奴隶制社会），对照来看古中国社会，那么，古中国社会就不像奴隶制社会。同时根据恩格斯《反杜林论》，社会经济发展必以劳心劳力之分工开端，从而就分化出阶级来，古中国人恰好就是曾经从这一分工原理来说明阶级的产生和看待阶级的存在的。再一点是根据马克思关于不列颠统治印度的两篇论文以及马克思在《政治经济学批判的序言》和《导言》两文，指出印度和中国，正是马克思在古代奴隶制社会生产方式、中世纪封建制生产方式以及现代资本主义生产方式之外特为提出的亚洲社会生产方式，那个特例或畸形的社会发展。它也是人类童年时代的早熟者（以别于希腊之为正常者）。以上两点意见皆属于纯学术性的分析研究，既远离了当前批林批孔的政治运动，又且有碍于当前群众的批孔，原是我去年11月16日所要自己保留的意见，却不料想忘其所以地说出来。其错误是严重的。本组同人对我的一切批判和斗争都是理理所当然，我不应再申说什么。再说话，便是错上加错。我只有静听就是了。特此声明，请原谅！①

①《梁漱溟全集》第七卷，第245页。

此时，正承受极大政治压力的梁漱溟，在日记中为自己写了如下的座右铭：

时刻自警：

空　一切法毕竟空。心净如虚空，永离一切有。照见五蕴皆空，何从有我。

假　于无我中幻有今我，从众缘生。

中　以如此菲材，值如此运会，不可免地有其艰难险阻，战战兢兢如临深渊，如履薄冰，要当目不旁视，心不旁用，好好负起历史使命而行。①

还是那样的自信，而内心还是那样的平静！

让我们看看梁漱溟是如何反对批判孔子的吧：

今天我们应当如何评价孔子？我们，是指今天的中国人。如何评价孔子，就是今天回过头去看过去，看孔子在中国文化史上的影响，是好是坏，是大是小，站在今天的高度来评量，就是一分为二。绝对的肯定或绝对的否定，都是不对的，这是毛主席的哲学观点。孔子本人已不会说话，不会申诉，大权操在我们手里，由我们来判断！我们写文章，下判断，就要负责，要多考虑，而不要不负责，考虑太少，因而抬高了他，贬低了他。这与孔子倒无损，与我们则不好，没有尽到责任。

①《梁漱溟全集》第八卷，第963页。

我现在认识到的孔子，有功和过两个方面。在没有新的认识之前，我没有别的办法，只能表里如一。我的文章，我的观点，确实是对时下流行的批孔意见不同意的。那么孔子在中国传统文化史上占有着什么样的位置呢？我的看法是，中国有五千年的文化，孔子是接受了古代文化，又影响着他之后的中国文化的。这种影响，中国历史上的任何一个古人都不能与孔子相比。他生活在前2500年和后2500年的中间，他本人是承前启后的。中国社会之发展，民族之扩大，历史之悠久，与中国的文化是不可分的。中国的民族是受着自己的文化陶冶、培养着的！中国文化有种种优长之处，这正是中国民族勤劳、善良、智慧、有着强大的凝聚力，以致发展到今天这么大的多民族国家，所不可短缺的。中国传统文化源远流长，世界独有，致使外来的种种文化思想，都要经过消化熔炼，变成中国自己的东西，才能得到发挥，这是世界上若干国家所不及的。我正是先阐说中国的文化，然后点出孔子的位置。这就够了，不必去纠缠枝节问题。

有人说毛主席一直是批孔反孔的，但我认真读毛主席的著作，他不止一次地说过，要大家加强学习，一方面要学习马列主义，一方面要学习中国自己的历史，特别提到从孔夫子到孙中山，要加以研究和总结，批判地总结，要继承这份遗产。我理解这些话，好像不是片

面地批判孔子。毛主席著作中诸如此类的论述不少，所以说不是那么单纯的，我看不能说毛主席一贯批孔反孔，应当说毛主席反孔只是一个方面，还有肯定孔子的一面，就是说孔子的学说，有糟粕，也有精华。

而今从儒家书籍（主要是“四书”）中引出许多话，看它在历史上发生了什么影响，特别是不好的影响，如缓和了阶级斗

争，耽误了中国社会的发展、进步，在今天则妨碍社会主义革命和建设，等等。这种分析、批判不无道理，但亦不能简单化，把学术研究和政治问题搅在一起。例如“民可使由之，不可使知之”，在学术上怎么讲是另一回事，但从政治影响看总是不好的。“唯女子与小人为难养”，这话当然与今天不合，要唾弃的。又如中庸之道，所谓“极高明而道中庸”，要深入加以研究，这是学问很深的学术问题。现在我们不作

学术上的分析研究，只作普通的政治角度的分析，则把中庸之道看成折中、调和，它缓和了阶级斗争，使中国社会迟迟不进步，因此说中庸之道不合适。我理解今天的批判，就从政治上说话，而并非是学术上的分析、研究。要作学术上的分析、研究，就麻烦了，这也不是今天搞运动的意思。[①]

上述梁漱溟的观点，在今天看当然没有什么，但在“文革”时期，绝对是“反革命言论”，受到严厉批判是必然的结局。

更为严重的是，梁漱溟由反对批孔，竟然顺口说出自己对林彪、刘少奇、彭德怀诸人的真实看法，这更是触犯了最敏感的政治问题，当然更加激化了对他的批斗热度。

由于“批林批孔”是连在一起的，自然就涉及对待“批林”的态度问题。一开始，梁漱溟内心虽然对批林有看法，也只是说得模模糊糊，他说：“‘批孔’是从‘批林’引起的，这从字面上我理解。我的态度是不批孔，但批林。不过我之批林，有些不同于众人之说，讲出来怕会产生新的麻烦，能暂且容我不说更好。”

不料梁漱溟的个性使他很难隐藏自己的真实想法，终于在众人追问之

①参看汪东林的《梁漱溟问答录》中有关部分。

下把要说的话断断续续公之于众。他的主要论点为：一是林彪没有路线，批林就是批他不是人，是个鬼！二是刘少奇、彭德怀有路线，他们有自己为国家、民族前途设想的公开主张，他们的错误只是所见不同或所见不对。

如果说梁漱溟反对批孔还只是政治思想问题的话，则反对批林就上升到反对"文革"、反对"无产阶级专政下的继续革命"这个"伟大理论"的高度，在那个时代绝对是惊世骇俗的大胆言论，是要掉脑袋的言论！让我们看看梁漱溟的大胆言论：

他认为："林彪没有路线，谈不上路线，无路线可言。所谓政治路线，应该有公开拿得出来的主张，如刘少奇的主张就很多，不管怎么错误，但他敢于说出来，公开提出，并自信是对的，这才够得上路线。而林彪的路线又是什么呢？不但我看不出，回答不上来，恐怕连他自己也说不上来，因为他公开说的全部是假话，用假话骗取信任，是说假话的第一能手！谁能找出林彪的公开主张呢？我认真找过，没有发现。有是有一点，比如设国家主席、天才论，是他拿出来的，但仍然是个幌子，是假话。他自己想做主席，故意说必须让毛主席当主席。这还是不敢见人、不能见人的黑话。就是'571'工程纪要，也是藏着的事，不敢见人，见不得人， 这算什么路线？无路线可言！如果林彪直接对毛主席讲，要设国家主席，你不当，我来当，才像一个光明男子！那也还算是一种主张，一种路线。现在这样算什么，能算什么路线？林彪的一套都不是关于中国前途的公开主张，他的一些理论、方法、手段，都不是他的真意所在。他的真意是想自己当主席，而自己又不公开说。林彪是个阴谋家，他没有人格。所以事发后毛主席告诫大家：要光明正大，不要搞阴谋诡计。

"在林彪破坏毛主席正确路线这个意义上，我也可以承认在中共党内发生了一场第十次路线斗争，但林彪本身我认为不存在什么路线，够不上路线。一个政治家为国家、民族之前途设想而提出的公开主张，才称得上是路线。路线是公开的，可以见人的！不敢见人的，不是路线！从做人的角度说：光明是人，不光明是鬼！林彪就是一个鬼，他够不上做一个人，没有人格，这就是我对林彪最严厉的批判！而刘少奇、彭德怀不是这样。刘少奇的主张很多，都是公开的。彭德怀也有公开信给毛主席，他对党的路线、政策有怀疑，公开提出自己的主张。他们的错误只是所见不同或所见不对。但他们都有为国家、民族前途设想而提出的公开主张，是明明白白有路线，够得上路线的。说林彪有什么路线，那是抬高了他。

“我不能说屈心的话，不能像林彪那样，说的一套，做的一套，要两面派，没有比林彪装得更像。《语录》是他编的，在没有败露之前，似乎马列主义没有人比他学得更好。林彪欺骗了毛主席，毛主席错认了林彪，这是不可否认的事实！

“林彪叛党叛国，要谋害毛主席，自取灭亡。至于林彪是不是要走孔子的路，行孔孟之道，我却不敢相信。我不认为林彪是受害于孔子！

“多年来，我是一直与中共领导党求大同，存小异的。我的思想恐怕要比林彪复杂，不那么简单，但我是公开的，光明的。而林彪则利欲熏心，专搞阴谋诡计的。我堂堂正正是个人，而林彪身败名裂，不够做人的资格！”①

由于梁漱溟的上述一系列言论，对他的批判，迅速由一二十人的小组会上升为一二百人的大会，时间则一直持续到1974年底。

但梁漱溟始终没有屈服。而且，对在批斗会上那些对他实行人身攻击者，他奋力给予还击，并通过适当的手段表示自己的愤怒和维护自己的声誉。

既然已经应战，则必将战至最后一刻，虽牺牲一切也在所不惜，而且

①以上引自汪东林的《梁漱溟问答录》。

个人的人格也不容侮辱。梁漱溟对此早有心理准备。

这一天，当历时半年多的对梁漱溟的批判会决定暂时告一段落时，主持人一再追问梁漱溟对大家批判斗争后的感想，没有想到的是，梁漱溟脱口而出："三军可夺帅也，匹夫不可夺志。"

在座的人听到这句话一时都愣了，他们没有想到梁漱溟是这样的顽固（坚强），居然还是用孔子的话表达对批孔的不满！

梁漱溟的最后答复，震惊了各组同人。会议的主持者只好勒令他作出解释。

梁漱溟对此作出了今天看来堪称经典的解释：

> 我认为，孔子本身不是宗教，也不要人信仰他，他只要人相信自己的理性。我只是相信自己的理性，而不轻易去相信别的什么。别的人可能对我有启发，但也还只是启发我的理性。归根结底，我还是按我的理性而言而动。因为一定要我说话，再三问我，我才说了"三军可夺帅也，匹夫不可夺志"的老话。吐露出来，是受压力的人说的话，不是得势的人说的话。"匹夫"就是独自一个，无权无势。他的最后一着只是坚信他自己的"志"。什么都可以夺掉他，但这个"志"没法夺掉，就是把他这个人消灭掉，也无法夺掉！[①]

这是梁漱溟的宣言书！是他以一人之力挑战当时统率整个中国社会思想倾向的誓言！

不过，在1974年，还是发生过一个可能对梁漱溟政治生命有影响的事件，但当时的梁漱溟不大可能会知道。1974年9月30日，已经身患重

① 《梁漱溟全集》，第八卷，第955页。

病的周恩来最后一次出席庆祝国庆的招待会。当时，邓小平刚刚恢复工作，为了落实党的政策，这一次招待会邀请了一批在“文革”中受到冲击的老干部和知识分子代表。招待会后，有关部门给毛泽东、周恩来写了一个简报，反映出席招待会的那些知识分子的兴奋心情。毛泽东看了简报后十分高兴，批示说“金无足赤，人无完人。名单上的人参加招待会甚好，可惜没有周扬、梁漱溟”。由于当时的特定历史情境，很多人只知道前面的一句，不知道后面还有一句。周扬自20世纪20年代末起就是著名的文学理论家和批评家，1949年后成为主管文学艺术的领导，“文革”中受到批判。由此可以看出，毛泽东此时大概已经对“文革”期间大批老干部和知识分子受到迫害事感到有必要予以纠正，这对梁漱溟等人的命运自然是一件好事。

当然，梁漱溟命运的真正改变，还要等待一段时间。



## 6

写到这里，当然要说起梁漱溟对冯友兰在“批林批孔”运动中表现的评价，以及之后两人的交往。如今二人均已作古，这里提到这些可能多少不为尊者讳的往事，没有别的用意，只是说明，在那个时代，一个知识分子要坚守自己的信仰，毕竟不是一件易事。而冯友兰先生晚年通过《中国哲学史新编》的撰写，毕竟恢复了中国知识分子的独立意志和自由精神，成就了他最后的辉煌。

首先，我们先把目光转向历史。

冯友兰生于1895年，梁漱溟长他两岁；同为蔡元培主持下的“北大旧人”，梁漱溟1917年受蔡元培之邀入北大教印度哲学，冯友兰则在此前两年考进北大学习中国哲学，算起来两人有师生之谊。他们同为中国现代学术史上的重要人物，而且都主张发扬儒学，“阐旧邦以辅新命”。在20

世纪70年代之前，长达半个世纪的时间里，他们的交往虽然不是那么密切，但两人因学术见解相近，关系一直比较好。即使在文革风暴中，他们也保持着来往。这从梁漱溟的日记中看得很清楚。

1956年11月14日，冯友兰的《关于孔子研究的几个问题》一文发表于《光明日报》。此文介绍哲学界孔子评价中的分歧，并提出己见，认为孔子的自然观是唯心的，但对传统宗教的态度摇摆不定，拥护旧制度，还给它一种理论上的根据；将礼放在第一位，把仁放在第二位，但仁的提出也有进步作用；孔子的思想方法或认识论有唯物主义精神；开创私人讲学之风，整理古代文化典籍，对古代文化传播有大贡献。文章还主张将孔子本人的思想与后来发展的儒家思想区分开来。当天，梁漱溟在阅读了冯友兰的这篇文章后，在其日记中给予肯定："尚清楚，当然不够揭出孔子真相的。"[①]

1971年12月31日，梁漱溟给冯友兰写信，约定两人见面，起因则是之前不久发生的一件大事：中国恢复了在联合国的合法席位。对此梁漱溟非常兴奋，想约冯友兰畅谈一番。冯友兰得信后欣然同意，并把见面地点改在自己北大的住处。于是两位老人于1972年1月9日在冯友兰家中见面，畅谈数小时之久。对于谈话的内容，梁漱溟日记中没有记录，但冯友兰在其《三松堂自序》中有比较多的回忆："……中国恢复了在联合国的合法席位，梁漱溟给我来了一封信，说这是大事，要找我谈谈。我请他到家里来。他来了，对我说，中国恢复了在联合国合法席位，标志着中华民族和全世界其他民族处于平等地位了，这是我们在一二十岁的时候就向往的。这说明共产党毛主席确实是领导中国人民，叫中国人民站起来了，……整个中华民族都相信这一点，真是对于共产党毛主席有无限的崇敬和热爱。这并不是个人迷信，这是像孟轲所说的'心服'，'如七十子之

① 此处及以下几段材料引自蔡仲德著《冯友兰先生年谱初编》，河南人民出版社1994年版。

服孔子也’。”这次会面，无疑给他们两人的长期以来的友谊，又增添了新的内容。

不料，事情很快发生了变化。

1973年11月，冯友兰的《对于孔子的批判和对于我过去的尊孔思想的自我批判》、《复古与反复古是两条路线的斗争》刊于《北京大学学报》1973年第4期。前者是在哲学系全体师生大会上的发言，文中说：

而梁漱溟对冯友兰的这些举动，是很不赞成的。在日记中，有多次这方面的记载。如“宣读冯芝生论文两篇，可叹！”[①]“赴民族宫座谈会，冯友兰、XXX及一北大女生发言，一塌糊涂。”[②] 此外，1974年初，有朋友来信问梁漱溟是否看过冯友兰的批孔文章，梁漱溟的回答是：“他批孔文章根本要不得，不值得一看。”[③] 不过，在公开场合，在他决定反对批判孔子之前，他并没有表示对老友的不满。

后来，梁漱溟公开站出来反对批孔，二人的处境和地位迥然不同，交往自然终止。

十年“文革”结束后，梁漱溟恢复了正常的生活，冯友兰虽然有一个时期因“文革”介入批孔的原因受到冲击，但随后还是恢复了正常的学术研究。不过，很长时间里两人仍然没有来往。

他们的最后一次会面，是在1985年。

关于这次会面，由于主人公都是20世纪中国历史上的名人，又都年过90岁高龄，因此格外引人关注。而事情的关键处在于梁漱溟如何对待这位老朋友，是否已经原谅了老友当年的失足？因此直至今日，还有不同的说法。此处我们即参考当事人双方家人的说法，试图给读者一个全面、客观的描述。

1985年，为庆祝冯友兰先生九十寿辰，北京大学哲学系准备于12月

① 《梁漱溟全集》，第八卷，第983页。

② 《梁漱溟全集》，第八卷，第176页。

③梁培宽《冯友兰先生与先父梁漱溟交往二三事》。

5日召开庆祝会。冯友兰则想在庆祝会之前一天举办家宴，招待亲朋好友，而梁漱溟也在被邀请之列。

为此，冯友兰的女儿宗璞女士（冯钟璞）代表父亲给梁漱溟打电话，邀请其出席家宴，遭到梁漱溟拒绝。

对于梁漱溟拒绝赴宴事，其长子梁培宽先生还有这样的补充：

当时，梁培宽正好在父亲身边，只听到梁漱溟一再重复说："不去"、"我不去"，且面带恼怒之色。最后再次厉声说"我不去"之后，重重地挂上话筒。[①]

而宗璞的回忆是这样说的：在筹办这次宴会时，父亲提出邀梁先生参加。我向政协打听到地址，打电话邀请，梁先生亲自接电话，回答是不能来，太冷不能出门。我也觉得年迈之人确不宜在寒冬出门，道珍重作罢。

显然，双方对此事的解释有点不一致，关键在对梁漱溟态度的描述上。

12月3日，冯友兰的家宴在全聚德海淀分店举行。宗璞女士回忆说："我们还举行了一次寿宴，请了不少亲友参加。父亲的同辈人大都在八十岁以上了。我平素不善理事，总有不周到处，这次也难免。"19 其中最后一句虽然没有提到邀请梁漱溟被拒绝一事，但大概有这方面的涵义在内。如今可以猜想一下，如果是冯友兰自己打电话给梁漱溟，后者还会拒绝吗？

冯友兰见梁漱溟态度如此坚决，即把自己的《三松堂自序》寄赠给梁漱溟。此书梁漱溟大概是在宗璞打电话一周后收到的，他当即开始阅读。那时梁漱溟的身体状况已经不是很好，必须经常卧床休息。但出于对老友的感情还是很快读完了全书。由于冯友兰在书中有非常认真的自我剖析和对历史的检讨，梁漱溟觉得可以谅解冯友兰的那些过错了。

---

① 《解读冯友兰·亲人回忆卷》，第18页。

就在梁漱溟刚刚读完《三松堂自序》不久，冯友兰写信给梁漱溟，指出梁漱溟“疾恶如仇之心有余，与人为善之心不足”，感叹他们多年的友谊怎么变成这样：“如何金石交，一旦更离伤”。同时冯友兰表示，如果梁漱溟读完《三松堂自序》后对自己有所谅解，则自己愿意去拜访梁漱溟，“有一欢若生平之会，以为彼此暮年之一乐”。

于是，在1985年12月13日，梁漱溟复信给冯友兰，语气已经变得非常和缓：“芝生老同学：《三松堂自序》亦经收到并读过，甚愿把握晤谈。”不过冯友兰觉得还是自己去看梁漱溟比较好，于是让女儿安排具体细节。

1985年12月24日，两位经历过20世纪几乎所有重大事件的老人，中国知识分子的代表性人物，终于在他们的人生历程就要结束的时候，完成了他们的最后一次会面。

其实，对两位大师而言，在漫长的人生之旅中，他们都有过失误。作为20世纪后半叶中国历史上的重要人物，他们对中国文化发展的影响是不言而喻的。至于后代如何评价他们，则还是由时间来检验为好。

# 手挥五弦，目送归鸿

1 1976年，长达十年的噩梦结束了，虽然要彻底消除噩梦的阴影，还需要很长时间。

这一年，梁漱溟和其他所有中国人一起，经历了周恩来、朱德和毛泽东的逝世，经历了唐山大地震等重大自然灾害，最后在金秋时节迎来了一次意义深远的变革。所有这些都给晚年的梁漱溟以深刻印象，并在其日记中有所记载：

1月9日："早起听到周总理逝世广播。……群众悼念周公……闻街道开会，群众亦有哭者。"

4月2日："去天安门广场，纪念周总理潮流甚盛。"

7月11日："今日公祭朱德委员长。"

9月9日："午饭访星贤，归途闻毛主席逝世。"

10月12日："维志、培恕先后来谈时局一新(指"四人帮"被打倒事)。"

时局的急剧变化令梁漱溟一时难以理解，但他知道，随着毛泽东、周恩来、朱德等老一代领导人的逝世，中国社会发展的一个新时代已经开始。

看看1976年的《人民日报》和其他国家级报刊，就会发现时局的变化之快让这些媒体都难以及时反应和调整：昨天还在刊登某位领导者的大幅照片，今天他就从报纸上消失了，而明天人们看到的已经是对他的批判文章。作为权威刊物《新华月报》，在其第10期的封底有这样一段说明：本刊第9期因故推迟出版，所以先发行第10期。第10期部分稿件有删节。原来，当1976年第9期还没有来得及出版时，华国锋、叶剑英等已经粉碎了"四人帮"，局势已经发生了天翻地覆的变化。于是，编辑部只好先出版第10期，然后赶快删掉第9期中有关"四人帮"的正面报道内容，最后就出现了第10期竟然早于第9期出版的怪事。

面对这样的社会变化，梁漱溟由于受消息来源的限制，一时也不清楚个中奥秘。不过，对于"四人帮"的倒台他是由衷欢迎的。其实，从毛泽东、周恩来和朱德逝世起，他就一直在思考一个问题，就是国家和民族的命运问题，中国将向何处去的问题。而作为最直接的、最迫切需要解决的，就是接班人问题。①

梁漱溟认为，毛泽东虽然一直非常注意这个问题，却解决的不好。而关键在于当时的中国不是以法治国而是以人治国。他认为，一个国家，若以法治国，则不存在选某个人来接班的问题；只有以人治国，才会考虑谁接班合适或不合适之事。

对这些问题的思考，使梁漱溟意识到今后的中国必须走以法治国的道

①参看汪东林的《梁漱溟问答录》中有关部分。

路，而不能还是走以人治国的老路。没想到的是，因为他的这些思考，竟然又遭到一次批判。

那是1978年2月间，全国人大五届一次会议和全国政协五届一次会议同时在北京召开。这是一次多年来不曾开过的盛会。出席会议的人，大多在会上回顾了“文革”中的遭遇，欢庆迎来了“第二次解放”，但对于会议的一项重要内容——制定新宪法，却讨论得不多。梁漱溟认为这其实是一个非常重要的问题，便决心在大会期间的小组会上，提出建国五十年来主要是人治和今后必将走向法治以及要否定“文革”这两个严肃的问题。

然而，这必然会涉及对“文革”的评价和对毛泽东的评价，而在当时，这都是十分敏感的政治问题。梁漱溟为此必然要承受很大的风险。

3月1日早晨，梁漱溟所在的小组组长程思远先生动员梁漱溟发言。经过认真准备，当天上午梁漱溟即做了关于修改宪法问题的发言。其中关于“文革”之后要从人治转为法治的观点以及要彻底否定“文革”的观点引起轰动，被认为是反动言论，立刻在会上遭到批判。而且在大会结束之后，继续组织以政协直属组为中心的原班人马，进行批判。只是由于不久中共十一届三中全会的召开，很多问题已经不成其为问题，才使批判会草草收场。

从否定“文革”和主张法治的意义上说，梁漱溟在当时的中国思想界，应该是一个先知先觉者。为此，有必要介绍一下他发言的具体内容。

1978年2月15日，在全国政协五届一次会议期间，梁漱溟在小组会上说：

> 现在我们又有机会讨论宪法，参与制定宪法了，这是一桩可喜的事情。在旧中国，从民国元年开始，便有过各种临时的、正式的宪法；新中国成立后，有过1954年制定的新宪法。这些历

史，我都经历过了。我的经验是，宪法在中国，常常是一纸空文，治理国家主要靠人治，而不是法治。

回溯宪法的产生，最早起于英国，其来头是为着限制王权。因为王权无限大，一个人主宰一切，为了改变这种状况，使更多的人参与治理国家，便有了立宪之举。有了宪法，王权就受到限制，大家都要共同遵守的是宪法，宪法是最高的权威。

新中国成立30年，有了自己的宪法，但宪法是否成了最高的权威，人人都得遵守呢？从30年中的几个主要时期看，我的话是有根据的。就说最近10年吧，毛主席为了解决刘少奇的问题，写了《炮打司令部》的大字报。如果按党章，刘少奇是中共第二把手，必须召开党的代表大会才能解决问题；如果按宪法，刘少奇是国家主席，必须召开全国人民代表大会来解决。毛主席没有那样做，内在的原因据说是刘少奇不是孤家寡人，他在中共党内的上层有不少有力的支持者；他在普通党员和人民群众中也很有威信。毛主席考虑到首先在党内高层开会就会遇到麻烦，弄不好就会搞成僵局。因此，采取了非常手段，绕了个大弯子，直接从下边开始，把热情有余的娃娃们鼓动起来，发动了史无前例的'文化大革命'，搞得天翻地覆，国无宁日。结果被冲击的就不单是刘少奇，还有许多其他人，中共的，非中共的都有，倒的倒了，死的死了，好大一摊子！而不是常说的'一小撮'！

毛主席的这种搞法，自然是人治，而不是法治。宪法也限制不了他的所作所为。我还想过，为什么毛主席能这么做，而且畅通无阻，一呼百应，反对者甚少呢？我觉得有两方面的原因：第一是毛主席本人是一位功高如山的人物，可以说他缔造了党，缔造了国家，他的权威太大了。毛主席不加限制地发挥了自己的这种权威，于是在许多人的心目中，毛主席也就从人变成了神，成了偶像。第二是中国的历史，上个世纪以前自不用说，半世纪以来虽曾有过各种纸上的宪法，但从总体看都没有真正施行过。法统、法制、法治，种种法的观念从上到下，大家都非常淡薄。而对于人治，却是多年来所习惯的。

但我想认真而严肃地指出的是，中国的历史发展到今天，人治的办法恐怕已经走到了头。像毛主席这样具有崇高威望的领导人现在没有了，今后也不会很快就有，即便有人想搞人治，困难将会更大；再说经过种种实践，特别是“文革”十年血的教训，对人治之害有着切身的体验，人们对法治的愿望和要求更迫切了。所以今天我们讨论宪法，很必要，很重要，要十二分的认真和细心对待这个大问题。中国由人治渐入了法治，现在是个转折点，今后要逐渐依靠宪法和法律的权威，以法治国，这是历史发展的趋势，中国前途的所在，是任何人所阻挡不了的。[①]



这的确是只有经历过文革并遭受磨难的智者和勇者才能说出的话，而且必须是经过认真思考后才能说出的真理——因为其中包含有太多的血与泪!

可惜，梁漱溟的发言在当时无异于空谷足音，没有得到正面的回应。在当天的日记中，梁漱溟感叹道：“发言反响不佳，自叹独立思考，表里如一之难。”[②]

可以想见的是，梁漱溟的发言内容，在当时无疑是触犯了政治底线的，当即遭到批判，并在政协大会结束后继续组织对他的批判会，他也被要求每次都要出席，由这年三月一直开到六七月。

不过，毕竟是“文革”结束了，这时的批判热闹倒还是热闹，但批判的力度和大家的认真程度，已经不是过去那样了，大家多少有些应付和走

①汪东林著《梁漱溟问答录》297 页～298 页。

②《梁漱溟全集》第八卷，第1076 页。

过场的态度。还有的人干脆保持沉默，例如黄维先生就一直不表态。后来当一再要求必须就梁漱溟的发言表态时，他才坦率地承认，梁漱溟的观点其实没有什么不对。[①]这也说明，其实对于梁漱溟的发言，人们还是理解并支持的，只是还不敢像梁漱溟这样大胆和明确而已，这也就决定对梁漱溟的批判不可能有什么实际效果。

后来天热了，放暑假，大家在家休息。这年秋后恢复学习，就没有人再提批判梁漱溟的事。不多久，具有重大历史意义的中共十一届三中全会召开了。梁漱溟所思考议论过的几个问题，这次会议上正式提出讨论，并有了趋向于一致的看法。这样对梁漱溟的批判，就只能是一个无疾而终的结局。

但梁漱溟并没有因为自己不再受批判而终止思考，他依然再考虑，为什么毛泽东能够以人治取代法治呢？在他这一时期所写的《毛主席对于法律作如是观——访问雷洁琼同志谈话记》一文中，梁漱溟认真分析了这个问题。他说："我固然早知在毛主席思想体系中，法律只是施政的工具，非其所重。""毛主席不沿用法政一词而必曰政法者，正谓无产阶级专政为主。""但建国初期，中央各部院中犹有司法部，史良任部长，后来便撤了。虽至今有各级法院之设，而事务甚简，社会上有不少问题，皆由公安部门或以行政处分处理之。""我之访问雷君，意在以自己所见，寻求印证。"[②]

雷洁琼则对梁漱溟讲了一些不重视法治、不注意培养法治人才的情况，如北京大学虽然设有法律学系，但不招生已有多年，直到"文革"后恢复高考才重新招生。她与梁漱溟是多年的老朋友，是著名的社会活动家和法律专家，当时担任这全国人大法律委员会副主任一职，因此梁漱溟才想到向她请教。后来，雷洁琼还是香港基本法起草委员会副主任和澳门基本法起草委员会副主任。

①李渊庭等《梁漱溟先生年谱》，第336～339页。
②《梁漱溟全集》第七卷，第429～430页。

2 在此之前，几乎全中国人一下又记起了“反面教员”梁漱溟，这全是由于当时一个重大的历史事件：《毛泽东选集》第五卷的出版。

1977年4月30日，《人民日报》上有这样的报道：《毛泽东选集》第五卷正式出版发行， 首批发行两千八百万册，并准备印刷两亿多册。年轻的读者对于这样一个数字可能会感到吃惊，但对于经历过文革的人而言，这个数字相对于总印数达十几亿的《毛主席语录》来说只能是小巫见大巫了。

有关第五卷发行的报道是在15日见报的，其中《人民日报》上刊登了对《毛泽东选集》第五卷中各篇内容的介绍，关于《批判梁漱溟的反动思想》一文是这样说的：

> 《批判梁漱溟的反动思想》，是一篇痛斥地主资产阶级代表人物梁漱溟的战斗檄文。在“三反”“五反”运动中受到严重打击的资产阶级，这时又在总路线问题上向无产阶级猖狂进攻，反对社会主义工业化和社会主义改造，梁漱溟就是一个典型代表。毛主席的这篇著作，以锋利的语言，彻底揭穿了梁漱溟的反动政治面目。

梁漱溟当天的日记中对此就有记载。次日，有朋友来谈第五卷出版的事，建议梁漱溟是否把当年的情况写一个材料给中共中央。梁漱溟在阅读了收入《毛泽东选集》第五卷的那篇批判他的文章后，认为其中有些内容确实与当年的实际情况不符，也认为有必要写一个材料交给中共中央。不料，他的次子梁培恕不主张写这个材料，而其他一些亲友则认为应当写。最后达成折衷意见，不写材料，而只写信，就有关情况反映给统战部。这次梁漱溟非常慎重，信写好后还拿到政协学习会上征求各位委员的意见，但最后此信终未发出。

毕竟，十年浩劫的结束，使梁漱溟对中国的未来、对中国文化的复兴充满了希望。从他个人角度来说，“文革”的结束使他恢复了政治上的地位，生活上政府也给予多方面的照顾。政治待遇方面，他当了几十年的政协委员终于升格为政协常委，同时成为新成立的宪法修改委员会的委员，他可以名正言顺地对宪法的修改提出自己的意见了。虽然他个人并不在意这个职位，但这毕竟表明中国的政治生活已经恢复正常，极“左”的阴影正在迅速消散，他这个多年来的被批判对象从此可以解放了。

然而，不幸总是随时会降临，特别是对一个步入晚年的老人。

1979年，对梁漱溟来说是特殊的一年，这一年的2月14日，他的夫人陈树棻不慎跌倒，致使左股骨折，自此卧床不起。为了照顾病人，从此开始请女工，陈树棻此年已83岁，如此高龄老人的骨折往往导致身体加速衰弱。这年的9月7日，当有关部门告知梁漱溟，国家已经为他在木樨地“高知住宅楼群”选定一套新居时，他的第二个妻子陈树棻却就在这一天病逝。

在共同度过不同寻常的数十年岁月后，终于迎来晚年的光明时，妻子的去世无疑使梁漱溟非常悲痛。当天晚上，他亲自为亡妻诵经守灵。之后一连十几天，他每天晚上都要诵《地藏经》“为亡人回向”。按照佛教理论，一个人所修的功德，可以回向给他人。所谓回向，就是从自己的方面，回转朝向他人的方面，是属于心力的感应。这是由于自己的心力通过诸佛菩萨的愿力而达于所要回向的对方；这就像阳光通过反射物（如镜或金属体）的折射，便可使户外的阳光照射到室内的黑暗处，室内的黑暗处，虽未直接见到太阳，却已接受了回向而来的太阳光。同时，虽把功德回向给他人，自己的功德仍然丝毫不损。这在佛经中有一个比喻：一盏灯，可以点燃许多灯，这盏灯虽然点了许多盏灯，却不会因了点燃其他的灯而就减弱了自身的灯光。因此，凡是正信的佛教徒，每做一桩功德，都会发愿回向给一切的众生，这也正是慈悲心的自然流露。梁漱溟以如此方式悼念妻子，足见他对妻子的感情。

写到这里，有必要对他们夫妻之间的感情再做一点说明。在梁漱溟眼里，家庭生活始终不重要，无论第一个还是第二个妻子也都不重要，当然，这样说并不是意味着他们夫妻的感情不好，而是在梁漱溟看来，他生来的使命就是为解决人生问题和中国问题，为此当然顾不上家庭。当年他的第一个妻子去世后，两个儿子都是常年住在朋友家里，由他人代为照顾。即使后来他又结婚，也无非是有了一个家而已，梁漱溟并无意把家庭作为自己的安乐窝。

此外，有一点应该说清楚的，就是相对于第一次婚姻，他的第二次婚姻不能说是成功，至少不能说是很美满。[①]虽然陈树棻是一个大学生，似乎可以与梁漱溟有更多的的共同语言，但事实上并非如此。原因就在于陈树棻的脾气实在是不好，非常容易发火，有时甚至到了歇斯底里的地步。这些在梁漱溟的日记中有很多记载，而梁漱溟在无法忍受时，也只好选择外出躲避的方式。所以也就不难理解，为什么晚年的梁漱溟经常要到外面散步甚至写文章，除了居住条件的恶劣外，难以忍受妻子的古怪性格也是重要因素。平日里，他的亲友每次去他家都小心翼翼，以免惹陈树棻生气而让梁漱溟的心情受到影响。因此，当晚年梁漱溟迎来了其生命中最后的辉煌时，其妻子的去世固然让其晚年感到凄凉，但另一方面也使他免于许多家庭的烦恼，得以安享晚年的安宁。

1979年12月31日，在就要进入80年代的前夕，梁漱溟搬入政府给他的新居——北京复兴门外木樨地22号楼，在此一直居住到逝世。

梁漱溟的晚年，其实应该从这时算起。

晚年的梁漱溟，最关心的一件事就是《人心与人生》的出版。

---

①其次子梁培恕甚至评价为是“半个失败”，梁培恕先生口述。

不过，这本书在20世纪80年代初，似乎还没有出版的机会——当然这指的是政治方面，毕竟《毛泽东选集》第五卷的影响还很深远，出版一个受批判者的著作总叫人忐忑不安，这很好理解。

梁漱溟当然十分清楚当时的形势，他在早先写的《今后国内政治局面之预见》后面写了这样一段附记：

> 觉察其与当前局面实情表现有合有不合。例如当前领导上和舆论强调法制和民主，非其有合之一面乎？然而如报载，某女争取婚姻自主十分艰苦之事例，则尊重个人自由的新礼俗之形成似远远有待也。言论出版之统制未见弛放，只文艺方面稍放开耳。且看1980年后如何。[①]

因为暂时看不到自己的著作在国内出版的希望，梁漱溟曾经有过在香港甚至海外先出版的想法。好在1982年后，随着政治气候的缓和，他的著作出版的可能已经越来越大。大概是1982年的秋天，他的次子梁培恕从报纸上看到上海成立了一个学林出版社，可以自费出书的报道。这是一个非常重要的变化，说明政治上的宽松程度。梁培恕马上把这个好消息告诉了父亲，正好梁漱溟的好朋友田慕周住在上海，就委托他代为打听自费出书之事。所谓好事多磨，等到1984年春天，才终于到了可以寄钱给出版社的时候，梁漱溟当即让自己的两个儿子到银行取出他多年来的所有储蓄——大概是5000元左右，汇给出版社。1984年9月，这部令梁漱溟付出一生精力的著作终于开始印刷，此时距离梁漱溟当年萌生写作此书的念头已经有60个年头，而它的作者已经是91岁的高龄。

次年4月，三联书店香港分店也决定出版此书，但这一次已经不用自费。

历史上某个阶段的变化之快，难以猜度和预料。

①李渊庭等：《梁漱溟先生年谱》，第342～343页。

不过，能够在活着看到该书的出版，毕竟还是一件幸事。

《人心与人生》不是一部难懂的书，是梁漱溟一生思想学说的集大成之作，可以视为他晚年最重要的著作，也是他一生中的重要代表作。美国的梁漱溟研究专家艾恺也觉得《人心与人生》是梁氏晚年最重要的著作，这本书的思想与1949年前有何不同？艾恺说："我认为这本书是在《东西文化及哲学》和《中国文化要义》的基础上发展出来的，基本原则都一样。"作者自谓："吾书旨在有助于人类之认识自己，同时盖亦有介绍古代东方学术于今日之知识界。"一般认为，《东西文化及哲学》重点在探讨文化形态，《中国文化要义》探讨文化特征，《人心与人生》探讨人心与人性，也就是透过人类心性的探索，以加强认识人自己。

《人心与人生》出版后，梁漱溟的其他著作也随着政治形势的宽松而陆续出版，作为新儒家的代表人物，梁漱溟的名字在20世纪80年代也逐渐为越来越多的人们所熟知。而且不仅在国内，在国外，他的思想学说也很受重视。其中以美国学者、芝加哥大学历史系教授艾恺的研究最为有名。

1979年，艾恺的研究专著《梁漱溟传》在美国由加利福尼亚大学中国研究中心出版。该书内容十三章，从梁漱溟的父亲梁巨川老先生谈起，一直写到新中国成立之后。书中称梁漱溟为中国最后的儒家。艾恺还编辑出版《梁漱溟言论集》4册，精装本，内容是他所收集到的梁漱溟在《乡村建设月刊》和中国报纸、杂志以及在《光明报》上发表的文章，均予影印；还搜集抄摘了抗战时期先生在国民参政会上的发言及提案，把上述资料分期分类编辑成册。1980年，艾恺将此书寄赠给梁漱溟，并要求来中国会见梁漱溟，以订正书中一些不够正确和有疑问的内容。同年8月，艾恺来到中国，并从8月12日开始，与梁漱溟谈话十几次，对梁漱溟的生平和学说进行了详尽的采访，艾恺并把所有的谈话进行了录音，这些如今都已成为梁漱溟研究的宝贵资料。

关于艾恺的来华访问梁漱溟，其实还很有戏剧性。能够促成此事成功的还要靠一些偶然因素。且看艾恺自己的说法：

这本书发表于1979年1月。在印刷过程中，邓小平以一系列意义深远的改革发动了中国的第二次“解放”运动。随着政治空气的不断缓和，会见甚至像梁漱溟这样一个坦率直言的人物的可能性也增加了。不过，这部书“即已付梓”，我的研究也已转到其他方向上。我那时在俄亥俄州的阿克伦大学教书，那里的物理系有一个中国同事新近和他来自北京的家人相聚。一个偶然的机会，他的女儿来到我的班里。1979年末，这位年轻姑娘打电话告诉我：她的“梁伯伯”听说了这本书并希望我能去访问他，因为他有一些新作要给我看。好像这位姑娘的外祖母是梁漱溟老友和邻居，她显然是受梁漱溟之托让她的外孙女转达这个意见。我于是通过她这位外祖母寄结了梁漱溟—封信和这部著作的几个副本。—个月以后，我接到了加利福尼亚一个中国老工程师打来的电话，他是梁在北京大学时的学生。这位先生几经努力终于在前一年访问了梁漱溟，并受托告诉我梁收到了信和书，又过了一个月，我终于收到了梁漱溟本人的来信。他那时已88岁了，但这封信是用高雅的毛笔“草书”、按照讲究的传统体裁写的。这是一个神志清楚精力充沛的人的作品。梁漱溟正式地感谢我为他作传，并特别提到他已听说我将去中国。他回答说，他很希望能见到我。①

从梁漱溟的日记中，可以看到最早在1980年1月的日记中，有“晚间魏育遂来言美国某人正研究我”之语，编者的注释说，这里的“某人”

① （美）艾恺：《最后的儒家——梁漱溟与中国现代化的两难》，第341～342页。

就是指的艾恺。随后，3月份的日记中就有了关于收到艾恺来信和所赠送之著作的记载。自1980年4月开始，由于年事已高等原因，梁漱溟对于逐日记日记也已经不能坚持，而改为每过几天集中记一次的做法。因此，对于此后与艾恺的书信来往以及邀请他来华的具体过程，日记中的记载十分简略，也无法得知梁漱溟对艾恺其人的评价以及对他学术著作的评价。不过，根据艾恺本人的说法，梁漱溟对于他的研究还是给予肯定的，他也在会见梁漱溟之后坚信自己对梁的评价还是准确的。而梁漱溟本人也坚持不愿说出批评意见，认为传主自己不能干涉写传人的自由。

无论如何，艾恺的来华和顺利采访梁漱溟，标志着中国学术研究空气的开放和走向自由，至少在外界看来是如此。

但另一方面，还是有些有形无形的压力使那些国内的研究者在从事梁漱溟学术思想的研究时不得不小心翼翼。就在艾恺来华之后不久，汪东林写了一篇反映梁漱溟晚年生活的短文，发表在《北京日报》上，却因此遭到有关部门的严厉追查和批评，最后迫使作者和报社编辑部做出检查。而且，这件事竟然还影响到梁漱溟著作的出版：本来，他的《人心与人生》已经有出版社表示感兴趣了，但此事发生后，出版社赶忙退回了稿子，以致梁漱溟直到两年后才自费出版此书。

看来，黑暗虽然远去，但阴影一时难以消除，特别是人们心灵深处的阴影，需要特别的温暖和相当的时间。

## 3

20世纪80年代以后，随着国家进一步对外开放的深入，随着国内外学术界对新儒家思想研究的不断深入，梁漱溟的名字也越来越多地出现在各种报刊杂志上，他的著作也不断问世。梁漱溟终于在自己生命的最后几年，看到了自己的学说被他人研究，在发生着影响，他是否为此感到欣慰？

可惜，这时的梁漱溟已经不再记日记，我们也就无法发现他内心的真实想法。不过，从他亲友的回忆中，从他此时撰写的一些文章中，还是能够感受到这位90岁高龄的老人，在夕阳西下之时散发出的魅力——只是这魅力带有几丝惆怅和忧伤。

晚钟即将敲响，向尘世告别的时刻就要来临，梁漱溟是否还有遗憾？

其实，早在1976年，即《人心与人生》基本写完时，梁漱溟就感到自己在尘世的使命已经完成。他给儿子写了这样的一封信：

> 培恕吾儿：
>
> 春节过后，我便是八十四岁的人了，虽身体轻健，精神旺盛，非他人所及，然人寿毕竟有限，且吾此生所负历史使命大致已可了却，未见得再多活几年（多也，少也，一切无所容心）。对于身后之事颇拟略作交代部署。你们两兄弟中，培宽有病在身，又居处稍远，不如你方便，所以先向你讲一讲，希望你空时多来我处作一些长谈。
>
> 父手字[①]

之后，妻子的去世以及一些老友的离去，也一定给梁漱溟的内心以极大的震撼。他不怕死，但也不强求速死，而是任其自然。只是，他在尘世一天，就要有一天的价值。《人心与人生》写完了，他还有什么事要做呢？

1981年，梁漱溟再一次让世人震惊，他写了《试说明毛泽东晚年许多过错的根源》一文，1982年1月由香港的《百姓》杂志发表，此文很短，只有1000多字，但却在港台等地掀起一阵“梁漱溟热”，而他对毛泽东的评价无疑是最引人关注的焦点。

此文开头就说道：“从建党建军而建国以来的毛泽东主席，其一生功

---

①《梁漱溟全集》第八卷，第382页。

大于过，这是不争之论，他的过错多出在晚年，亦是众目共睹的。现在要问：他的那许多过错有没有总根源呢？我看是有的。这就是他既在思想言论上过分强调阶级斗争，更且以其不可抗的权威而励行之，以致造成不少灾难和罪恶，令人痛心、长叹息！”然后，梁漱溟分析了产生这些过错的深层原因。认为毛泽东晚年的过错根源其实早在几十年前就已种下，这就是过分强调中国社会的普遍性而忽略了特殊性，这也是当年他们两人争论的焦点。梁漱溟认为，从中国社会发展的过程特别是“文革”的爆发看，事实证明他的观点是正确的。该文值得注意的有两点，一个是梁漱溟声称自己在建国后曾经有一段时间失去了自信，但以后又恢复了自信，恢复了独立思考的能力。第二点是中国以后不会再有毛泽东这样的特殊人物，而只能是集体领导，实行法制，如此则中国的未来是有希望的，他对此抱以谨慎的乐观。①

说起此文的写作，缘由在于《百姓》月刊主编陆铿先生的约稿，此前陆铿曾写信给梁漱溟，由托人请求面见梁漱溟，请他写稿，都被拒绝了。后来陆铿请求同意发表《人心与人生》的前两章，梁漱溟觉得不好，这才同意把《试说明毛泽东晚年许多过错的根源》一文交给《百姓》发表，并声明“文责自负”。

那么，为什么这一篇短文会引起特别的注意？

请看：梁漱溟此文发表的同一天，即1982年1月1日，台北《中国时报》(当时任国民党中央常务委员的余纪忠先生所主办)也刊登了梁漱溟的这篇文章，一时在港台颇为轰动。香港《信报》、《明报》、《东方日报》、《财经日报》、《星岛日报》、《新晚报》和台北《中国时报》等先后发表文章，予以评论。大陆的《参考消息》曾对此有过报道。

这里值得一提的是，台北《中国时报》刊登梁漱溟的文章，是很不寻常的，是三十几年来台湾报纸第一次发表身在大陆的著名爱国民主人士、

① 《梁漱溟全集》第八卷，第520—521页。

位居全国政协常务委员的学者、社会活动家的文章，可说是一个突破，尽管其处理方式有异，终归对两岸的沟通、交流是有利的。由此亦可证明《中国时报》在率先推动两岸联系、促进两岸互相了解方面，起了积极的作用。梁漱溟的文章虽重点在批评毛泽东的错误，但首先肯定了毛泽东一生功大于过，并对当前形势是看好的，"正可抱谨慎的乐观"。在那时《中国时报》就敢于刊载梁漱溟这样的文章，应该说，其决策者是颇有胆识和远见的。

原来，香港及海外媒体，大都把这篇文章看作是一个信号，一个反映大陆思想界动向的风向标，认为梁漱溟对毛泽东的批评可能反映了一种否定毛泽东的思潮。但也有人认为梁漱溟的批评其实没有触及毛泽东的要害，是小骂大帮忙。甚至有人认为这篇文章不是梁漱溟本人写的，一时出现了所谓的"梁漱溟热"。同时，也有人担心，梁漱溟这样批评毛泽东，是否会有麻烦。不久，在大洋彼岸的美国华人社会，也有不少人对此文进行各种评价。

《百姓》主编陆铿也许没有料到这篇文章会有如此大的反响，出于各种原因。他对于那些不切实际的评价给予了批驳。

不过，在梁漱溟看来，是否会再次受到批判等不公正对待已经无所谓了，他已经完成了自己的使命，随时可以离开这个世界，而回到他一直向往的佛教中去。

他对尘世的厌倦可以从一个重要的标志看出：1981年6月，他终止了已经持续数十年的记日记的习惯，留在日记中的最后几个字是"6月1日"。是日有日无记，此后再也没有日记——他已不再需要为尘世的事挂念。

# 4

梁漱溟已经做好了准备，随时可以离开这个世界。不过他也无意求速死，因为在他看来，有意求生和求死都有悖佛教的宗旨，一切都应听从自然。请看他与美国学者艾恺的一段对话：

艾：梁先生是年纪很大，而且具有智慧的人，你对人的死亡有没有见解？

梁：我曾经说过死亡不会断灭。有此人认为人死了就完了，没有这个事情。我不是说过八个字“相似相续，非断非常”。生命本来就是今天的我跟昨天的我相似就是了，前一分钟的我跟后一分钟的我相似就是了。其实早已不是一回事。相似相续，连续下来，不会断，非断。非常，常是恒常。还是一回事，不是一回事，早已不是一回事。人都如此，生命都是如此，那我也是如此。

艾：人总是怕死吗？

梁：不愿意死。其实不需要怕，不需要希望长生。任其自然，因为任其自然才是“廓然大公”。①

在人生最后的时刻，梁漱溟又会做些什么呢？该如何和这个世界告别？

1984年，在未来的中国文化史上也许会记上特殊的一笔。

这一年，由几位著名学者冯友兰、张岱年、朱伯崑和汤一介等几位教授共同发起，联合了北京大学、中国社会科学院、中国人民大学、北京师范大学、清华大学、北京师范学院等单位及台、港和海外的数十位著名教授、学者，决定创办一个民间的学术研究和教学团体 —— 中国文化书院。在本年10月成立于北京。按照这些学者的设想，中国文化书院的宗旨是：通过对中国传统文化的研究和教学活动，继承和阐扬中国的优秀文化遗产；通过对海外文化的介绍、研究以及国际性学术交流活动，提高对中国传统文化的研究水平，并促进中国文化的现代化。因此，书院把培养从

① 《梁漱溟全集》第八卷，第1163～1164页。

事研究中国传统文化、哲学、历史、文学等的中外青年学者为主要目标。试图使他们通过书院所组织的各种教学与研究活动，加深对中国文化的理解和内在的感受能力；同时，在熟悉中国文献的基础上，较为系统地掌握中国传统文化发展、演变的脉络及其精神内涵。

显然，这样一个书院的成立是非常合乎梁漱溟之愿望的，他从1949年就一直试图成立而始终没有如愿的中国文化研究所不就是这样一个机构吗？虽然这只是一个民间机构，但它所试图倡导的文化理念和学术宗旨正是梁漱溟所一直坚持的——甚至为此付出了巨大的代价。因此，他欣然同意担任第一届院务委员会主席和发展基金会主席。

1985年3月，已是92岁高龄的梁漱溟亲自为中国书院在北京举办的第一期“中国文化讲习班”讲学，这本身就是一种象征——象征着中国文化的源远流长和生生不息的活力，而梁漱溟就犹如一棵苍劲有力的老树，在20世纪末叶依然枝繁叶盛，看尽人间沧桑。

梁漱溟的讲演，吸引了很多媒体的注意，他们关心的是，这时的梁漱溟还会讲些什么？请看当时的有关报道：

> 九十二岁高龄的梁漱溟先生，在两个人的左右携扶下，坐到了“中国文化讲习班”的演讲席上。他的出现，紧紧吸引了会场几百人的视线。他六十多年来对中国文化的反思，引起了许许多多中国知识分子的兴趣。据说，在海外研究中国文化的学者中，他的影响似有超过胡适的趋势。
>
> ……
>
> 梁漱溟老人以那种前辈对后学特有的坦诚，对几百名听众作了一番极为动人的自白，并介绍了他认为“拿得出手的”五本书：他二十九岁时，就完成了《东西文化及其哲学》一书，确立了他对东西文化的基本观点，一九二一年出版后，不断再版，颇为风

行。一九三一年，他出版了《中国民族自救运动之最后觉悟》；五年以后，又出版了《乡村建设理论》。他力图从乡村入手，从中国社会的基层入手，发动、组织农民，以此作为民族自救运动的一个根本。那么，现在看来，什么是最能代表他思想的著作呢？他诚恳地把一九四九年出版的《中国文化要义》和一九八四年出版的《人心与人生》推荐给大家："要了解我的思想内容，应注意看这两本书。"……

这位九十二岁的老人，一口气进行了两个小时演说。主持人曾担心他过于劳累，两次请他休息，但都被谢绝。演讲刚结束，他又立刻处于几十位中外青年的包围之中。他饶有兴致地解答人们提出的各种问题，并为大家签名留念。一位外国留学生颇有感慨地说："这样一位老人，头脑如此清晰，并能用如此简单的语言说明如此复杂的问题，真是令人难忘。"[①]

梁漱溟就是梁漱溟，还是那样的"顽固"，还是那样的自信！一个人有自己的信仰，且能坚持数十年不变，而任凭外界风云变幻，这本身不就是一个奇迹！而当他所处的社会终于认识到他的价值时，也是这个社会重新有了活力和希望的开始。

为了让后人更能清楚正确地理解自己的一生，梁漱溟一直有自己撰写年谱的想法，可惜早年不能够写，而晚年能够写了，身体和精力状况又使他被迫放下了写作。就在这个时候，他的两个学生主动提出为老师撰写年谱，以便把梁漱溟不平凡的一生告知后人。

那是1985年初春的一天，梁漱溟最忠诚的学生之一李渊庭和妻子阎秉华去看望老师，来到梁漱溟的住处，看到老师的身体还不错，他们都十分高兴。交谈之中，他们问起了自编年谱的撰写问题，却得知因梁漱溟年

① 薛涌《一位九十二岁学者的讲演》，原载1985年4月1日《文汇报》。

事已高，年谱撰写事已经搁置了数年，至今没有人撰写。李渊庭和妻子交换了一个眼色，看到妻子会心的微笑，立刻表示由他们夫妇编写。他们知道，这不是一件容易完成的任务，但为了老师的一生和事业能够为后人了解，他们还是决心用自己也不多的时间完成老师这个最后的任务。要知道他们自己，那时也已经是年逾古稀的老人了。

梁漱溟非常高兴，马上站起来到卧室里拿出许多手稿资料交给他们。告别老师后，李渊庭和妻子阎秉华就开始了精心编写《梁漱溟年谱》的工作。他们知道老师的身体状况正在一天天衰弱，应该尽快把年谱在老师有生之年编写出来，为此他们几乎付出了全部的时间和精力。终于，在1987年的春夏之交，他们完成了初稿。然后，他们赶快把初稿交给梁漱溟审阅，以便做进一步的修改。几个月以后，他们从梁漱溟那里取回了初稿，发现上面有很多地方进行了修改，不少都是梁漱溟亲自写的，因为老师的笔迹他们是最清楚的，何况有些事情不是梁漱溟本人，其他人是不知道的。

此时的梁漱溟已经是94岁的老人，却依然是这样认真，把学术当作生命。他知道他的生平和学术如今已经不属于他本人，他有责任给后人留下一个真实的梁漱溟，一个认真的梁漱溟。可能他的学说会有错误，他的见解可能会过时，但他的这种精神不是永远值得后人赞叹吗？

1988年1月，经过最后修改补充的年谱终于完成，李渊庭夫妇再次把文稿送给老师。此时的老师固然已是95岁高龄，而学生也已年过八十，真正是白发相对。师生携手度过了64个春秋，如今他们可以无憾了。梁漱溟问李渊庭：时间写到哪一年？学生的回答是：1987年。是的，剩下的就是不能写的，因为那将是一个悲伤的事件！

1991年，《梁漱溟先生年谱》在他们夫妇以及其他亲友的帮助下终于正式出版，此后三年，编写者之一的李渊庭先生去世，享年88岁。这位一直被梁漱溟视为“最忠诚的学生”终于离开尘世，到另一个世界继续追随他的老师去了。可以想见，当老师问他时，他可以自豪地回答：“老师，您的年谱已经出版，您交给我的任务完成了。”

《梁漱溟先生年谱》的出版，为梁漱溟研究提供了很多第一手资料，获得广泛的好评。之后，阎秉华看到又有很多资料可以补充到“年谱”之中，为了让更多关心研究梁漱溟的人了解更多更真实的情况，她不顾自己的年迈多病，以87岁高龄完成了对《梁漱溟先生年谱》的增订工作，实在是感人至深！

因为，这已经不仅仅是在做一件年谱的修订，而是在为中国文化的发展做贡献，是造福后代的大好事。

2003年4月，增订本的《梁漱溟先生年谱》由广西师范大学出版社出版。

梁漱溟有这样的学生，是他的幸运！

李渊庭有这样的妻子，是他的福气！

学生对老师如此忠诚，老师对学生也是极为尊重。多年来，梁漱溟一直称李渊庭为“弟”，并尽力在生活、工作等方面帮助自己的弟子。李渊庭解放前一直跟随着梁漱溟，没有固定的职业和工作。1941年以乡村建设派代表的名义加入了中国民主政团同盟的活动。1943年以个人名义加入中国民主同盟。1949年后追随梁漱溟也来到北京，被安排到全国政协工作，其妻阎秉华则在民盟中央的文教委员会工作。1953年，当梁漱溟受到毛泽东批判后，有关部门曾动员他们参加对梁漱溟的批判，遭到拒绝。结果，他们的行政待遇被另册处理，级别被降七级。而他们惟恐梁漱溟听到后不安，一直没有对老师说过此事。后来，“文革”风暴爆发后，已有数十年工龄的李渊庭竟然被造反派宣布为是“临时工”，结果工作证、公费医疗证被没收，工资被停发长达12年。虽然他们在1978年按照有关政策补发了工资，但并没有恢复1953年时的工资级别。直到1986年，很多当年受到不公正待遇的人早就落实政策后，他们才写信给政协领导，要求恢复原来的待遇。

信写好后，他们还是请梁漱溟过目，看是否合适。梁漱溟看到此信非常诧异，他此时才知道，自己的这两个学生多年来竟一直受到不公正的对待，是他自己连累了学生啊！而他们又是多么好的学生！梁漱溟被弟子的这种忠诚感动了，他决心以自己的全部能力为他们争得应有的待遇。

从上午10点钟开始看信，直到下午1点梁漱溟才看完，原来他在信上进行了很多修改。然后，他吩咐弟子把信重新写好后再给他看看。李渊庭夫妇走后，梁漱溟拿起了笔，他要亲自写信给政协主席邓颖超等领导，请求他们解决李渊庭夫妇的问题。直接写信要求解决个人的私事，梁漱溟从来没有过，他从来没有因个人的待遇问题向有关部门提出任何要求。即使在“文革”中被抄家的情况下，他写信给毛泽东，也只是要求退还他的手稿，而其他家庭财产的损失则不在乎。但是现在，为了自己最忠诚的弟子，他这个90多岁的老人，要写信呼吁了：

邓颖超主席、列位副主席赐鉴：

我多年的老学生李渊庭是一九五〇年周总理曾嘱我提出安排工作的五个人之一。现在关于他一直存在的待遇问题，敬请依据党的干部政策给予重新考虑，可否作为历史遗留下来问题之一，加以适当安排，俾副落实政策之旨，则非一人之私幸也。

以上所陈敬乞钧裁幸甚！专此布达顺祈谅察，恭致政祺！

梁漱溟

一九八六年五月十四日

5 1987年7月的一天下午，对梁漱溟来说是一个值得高兴的日子，因为这一天，他的老朋友、当年从事乡村教育的同道——著名平民教育家晏阳初先生要来他家。要知道，他们已经是几十年没有见面了。

晏先生是应全国人大常委会之邀回国访问的。回国后，他参观访问了许多地方，这对于一位且届期颐之年的老人来说该是够辛苦的了，然而他还有一个重大心愿，就是希望能有机会与老朋友梁漱溟见上一面。从20世纪40年代定居美国以后，几十年来，他无时无刻不在追忆早年那些共同从事乡村建设的老朋友们。

在有关部门的安排下，晏阳初先生终于有了实现夙愿的机会，他们两人约定下午5时在梁漱溟家见面。

相对于梁漱溟的基本是受中国传统教育，晏阳初该算是典型受西方教育的中国知识分子。他从小在教会学校就读，23岁入耶鲁大学，26岁入普林斯顿大学主修历史。第一次世界大战中，晏阳初到法国，替在协约国做工的10余万华工代写家信，因此体验到平民教育的重要，回国后即倡导平民教育，积极推动乡村改造工作。梁漱溟的乡村教育因抗战爆发而基本终止，但晏阳初的工作却因受到国外的资助得以继续进行。1948年美国通过援华法案，其中特列“晏阳初条款”，设置中国农村复兴联委员会，进行农村建设。1950年以后，晏阳初开始进行国际平民教育运动，在古巴、菲律宾、危地马拉、泰国、非洲等地设乡村改造促进会，毕生致力本地教育，成为世界性的平民教育巨人。晏阳初和梁漱溟，前者深受基督教影响，后者则以恢弘儒家为己任。一个洋、一个土，但同样强调实践，并且身体力行，提倡乡村重建，这固然和当时中国农村的贫困残破有关，也说明了真正的基督徒和真正的儒家毕竟有此相似之处。

梁漱溟那天下午很早就等候在客厅里。虽然由于年事已高，他已免掉一些外出活动，甚至闭门谢客。但今天他显得异常高兴。他破例穿上一套新的中山装，迎候老朋友的到来。

“你好!”“你好!”门刚一打开，两位老人的手就紧紧握在一起了，互致问候。梁先生紧握着晏先生的手，将老朋友让进客厅。

“梁老，我们两人都生于1893年，又都从事过乡村建设运动，真是奇缘。我们就彼此称兄道弟吧！”晏先生还是当年那种幽默的健谈风采。梁漱溟笑着连连点头说：“是啊！我们两人今年都是94岁，是真正的兄弟，手足之情！”接着晏先生讲述了自己在海外工作的简况，并介绍了设在菲律宾境内的国际乡村建设学院。他说：“我几十年从事乡村建设运动，到今天问心无愧，力恶不出己，一心为平民。知我者谓我心忧，不知我者谓我何求。”晏先生侃侃谈来，有条不紊。梁漱溟平静地倾听着，他称赞晏先生在将近70年的时间里坚忍不拔、百折不挠从事平民教育的奋斗精神，当年晏阳初在河北以定县为实验县从事乡村改造，梁漱溟在山东邹平从事乡村建设。东西呼应，互相交流，目的都是为了振兴中国贫困落后的农村。

话题转到晏先生这次回国访问的感受，晏先生说：“我前年曾回来过一次，这次又能回国访问，机会难得。祖国的变化的确很大。中共中央雄才大略，制定了改革开放的政策，局面为之一新。”晏先生说：“中国历史悠久，幅员广大，应该跻身于世界强国之林。要强大就必须振兴经济，要振兴经济，就必须发展教育事业，这几年中国的教育事业有了长足进展。现在有些地方所正在进行的教育试点工作很有意义。中国应该开发农村，首先是提高人民群众的文化素质。我这次回国访问中的一个重大收获就是强烈地感觉到我应该好好地虚心学习，人应活到老，学到老，真希望以后再有机会回祖国看看。”梁漱溟说：“会的，会有机会再回来的，我等待着再一次与你会面。”

他吩咐孙女倒了两杯桔子汁饮料，梁漱溟一杯在握，一杯递给晏先生，他们以此当酒，碰杯祝福。晏先生一饮而尽，高兴地说：“这叫做酒逢知己饮，话逢知己说。我们在一起，越谈越投机。”

梁漱溟告诉老朋友，近年来他身体虽时沾微恙，但注意实践养生之道，尚称耳聪目明，记忆清晰。前几年还受聘担任了中国文化书院院务委员会主席之职，并去书院讲课。晏先生早就听说现在国内十分重视梁先生的学术活动，便问梁漱溟近来又出版了哪些著作。梁漱溟回答说："近年来出版了《东西文化及其哲学》、《人心与人生》、《东方学术概观》、《中国文化要义》，《我的努力与反省》、《忆往谈旧录》也将面世，《梁漱溟教育文集》也将出版。"晏先生欣喜地听着，并祝贺梁漱溟富有成果的学术活动。他嘱咐梁漱溟注意休养，为祖国文化的繁荣昌盛作出更大的贡献。

暮年相聚，两位老人谈得十分尽兴，不知不觉间，分手的时间到了。晏先生起身要告辞了，他们的双手再次紧握在一起，互道珍重！

将来的中国历史，在写到关于20世纪中国农村教育部分的时候，一定不会忘记这个感人的场面。[①]

1987年12月25日上午，梁漱溟在其孙子的陪同下，来到中央党校参加"中国现代哲学史首届全国学术讨论会暨中国现代哲学史研究会成立大会"开幕式。

这是梁漱溟最后一次公开的讲演，是他在人生这个舞台上的告别演出。

中央党校所在地颐和园大有庄是他61年前(1926年)第一次公开宣讲《人心与人生》的地方。61年后，梁漱溟又在这里发表他70年学术生涯中最后一次公开学术讲演。

冥冥之中，似乎有什么在成全这样的巧合。

在这样的场合，这样的时刻，梁漱溟会说些什么？

他说的话一开头就让人大吃一惊：

① 李渊庭《梁漱溟先生年谱》，第370～371页。

“我与哲学无缘。我不懂什么叫哲学。小时候读书，就喜欢思考些问题，想出家当和尚。当时，别人告诉我，说你所思所谈的是哲学，我说这就是哲学啊?你说是哲学，那么就算是哲学吧。我就是这样，误打误撞地进了哲学的门。

“长话短说。我不喜欢哲学，我喜欢从事的是救国运动。当时，中国被日本侵略，割地赔款，所以救国是第一大问题。我不注重一身一家的事情，注重的是救国。”

那他的一生在做什么呢？他说：

我一生的实践，都是搞事功，主要是乡村运动。我虽然出身于官宦人家，生长在北京，可我投身于社会的底层——乡村。在广东，搞乡村建设讲习所；在河南，搞村治学院；在山东，搞乡村建设研究院。我自始至终投身于乡村，不尚空谈，注重实干。乡村建设运动的主旨是八个字，“团体组织，科学技术，”是要把散漫的、只顾自家自身的农民组织起来搞生产，在生产中学习和运用科学技术。这就是我当时所努力、所追求、所工作的目标。我未曾料到，像我这样一个搞事功的人，却被人看成是什么学者，说我是什么哲学家，我就是这样误打误撞地搞了一辈子哲学。

我一生贯彻的是实事求是、不说空话的原则。乡村虽苦，我这个出生于官宦人家，生长在大城市的人，还是在乡下和农民一起吃苦，吃苦干什么，就是为了实现团体组织、科学技术这个目标，要农民不守旧，在生产生活上都走新的路子——科学技术的路子。

一句话，我一生投身乡村、实事求是。

设想一下吧，一个公认的哲学家，一个94岁高龄的老人，在全国性的现代哲史学术会议上，公开声明自己不是哲学家，“与哲学无缘”！这该让那些与会者多少尴尬？

其实，梁漱溟没有说错，因为他的确从来没有想到搞什么哲学，也从来没有想当什么哲学家。早年迷恋佛学，后来献身救国救民，为国事奔走大半生，自然提出了很多理论学说，但他更看重的是实践。晚年依然向往释家，达到炉火纯青境界。

这样的人，称他为“哲学家”，是否还是把他看“俗”了？也许在这个意义上，他才反感“哲学家”这个称号吧。当然，如果勉强坚持呢，则可以称他是一位“与哲学无缘”的哲学家。[①]



1987年10月31日(农历九月初九)是梁漱溟94岁诞辰。他的家人和朋友弟子，准备好好为他做寿，但他坚决不同意，并特意写了《谢寿启示》，表示自己不愿做寿的意愿。见如此，亲友自然不好坚持，只好顺从他。

不过，人们已经考虑到以另外的方式祝贺这位老人。

从1917年梁漱溟受蔡元培之聘任教于北京大学，至今已有70周年了。中国文化书院决定在北京召开“祝贺梁漱溟从事教学科研70周年国际学术讨论会”，来自全国各地及海外的学者、梁漱溟的学生和友好70多人参加了会议。

梁漱溟在会上做了简短的讲话，表示谢意。更多的时间里，他只是在倾听，倾听他人的发言，倾听一个时代对曾在这个时代为人类的发展做出贡献者的评说。

与会者就梁漱溟先生的思想及其在中国现代史上的地位和影响展开了讨论。许多学者指出，在文化研究上，梁漱溟突破了“五四”时代的局限，

---

① 范鹏等《“与哲学无缘”的哲学家：记梁漱溟先生的最后一次公开学术活动》，载《中国的脊梁：梁漱溟先生纪念文集》，第179～181页。

从比较研究的角度评价了中国、印度、西方三大文化系统。这种文化模式的研究对于泰勒以来流行一时的文化一元论传统是一个突破。梁漱溟的思想虽然仍可归结为一种保守主义，但这是一种反传统的保守主义。他是要通过儒家文化的自我转变从而在新的人类文明环境中谋求自身的价值和发展。在文化的民族性研究中，梁漱溟实际上已接触到了东方社会走向现代化的特殊道路这一问题。他的这些思想对于我们今天探索中国走向现代化的道路仍然有启示意义。也有一些人认为梁漱溟的思想基本上还是和“五四”运动以来中国思想界的进步潮流相背离的。尽管他的主观愿望是为了拯救民族，但在现实历史中并没有起到多少进步作用。但是，无论对他的学说有什么不同见解，与会者都一致认为：梁漱溟一生探索真理、坚持独立见解、不阿权贵的精神值得学习和赞颂，表现了一个真正思想家的品格。

这当然还不是“盖棺论定”的评价，不过，一个人在活着时能听到世人对自己这样的评价，应该是一件令人高兴的事。

当然这还是常人的感受，对于梁漱溟而言，无论赞美还是批判，他还看重吗？

他之所以还出席这样一个会议，无非是把它看作一个仪式，一个向学术界、向世人告别的仪式。此时此刻，他是否想到了投水自尽的父亲，还有以同样方式告别人世的王国维？

当年王国维曾钟情哲学，后转而从事文学，最后回归学术研究。他的名言梁漱溟当不会不知：“可信者不可爱，可爱者不可信。” 当回首一生时，梁漱溟是否也有类似的感受？

# “我好像远远地望见了孔子……”

1 梁漱溟生命的晚年终于来临——悄悄地，却是不可避免地。

一切老年人所有的肉体衰弱的征兆，在他身上也开始出现——尽管已经比他人来得迟很多。

其实这晚年，自从他1950年来到北京后，就已经开始。因为那一年他已56岁，按照中国人的习惯，50岁后就是老年了。

但是他的生命力特别顽强，尤其是他的思想，在晚年竟能重新焕发出新的活力。

我以为，梁漱溟的后半生虽然都算是晚年，但这晚年还是可以分成两个阶段的，一个是从1949年到1976年，一个是1976年之后至其生命的最后10年。而这最后10年里的梁漱溟，已经达到大彻大悟的境界。

“夕阳无限好，只是近黄昏。”——然而梁漱溟的“夕阳红”格外得美丽和灿烂。

20世纪80年代后的梁漱溟，在迎来自己思想学说的又一个新阶段时，在其终于得到时代的理解和社会的重视时，他自己，却已宠辱不惊，心如止水。

他好像高高地站在山巅，向远方眺望着：

“我可能比其他的普通人不同一点的，就是我好像望见了，远远地看到。看到了什么呢？看到了王阳明，看到了孔子。我是望到，远远地望到，并且还不能很清楚地看见；好像天有雾，在雾中远远地看见孔子是怎么回事，王阳明是怎么回事。”

“王阳明一生的遭遇我还没有。他好像有一句话：‘千灾百难。’比如要杀他，这个事在我没有。他去贵州龙场那蛮荒无人烟的地方，那种苦难，我也没有。…… 他有这话，他是在千灾百难中才认识了这个‘良知’。”①

这是他对王阳明的评价，不是也可以看作是对他自己的评价吗！

当然梁漱溟不是什么圣人。而且，他认为，所谓的圣人，在说话行事方面与常人也没有什么不同。只是在那个人格方面，他们超过了普通人。孔子是如此，王阳明也是如此。

而他自己，则还不是：他谦虚地称自己还是一个普通人。

然而，在追求思想自由方面，在坚持人格独立方面，他难道不正是一个榜样，特别是20世纪中国知识分子的榜样？

独坐秋庭月色新，乾坤何处更闲人。

高歌度与清风去，幽意自随流水春。

---

① 《梁漱溟全集》第八卷，第1175～1176页。

千圣本无心外诀，《六经》须拂镜中尘。

却怜扰扰周公梦，未及惺惺陋巷贫。

这是王阳明的一首诗，不正可以表现梁漱溟的思想境界？

对于王阳明来说，龙场悟道，可以说是他一生的转折点。正德元年，有宦官刘瑾者专权，一干大臣联名上疏，请求去此奸宦，不料反遭迫害，有的被罢免，有的下狱。王阳明上疏求救不成，反遭杖责四十，最后被贬龙场驿驿丞的结局。这龙场驿，地处贵州西北，系蛮荒之地。但王阳明却把此地当作悟道的最佳地点。终于在某日夜半时分，豁然开朗。这就是著名的龙场悟道。从此他绝尘而去，大功告成，这就是后人赞不绝口的阳明心学。

嘉靖六年，王阳明应弟子所请，提出了著名的“四句教”，即：无善无恶是心之体，有善有恶是心之动，知善知恶是良知，为善去恶是格物，史称“天泉证道”。至此，阳明心学终归圆满。嘉靖七年，王阳明病故，享年57岁。临终之前这样说道：“此心光明，亦复何言。”能够做到心地坦荡、光明磊落，不以物喜，不以己悲，这样的人难道还不是真正的智者与贤者吗？

王阳明如此，梁漱溟何尝又不是如此呢！

他由对世俗之绝望而思出家，又出于拯救苍生之愿望而由佛归儒，最后依然从红尘升腾而去，回归佛家——他的一生就是一条探求回家的路，一条寻求精神解放和超脱的历程。

他成功了吗？抑或是失败了？

没有人可以给予最准确的评说，而他也无意让人评说。他生活过，努力过，奋斗过，而最重要的是，他思想过——而且是自由地独立地思想过，这就够了。

后人可以批评他的思想错误，指责他的学说过时，但不会有人看轻他的人格、他的气节和他的精神。相反，在20世纪中国知识分子中，他堪称一个楷模，一个表率，一个足以开一代风气的大师。

2在就要开始讲述梁漱溟如何从容离开尘世之前，还是先讲一个佛经故事：

从前有一个婆罗门，听说舍卫国那里的人多孝养父母，信仰佛法，而且善于修道。他心中十分向往，便想去舍卫国看看实际情况。

到了舍卫国，他看见有父子二人正在田中耕地、播种。忽然，有一条毒蛇爬到那儿子的跟前，将他咬死了。然而那父亲不但不管儿子，反而接着干活，连头也不抬。

这个婆罗门大觉惊奇，便上前问他原因。

耕种者反问道；“你从哪里来，来此为何目的？”

婆罗门回答说：“我从很远的地方来，听说你们这里的人多孝养父母、信奉佛法，所以来此求学修道。”

然后婆罗门就问：“刚才你儿子被毒蛇咬死，你为什么不但不难过，反倒接着干活？”

做父亲的说：“人之生老病死及世间万物的生死，都有一定的规律，我们悲伤哭泣又能有什么用呢？如果伤心得饭也不吃，觉也不睡，什么也不干，那不跟死人一样，即便活着还有什么意义呢？如今你要进城，路过我家时，请替我捎话给我的家人，说儿子已死，中午不必准备两人的饭菜了。”

这个婆罗门心里暗想：这个人可真不像话！儿子被蛇咬死， 不但不悲伤，反而还想吃饭，真没有人情味啊！

他进入舍卫城，来到那个耕种者的家，见到他妻子，便说道："你的儿子刚才被蛇咬死了，他父亲让我告诉你，准备一个人的饭就行了。"

那女人听后，说："人生即如住店，随缘而来，随缘而去， 我这儿子也是一样啊！生是赤条条来，死也是赤条条去，任何人都不能违反这一规律。"

这个婆罗门又告诉了死者的妻子，也就是她的儿媳，谁知她的回答也是如此。

他心中非常生气，对那女子说道："你的丈夫已死，你难道就一点也不伤心？"

那女子沉默不答。

这个婆罗门怀疑自己是否走错了国家，他想：我听说这个国家人民如何慈爱，如何孝顺，如何信奉佛教，所以才想来这儿学习修道，没想到今天却碰上这样没有人情味的人和事。这种人怎配信佛修道呢？

他百思不得其解，决定去请教伟大的佛祖。

于是，这个婆罗门来到佛的居所，向佛顶礼时，却显露出一脸的愁云。佛祖已明白他的来意，却故意问他为什么忧愁。

他回答说："遇上一些事不合我的想法，故而忧愁。"

佛祖又问："遇上何事不合你所想呢？"

婆罗门就向佛祖讲了他一路上所见之事。

佛祖说："善男子，这些人才是真正明白人生事理的啊！他们知道人生无常，任何的伤心悲哀也无济于事，所以才能正视世间及人生的自然规律，也就没有了忧愁！而尘世之人不明白生死无常的道理，互相贪著爱恋，等到突发事件一来，当然会懊恼、痛苦，甚至痛不欲生。正如人得了热病，发高热时常常说胡话。只有经过良医诊治下药后，热退病愈，才不会再说胡话了。"佛祖接着又说："世间俗人长时间被贪、嗔、痴三种烦恼袭扰，不能自拔。如果自己能明白无常之道理，能明白佛法苦、集、灭、道之道理，那么一切烦恼就会消除。你遇见的那些人都可以证道啊！”

这个婆罗门本是个聪明人，听佛祖这么一说，马上顿悟了。他说：“我真是愚痴，不明佛法大义，现在一经佛说，就如黑暗中见到光明，恍然大悟！”

于是他皈依佛法，并受持五戒，后来终于功德圆满，修成正道。

梁漱溟也正如舍卫国里的人，早已看破生死，无意长生，也无意速死，一切任其自然。

不过，外界的人们始终对他有浓厚的兴趣，很多人都想来拜访他，想看看这位有着传奇色彩的老人，究竟是什么在支撑着他走过几乎一个世界的旅程。

为了梁漱溟的健康，家人对来访者不得不做出某些限制。这当然不是梁漱溟所愿意看到的，但他已无能为力。不过，他还是试图满足人们的愿望，这位在“文革”后才重新引起学术界和世俗社会注意、并因此获得“出土文物”之称的世纪老人，很想在其生命的最后阶段，为这个社会多留下一点东西。

最初的限制是来访谈话不得超过半个小时，并为此在门上写了一个启示。但不久梁漱溟就自作主张改为一个半小时，来访者的意愿满足了，可老人的休息自然受到影响。为此，他的保姆多次在有人来访时提醒来访者注意时间，但常常是梁漱溟自己告诉来访者不要考虑时间，有问题就尽管提出。

他就是这样的人，始终为他人考虑，而从来没有想到自己。

1987年深秋，一天，有三个来北京参加一个藏传佛教学术会的青年代表慕名来访。他们进入梁漱溟的客厅后，低声互相说了些什么后，就同时双手合掌，全身跪下，呈一字形，也就是人们常说的“五体投地”，并一连跪了三次。——这是源于古代印度佛教的礼节，是等级最高的一种。他们是在用这种最尊贵、最庄严的礼节表达对梁漱溟的敬意。如此理解让梁漱溟的家人感到吃惊，因为他们从来没有见过有人用这种方式对梁漱溟表示敬意。梁漱溟也非常感动，但此时他的身体已不允许他起身还礼，只好用语言表示谢意。

令人欣慰的是，他所一直信仰并向往的佛教，已经准备好欢迎他的到来。

1988年3月的一天，一位研究佛学的晚辈带来一位小和尚，这个青年和尚本已考上大学，却在上了两年后弃学出家。他出家后就想见见梁漱溟，今天终于如愿。这是一个很特别的和尚，他来到梁漱溟家后，对一一切似乎都不感兴趣，而只是关注与梁漱溟的交谈，只是来寻找一个引领自己进入佛家境界的导师。

梁漱溟似乎也从青年和尚身上看到自己青年时的影子，于是专心致志地与他交谈。两位年龄悬殊的人谈得如此投机和投入，全然忘记了周围的其他人们。他们的话题其实很单一，几乎就只有一句话："就是要发愿，发悲愿。"梁漱溟反复地重复着这句话，小和尚就逐字逐句地跟着说。说着说着，他们本来是相对而坐，但却不知何时竟然并排坐在一起了。

这大概就是心灵的呼唤和感应吧。或者，梁漱溟从小和尚身上，既看到了自己的过去，也看到了自己的未来？

3 也许是已经预感到自己的不久于人世，1988年4月，梁漱溟在家人的陪同下到良乡祖坟扫墓，算是尽最后的孝道。不料天气不好，风很大，他回来后就感到身体不适，特别是呼吸困难，但却不愿意去医院。

直到4月25日，眼看病情加重，家人马上把他送到协和医院。大夫做了初步检查后，提出需留院治疗，以便做进一步检查。在采取了一些医疗措施后，梁漱溟的呼吸困难有所缓解。不久，确诊结果出来了，他患的是尿毒症。因年事已高，医生认为做透析有危险，而且病人会很痛苦，建议采取保守治疗方法。

5月3日，李渊庭夫妇到医院探病。梁漱溟在病床上转过身来只是望着他们，眼神已现出疲惫无力，气色也不好。当时梁漱溟住在2层204房间，有冰箱、电视等设备，白天由梁培宽陪侍，晚上则由梁培恕和几个孙儿轮流陪侍。

11日，李渊庭夫妇第二次到医院探望老师，其时，梁漱溟的外甥邹小青和两位女同志已在座，梁漱溟面壁而卧。保姆赵阿姨凑到他耳边说："李先生和阎先生来看您。"梁漱溟掉转头示意要翻转过身来，保姆扶助他翻过身来，李渊庭、邹小青等人都站到先生床前，他用无力的双眼看看大家，闭了闭眼睛，又睁开望着李渊庭，张张口，似乎想说话。

李渊庭靠近病床前问："先生有话要和我讲吗？"

"你比我小多少岁？"梁漱溟用低沉微弱的声音断断续续讲出这句话。

李渊庭告诉说："小13岁。"

梁漱溟看着他，一会儿闭上眼，一会儿又睁眼看看，意味深沉，却再未说话。

住院期间，有些事值得一说。

一开始，梁漱溟住在2层病房，是专为外宾准备的，设备很好。后来为省钱，转到了3层的311病房，自然条件不如2层，没有电视，冰箱是摆在走廊的公用冰箱。一次梁漱溟想吃西瓜，保姆叫苦不迭，因为放在冰箱的西瓜被别人拿走了。

还有，当梁漱溟一度病危之时，李渊庭、阎秉华曾向梁培宽提出应准备"后事"之事，并向保姆赵阿姨询问老师有无现成可用衣服。赵阿姨流着眼泪说："他只有一套料子中山服，已很旧了。其余是几件灰布和白布小褂，内裤也是布的，旧的。袜子是破的，鞋子也是旧的。唉！他没有什么衣服呵！"

梁漱溟虽然病重住院，但海外媒体对他依然没有忘记。大概是在4月下旬他刚住院不久，他的外甥女从美国旧金山寄来一份剪报，内容为《世界日报》台湾版副刊上发表的一篇连载文章，题目是《梁漱溟先生，您不能认错》。①

此文的作者翟志诚自称对梁漱溟非常仰慕，只是在阅读了1988年元月号《文汇月刊》《梁漱溟与毛泽东》一文之后，发现梁漱溟曾在1953年向毛泽东"认错"。在失望之余，写了上述文章。他认为向毛泽东认错不仅是个人荣辱问题，"而是关系着民族的良心与气运"的事。

梁漱溟读后感到作者的理解有误，错在把自省的认错当作向对方低头认错，其实这是完全不同的两回事。而且，这还关系到海外舆论界对大陆知识分子的评价问题，不单单是对个人的评价。

于是病中的梁漱溟决定以口授的方式写信给该报编辑部，对文中的错误进行更正。此信寄给了伍女士，嘱咐她将信交与《世界日报》旧金山办事机构，希望能在报上发表。

没有想到的是，事情并不是这样简单。

根据梁培恕先生的说法，当年6月他去美国，在旧金山见到伍女士就问她那封信的情况。伍女士说，《世界日报》旧金山负责人表示，此信能否见报须由台北方面决定，又说如发表也要做一些改动。梁培恕先生当即请伍女士转告："发表不发表，权利在《世界日报》，信怎样写，权利在个人。可以不发表，但不要改。"

结果，梁漱溟的信没有发表，《世界日报》反倒是又于5月11日刊出

①石岩《必须澄清的一段公案》，《中国的脊梁：梁漱溟先生纪念文集》，第380～382页。

《闲话梁漱溟与毛泽东》，再次借题发挥，说原以为梁漱溟是大陆学术界黑暗中的一盏明灯，现在知道他也有“认错”之举，“灯即已熄灭，永无复明的希望”云云。

一方面不发表梁漱溟的信，另一方面又反复宣扬梁漱溟的所谓“认错”，可见该报的用意。至于其背后和台湾方面有什么关系，那就不好说了。

总之，大概台湾方面，也想利用梁漱溟1953年的事来达到攻击大陆知识分子政策的目的。当年就曾经如此，到80年代还想如此，却没有考虑80年代的大陆与50年代时毕竟大不一样了。

因此，有必要把梁漱溟写给《世界日报》，也是最后一封写给外界的信抄录如下[①]：

编辑先生：

近年海外报刊时有论及本人的文字发表，关心本人的亲友多剪寄与我。不久前，又收到居留旧金山的甥女寄来贵报四月五六两日剪报，刊有翟志诚先生所写《梁漱溟先生，您不能认错》一文，对本人多有指教。

翟先生在此文中指出，若我一九五三年与毛泽东发生语言冲突一事有“认错”之表示，则不仅仅是我个人得失荣辱的问题，“而是关系着民族的良心与气运”的事。同时翟先生表示，他但愿《文汇月刊》一文所写我“认错”的一些话是访问者的笔误，并希望我能对此事加以澄清。翟先生的用意甚为可感，故敢请借贵报一角，就此略作说明。

当年国务会议上毛泽东对我不点名批评之后，某日午后将再次开会，我准备在此会上就毛泽东认定我的发言系出自恶意一点

① 梁培恕先生提供资料。

予以辩明。是日上午我在家中对人言道，“今天将一决胜负。”会议进行时，在对方态度的刺激下，我的发言因之较前更欠冷静。然于激烈争执后，突憬然醒悟自己已落入意气用事。善意即是善意，不容指为心怀恶意。为人于是非曲直不应含糊暧昧；自己据理力争就是，何必言胜负？进而忆及平日用以自勉的两句话：“忽毫不能昧，斯须不敢瞒”(明儒罗近溪语)，我既省察到自己有此杂念，自不当隐瞒，由是在自己思想上对这一错误有悔悟检讨之意。中国古人有一“反求诸己”的教导，身体力行此教导全在个人自觉，我省悟及此，也是自觉自愿，认错并非向争执的对方认错。

一九七四年所谓“文化大革命”以群众运动方式“批林批孔”。我表示赞成批林，于孔则不当全盘否定，以《当今我们应如何评价孔子》一文表达自己的见解，招致大小会议的批判。对于此种强辞夺理、以势压人的所谓批判，我只引一句古语回答会议主持人：“三军可以夺帅也，匹夫不可夺志。”《当今我们应如何评价孔子》一文两年前已传布海外，如翟先生亦尝寓目，不难明白，我于是非是不苟同的。

今因年迈体衰，仅以寥寥数语奉答，倘未符翟先生所望，尚祈见谅。

梁漱溟

一九八八年五月十八日

5月17日，台湾《远见》月刊记者尹萍来京采访，找到梁培宽，声称她在台湾上大学时读过梁漱溟的著作，多年来敬重梁漱溟的道德文章，一定要与梁漱溟见一面，拍一张照片。她知道梁漱溟重病，绝不多打搅。

由于尹萍情词恳切，梁培宽同意陪同到协和医院探望。梁培宽在梁漱溟耳边大声告诉说尹萍是从台湾来的记者后，梁漱溟转过脸来，示意梁培宽附耳过来，断续说出“台湾，郑彦棻与我相熟……还有张群……李仆生……他在美国……胡秋原……”当尹萍问梁漱溟对台湾青年有什么希望时，梁漱溟想了一下，断断续续地说：“要注意中国传统文化……要读我的《中国文化要义》。”尹萍再问，对中国的未来有什么期望时，梁漱溟回答说：“要顺应世界潮流。”再问其他问题，就闭目不语了。

还有一位台湾大学的教授韦政通先生，可能是梁漱溟在医院最后接受拜访的远方客人。据说他到大陆来访问，很大程度上就是为了见梁漱溟。有关方面曾问他是否见北京的其他学者如冯友兰教授，他的回答是：我只想见梁漱溟。这一天是6月20日。此时的梁漱溟身体已极度虚弱，但仍然对韦政通的来访表示欢迎，尽最大气力和客人交谈了几句。[①]

5月中旬一天晚上，是梁培宽当班陪侍，梁漱溟突然呼唤，说“我有话要说！”当梁培宽到了病床前，梁漱溟道：“岳美中先生讲过‘医生治得了病，治不了命。人的寿数有限，我的寿数到了。你们不要勉强挽留了，吃点药，听其自然发展吧！”说话时很平静。

岳美中先生是一代名医，医术高明，也是梁漱溟的朋友，平日以学生自称。梁漱溟对他的医术非常赞赏，因为他真能做到因人而异、辨症施治。从此他拒绝吃药、灌肠。梁培宽写信给李渊庭，请李渊庭劝说。李渊庭却因老师病重忧伤难过，引发腿疾，两条腿和脚肿痛难行，勉强到了医院看望老师，劝吃药吃饭，之后只好由妻子阎秉华多跑医院。

5月31日上午，阎秉华看望梁漱溟，只见他睁开眼看看，频频摇头，闭上眼，又睁开，又频频摇头，为此反复动作，阎秉华以为是上次劝老师吃药，曾说病好后还要请他写座右铭字条的事，表示他不能写了，所以就说：“我理解了！”梁漱溟从而停止了摇头动作。但梁漱溟频频摇头，究

① 参看李渊庭等《梁漱溟先生年谱》，1988年部分。

竟表示的是什么，至今难以确切理解。

他曾一再要求出院回家，是否这里的摇头，是表示不要再治疗下去，让他静静地等待离开呢?

次子梁培恕当时正在美国参加一个国际性会议。二儿媳则在香港工作，据保姆讲：有一次梁漱溟突然问她“培恕回来了？”当保姆告诉培恕是从美国打来长途电话问他的病情时，梁漱溟又闭上了眼睛，不再说话了。

1988年6月15日，香港大学举办名为“中国宗教伦理与现代化”的学术研讨会，主办方面原本邀请梁漱溟去港出席，但此时的梁漱溟已不可能出席。但他还是为会议专门撰写了一篇讲话，名为《父慈子孝兄友弟恭》，并自己宣读，拍成录像，委托另一位与会学者费孝通带港在会上发表。当日会议开幕后，第一个议程就是放映梁漱溟的讲话录像。这是梁漱溟生前留给人们的最后的影像资料。在短短1000字的讲话中，梁漱溟以简明精要的语言阐述了儒学思想的精华和中国文化的根本所在，并指出这些传统思想精神在现代依然有存在的价值。

以下为该讲话全文：

我从来说中国缺乏宗教，中国人淡于宗教。孔子说：未能事人，焉能事鬼。又说：未知生，焉知死。孔子就是注重现实人生。这是孔子的非宗教态度。

有人将儒家称为儒教，这不对。儒家不是宗教。“子不语怪力乱神”。宗教与此相反，它恰恰要议论“怪力乱神”。孔家的精神全部放在照顾现实生活上，如父慈子孝，如兄友弟恭，都是眼前生活。从前读书人供奉“天地君亲师”，五者并列，“天地”与“君”、“亲”、“师”同时供奉。宗教则不能如此。宗教中的“上帝”是“全知全能”，是高于一切，不能与人并列。中国传统文化的代表——儒家，总是在现实生活中必恭必敬于眼前。宗教则必恭必敬于“上帝”。故说中国人淡于宗教，中国人远于宗教。故说中国儒家不同于其他宗教。

在上述情况下，外来宗教乘虚而入。中国所有的伟大宗教均为外来的，天主教、基督教、回教、佛教，无不是外来的。中国也有些零零碎碎的迷信流行于社会，但够不上宗教。伟大的宗教中国没有产生过，有则均为外来。中国有的就是伦理。

“上帝”一词，古书上有，但不重要，而伦理在中国特别重要。伦者偶也，伦理内容的根本精神是“互以对方为重”。这与西方的“个人本位”、“自我中心”不同。“互以对方为重”，是双方的，不是单方的。此种精神在任何地域，任何情况下均合乎人情，最行得通的。

随着注重伦理而来的是讲“天下太平”。“天下”，无所不包，不分国内国外；讲“太平”而不讲“富强”。讲“富强”，春秋战国时有之，但此后均讲“天下太平”。“天下”无疆界可言。讲“天下太平”，最无毛病，最切实可行。这个精神最伟大，没有国家，这是人类理想；人类前途不外乎此。

中国此种传统精神与现代化不相冲突，它在空间上不分地域，在时间上无论何时，均合情合理。

有人说，发展商品经济要讲“利”，而中国传统强调“义利之辨”，耻于言“利”，因此是彼此矛盾的。讲义与利，义不是空的；利在义中，义包含了“利”的问题。合乎情理的利叫做义，不是完全对立的。[1]

从上文可以看出，重病中的梁漱溟，对当时中国社会由于改革开放所

① 《梁漱溟全集》第七卷，第645～646页。

产生的一些问题有清醒的认识，认为以传统文化中的有益成分，完全可以用来克服这些弊病。

6月20日上午，医生再次检查了梁漱溟的身体，说心和肺都好，可以做手术。梁培宽对父亲说："李先生、晓青、阎先生都赞成做血液透析。"梁漱溟点点头。人们正满怀希望，等待6月 24日做人工肾手术时，却出了意外。

6月23日早上，按照医院的要求，长子梁培宽到另一个医院联系请大夫来做透析，然后到政协联系要车接大夫的事。就在这时，梁漱溟突然大口吐血，心律反常。医生采取急救措施，心脏跳动始则快到1分钟跳170下，继则急促下降。梁培宽得知父亲病危，立刻赶往医院。

医生问："梁老，你感觉怎么样?"

梁漱溟断断继续讲了最后一句话："我太疲倦了，我要休息。"然后闭上了双眼，安然去世，时上午11时35分。

其时长子梁培宽夫妇和4个孙子都已赶到医院。

"我要休息"，这就是梁漱溟最后的遗言，他确实太累了。

当晚中央电视台报道了梁漱溟先生逝世消息。第二天(6月24日)，《人民日报》、《人民政协报》等报纸和中央电台都报道了"文化名人梁漱溟逝世"的消息，并介绍了梁漱溟的业绩和主要著作。

7月7日上午8时半，在医院里举行"梁漱溟遗体告别仪式"。

这天早晨，晴空万里。但上午9点，突然乌云密布，一会儿就下起滂沱大雨，似乎天公也为梁漱溟的去世悲伤。

梁漱溟安详地躺在鲜花丛中，清癯的面孔，头戴一顶瓜皮帽，遗体上覆盖着一块白布。灵堂内挂着先生的放大遗像，四壁排列着花圈和挽联。

送花圈的有：万里、李先念、彭真、邓颖超、胡耀邦、刘澜涛等党和国家领导人及全国政协、中央统战部、各民主党派、广西壮族自治区等有关党政机关，和中国文化书院。

在灵堂入口处的门楣上，高悬一个横幅，大书曰：“中国的脊梁。”

两旁是一副对联：“百年沧桑救国为民，千秋功罪谁人评说。”

络绎不绝的吊唁者，在签名桌前留名后，在哀乐声中默默地从遗体身边走过。

在众多的挽联中，有一副用白绸子书写的哀婉之词，感情真挚，读来令人回肠荡气，最值得注意：

一哭恩师梁公漱溟

为天地立心，为民生立命，为往圣继绝学，为万世开太平。西方叹称“最后的儒家”，东方戏谓“出土之文物”，最后二字其实可悲。文物、出土，何故来迟？志士仁人拍案哀叹，有情天地痛苦同声。继绝学乎？斯学绝矣！纵使江山代有哲人出，后来者何时何人？呜呼 ！求仁而得仁。天怒，形灭，神存

二哭恩师梁公漱溟

情不可逾，有天知、地知、人知。文必后世显，已德立、功立、言立。心是宇是宙是大海，骨为岳为山为金刚。胸怀忘名忘利，风骨不阿不折，不居庙堂只缘无求，潜处地下犹有心忧。黑云摧城城不摧，风吼大树中天立。统三军之大帅可擒拿折磨，八十岁匹夫之浩志终不可夺走。听其言观其行言与行无不一，读其书想其人学与养无不融。世界上怕就怕“认真”二字耶，认真的人和他，认真的一生不正是，悲剧之主人。智者讥之不智，仁者赞之得仁，纵盖棺且慢评，是和非难说也。藏之石室金匮，五百年必有公论。总之，总之，清清白白，认认真真，一代宗师一代哲人

值得注意的还有冯友兰先生的挽联：

钩玄决疑百年尽瘁以发扬儒学为己任

廷争面折一代直声为同情农夫而执言

李先念、习仲勋、费孝通等中央领导，有关方面负责人和先生的学生、友好等共400多人向遗体告别。此时梁培恕已从美国回到北京。梁漱溟的儿孙均已成年，排列遗体右侧。

上午11时，起灵。遗体运到八宝山，当推进火葬室时，家属和数十位送灵人嚎啕痛哭。侍奉梁漱溟多年的保姆赵阿姨一边痛哭一边说："我再到哪里找您这样的好人呵！"

7月7日晚，电视播放了"梁漱溟先生告别仪式"的新闻。

7月8日，《人民日报》、《光明日报》、《北京日报》、《人民政协报》等大报，都报道了"梁漱溟遗体告别仪式在京举行"情况。《人民日报》、《光明日报》、《人民政协报》并在标题前刊出近照，发表了"梁漱溟先生生平"。中央人民广播电台在新闻节目也作了报道。新华社所发的关于梁漱溟生平的通稿，用了"三军可夺帅，匹夫不可夺志"的标题，比较准确地概括了梁漱溟的精神，文中对梁漱溟的整体评价也很高。

## 4

一代文化大师梁漱溟去世的消息传开，立刻在国内外引起强烈反响。

人们突然意识到，他们不仅是失去了一位大师，而且是失去了一种精神的支撑，一个时代的标志！

6月26日中国文化书院邀集在北京的著名学人举行追思纪念梁漱溟的

座谈会。文化书院院长、北京大学教授汤一介先生主持了会议。

张岱年先生首先发言，他说：梁先生的一生有三点极令我钦佩，一是先生对于中国传统哲学有深刻的研究，对儒释道三家都有深刻的体认；二是先生对于民族自救运动身体力行，是一位积极的实践家；三是先生一生独立思考，从不轻易苟同于人。张岱年的挽联这样写道："善养浩然之气有学有守，弘扬中华文化立德立言。"

季羡林教授指出梁先生是一位真正的爱国主义思想家，他在1949年后大陆掀起的"造神运动"中从不屈报，是真正的硬骨头。

陈鼓应教授说1949年以来中国大陆只有哲学工作者，而没产生像梁先生那样的哲学思想家，这一点值得我们认真反思。①

为梁漱溟逝世感到痛心的不仅是知识分子，而且还有许许多多的普通百姓。

山东高青县小套村农民王克锋，自称是"梁先生的农民朋友"。他在写给梁漱溟家人的信中说："我是山东的一个农民，还是在上小学时从毛泽东的一次讲话中得知梁老先生的名字。多年来梁老先生似乎是一个神秘人物，然而我却怀着好奇的心情关心起梁老先生的事迹，尽量搜集他老人家的书籍和报刊介绍。尤其是听说他曾在我们邻县邹平多年，搞过乡村建设实验，在1984年初就怀着对他老人家的景仰之情不揣冒昧地写了一封信，向梁老先生了解这一情况。想不到竟很快得到他老人家的亲笔回信，后来又收到他老人家寄来的自己的著作《人心与人生》，……多年来他老人的人生哲学与忧国忧民精神给了我很大的影响。我在乡里创办了农民文化技术学校、文化室、图书室，研究农业科学技术，致力于农村建设。……倘他老人家九泉之下知道有一位农民受自己的影响为乡村办了一点好事，一定会很欣慰的。"

---

①石岩《他得到了人们的理解》，《中国的脊梁：梁漱溟先生纪念文集》，第357～359页。

还有一位穿着非常普通、或者说有些落伍的青年，在得知梁漱溟去世的消息后，来到梁漱溟家悼念。他面对梁漱溟遗像深深地三鞠躬，眼里已是热泪盈眶。

原来他是广西人，今年19岁，现在北京干临时工。平日自学诗词，梁漱溟已出版的几本书他都读过，早已把他视为导师。他曾辗转打听到梁漱溟的住址，并写了一首诗，工工整整地抄好，准备有机会向梁漱溟请教，不料愿望还没实现，梁漱溟就已去世。临走时他表示希望能够得到一张梁漱溟的照片，梁漱溟的家人满足了他的要求，他把照片夹在一个崭新的笔记本里，然后心情沉重地离开了梁漱溟家。

还有一位教师，住在北京朝阳区东草园。他在信中写道，梁漱溟逝世的消息使他“陷入哀愁之渊，连日彷徨，眼前一片茫茫”。然而紧接着他便想到了要怎样做，他向梁漱溟的长子梁培宽先生提出：“将来想整理漱溟先生遗稿，编订年谱，有许多大事，皆落于阁下肩上，到时需人助抄，我愿努力担当。”

是的，一个一生为中国、为老百姓谋求发展进步的人，尽管他的很多愿望和设想没有实现，人们还是不会忘记他，还是会给他一个应有的评价。

在港台海外，人们的评价似乎多少带有一点政治色彩，这也是可以理解的。

《百姓》主编陆铿先生称梁漱溟为“心怀百姓的大儒”。

著名学者余英时先生则认为梁漱溟的去世象征着“五四”时代的终结。

作为新儒家代表人物之一的牟宗三先生认为梁漱溟“在近代中国是一个文化的复兴者，不但身体力行地宣扬了传统的儒家思想，更可以说是接续了清代断绝了三百年的文化”。

韦政通先生则认为梁漱溟的逝世，将成为充满“忧患意识”这一型儒者在历史上的休止符；像他那样能身体力行，为儒家精神做见证的人物，今后可能很难再见。

……

尽管海内外舆论对梁漱溟学术思想的评价不一，但对他的人格和气节，对他在大半个世纪中为中国的命运而付出的一切，人们无不给予极高的评价，认为他堪称20世纪中国知识分子的杰出代表。

但梁漱溟对这些其实看得很轻，他只是感到疲倦，于是告别了这个让他劳累一生的世界。至于身后的是是非非，他又何必在意？

# “此地空余黄鹤楼”

## 1

梁漱溟的逝世，给20世纪中国的文化界，留下一个巨大的空白。

能够填补这个空白吗？用什么，谁来填补？

也许学术上的空白是可以填补的，但他所代表的精神呢？

初唐时期的陈子昂，有感于那个时代的社会变迁和个人的遭遇，写下了这样不朽的诗篇：

> 前不见古人，后不见来者。
> 念天地之悠悠，独怆然而涕下。

1000多年来，这慷慨悲凉的声音，一直在中国历史的长河中回响。一代又一代中国的文人墨客，都在用他们的全部意志和精神，回应着这亘古不绝的声音，才使我们这个古老的民族，永远处于生生不息的发展之中。

梁漱溟当然是他们其中的一员，而且是杰出的一员。

但他不能说是一个得意的成功者，因为在行动上，他没有完成多少成功的事业；在思想上，他没有留下真正的开一代风气的巨著。

他也不是一个失意的失败者，因为他毕竟努力了一生、奋斗了一生，更重要的是，他真正悟到了人生的真谛——有这样的失败者吗？

最后，他功德圆满，水到渠成，正如天马行空，驾鹤西行。

留给我们这些后人的，只是无尽的怀念和惆怅。

没有法子，既然我们还生活在这个世界，就还要继续忍受人间的烦恼，以及为克服这些烦恼而进行的努力。

好在，和一切伟人的去世一样，梁漱溟给我们留下了很多可以继承的思想遗产。

梁漱溟去世后，中国文化书院决定出版《梁漱溟全集》。1989年5月第一卷出版，此后，经过数年不懈的努力，到1993年，《梁漱溟全集》共八卷终于全部出齐。

1989年6月，应日中经济协会常任顾问冈崎嘉平太和日本亚细亚问题研究会邀请，文化中心组派北京大学教授汤一介、梁漱溟长子梁培宽和文化中心学术部负责人张贵来一行三人，赴日本参加了纪念梁漱溟逝世一周年的学术活动。在此之前，日本已有学者专门研究梁漱溟学术思想并专程来北京参加了“梁漱溟思想国际学术讨论会”，此人名和琦博夫，是日本亚细亚问题研究会的理事。早在1987年，日本已经翻译出版了梁漱溟的《人心与人生》等著作，并决定逐步翻译出版《梁漱溟全集》。至于稿酬所得，则将遵照梁漱溟的生前嘱托，把全部稿酬设立一个基金，用来资助中国赴日留学生。因此汤一介、梁培宽等人的这次访问在某种意义上也带有回访和表示感谢的性质。

1990年，百姓文化事业有限公司出版了《中国的脊梁：梁漱溟先生纪念文集》，收文90篇。

1993年，是梁漱溟诞辰100周年，中国文化书院召开学术会议以示纪念。当年，中国工人出版社出版了《梁漱溟先生纪念文集》，收录海内外学者写的悼念缅怀文章文75篇。其中梁漱溟多年的老朋友、中国佛教协会会长赵朴初的悼念文章，写得最有特色，特引录如下：

最近民主同盟为纪念梁漱溟先生征文，想起几年前中国佛教文化研究所成立时，梁老以特约研究员身份，第一个出席，第一个发言，说自己是一个佛教徒，从来没有向人说过，怕人家笑话。一个人有今生、有前生、有来生，我前生是一个和尚，是一个禅宗和尚。随即交出一篇论文。当时与会者咸认为是一件异事。因将此事写成一首诗交卷。

梁老有以异于人，望之俨然即之温。

向不妄言但率真，是非功过公诸人。

昔年佛会邀众宾，翁先到席发高论：

我乃瞿昙弟子、达摩之裔孙，

前身是一禅宗僧，三生信有去来今。

语罢出示一卷文，言简意赅大小乘。

读者莫不叹其条达而深，出自九十四岁老人之至诚。

藏身人海最后露一鳞，不及期年翁遂行。

世人于翁多评述，独此一事知者无多人，吾今记之告后昆。

录偕一粲。

赵朴初

好一个“藏身人海最后露一鳞”！赵朴初不愧为佛学大师，不愧为梁漱溟的知音！

另一方面，关于梁漱溟学术思想的研究专著以及梁漱溟生平传记也陆续问世，本书最后的附录中比较详细地收录了这些专著及传记，此处不赘。

2002年1月由梁培宽主编的《梁漱溟先生手迹选》由国际文化出版公司出版，为梁漱溟研究又提供了很多第一手资料。

至于在梁漱溟生前居住和工作过的地方如山东邹平等地，有关梁漱溟的一些资料也有很多已经整理出版。如今，研究梁漱溟在资料方面应该说不是十分困难。

当然，由于某些历史上的原因，有些第一手资料还是难以获得。不过，这并不会影响研究的深入和拓展。假以时日，有理由相信会有更多的研究成果问世。

不过，有一点似乎值得注意，人们在谈到梁漱溟时，常常只是关注他的人格特征，赞颂他的大无畏精神和宁折不弯的高尚人格，这固然不错，却不是梁漱溟的全部。至少梁漱溟本人不希望人们只是看到他的这些，他真正希望人们研究的是他的文化理论，是他提出的社会本位教育的基本观念。可惜在这方面，相关的研究成果还很少。

2 哲人已逝，敢问魂归何处？ 梁漱溟去世后，他的骨灰按照有关规格，自然是存放在北京的八宝山革命公墓。然而他毕竟是桂林人，桂林人民希望看到自己的儿子魂归故里，他自己也希望把骨灰撒在家乡的土地上。而在梁漱溟长期生活和奋斗过的山东邹平，那里的人们也想让梁漱溟在山东的土地上长眠，并为此选择了邹平最好的一个地方：位于县城东南郊区的黄山山麓。黄山，以土色为黄得名，古代不但庙宇甚多，而且古松浓郁，是邹平城郊的一大游览胜地。邹平县人民政府决定在此修建梁漱溟墓，让他永远看着邹平的山山水水。

为了满足这两个地方人们的愿望，梁漱溟家属决定把骨灰分为三部分，一部分留在在北京，这里毕竟是他出生的地方，也是他父亲自尽之处。一部分返回桂林，还有一部分到山东邹平。

梁漱溟——这位听得懂桂林话，但不会说桂林话的桂林人，一生曾四次回到桂林。第一次回桂林是在1935年2月，当时是参观讲学，考察民情，自然也游览了故乡的山水。第二次回桂是1941年3月29日，梁漱溟要离开重庆到香港筹办《光明报》，途中先到桂林停留一时期，当时应邀在桂林良丰的广西大学讲学，后又会见李济深、李宗仁先生，筹得数万元为民盟办报。第三次是1942年1月离港，2月5日至桂林，并于这年秋与陈树棻女士成婚，婚后三年，一直工作繁忙，主要是进行大量的爱国救亡活动。最后一次是在1958年3月15日，梁漱溟受周恩来委托参加广西壮族自治区成立大会。大会前后，他到桂林、柳州、南宁等地，了解并参议协商成立广西壮族自治区，以及视察人民代表大会制度在地方的贯彻情况。在桂林市政府和师范学院等处，他讲演宣传壮汉合作“合则两利，分则两不利”、“一让两有，一争两丑”，深受群众欢迎。但是人们和他自己都没有料到，这一次竟成为梁漱溟此生最后一次回到他亲爱的故乡。此前，美国学者艾恺曾经向他问过：“人总是怕死的吗？” 梁漱溟回答是八个字：“相似相续，非断非常。” 梁漱溟还对艾恺说：“人不愿意死。其实不需要怕，不需要希望长生。任其自然，因为任其自然才是‘廓然大公’！” 梁老深知自己所剩的日子屈指可数了，他丝毫没有颓唐、悲凉的黄昏之感。他说：“世界人类的未来，将是中国文化的复兴。”

1998年重阳节（10月28日）是梁漱溟诞辰105周年之日，桂林市人民政府及人民群众根据梁漱溟生前把骨灰归葬故乡之愿，在风景优美清新秀丽的小东江畔穿山西麓，为桂林人民的这位儿子建造了一座坟墓，墓碑宽1.5米、高1.25米。全国政协副主席赵朴初先生亲笔在这块灰色花岗岩墓碑上题写“梁漱溟先生之墓”七个大字。桂山漓水，情深悠悠，哀悼之人，常年不绝。

而梁漱溟的另一个墓地，则是在山东邹平的黄山山麓，该坟墓气势非凡，傍山临水，周围遍布苍松翠柏，尽得山川之灵气，确是不可多得的宝地。梁漱溟能够在此长眠，也算适得其所。

按照惯例，本书写到这里也该结束了。

感谢读者陪伴笔者阅读了一个伟大的灵魂，翻阅了一部历史的长卷。不知当人们合上书本，举目远望时，心中是否有几丝惆怅和悲凉？“大江东去，浪淘尽，千古风流人物。”古人已矣，而我们的人生大幕还未到徐徐落下之时，是否该像梁漱溟那样，为这个社会，为我们的民族，同时也是为自己，做一点什么，或至少思考一点什么呢？

2004年10月底于杭州西子湖畔

# 梁漱溟先生生平年表

**1893年（清光绪十九年）**

10月18日（农历九月初九日——重阳节）生于北京。父亲为其取名焕鼎，字寿铭。早年曾用笔名寿民、瘦民，20岁后又取字漱溟。原籍广西桂林，自曾祖一代会试来京师，即一直居住在北京。父名济，字巨川。

翌年中日甲午之战。

**1898年（5岁）**

开始读书。

是年光绪帝推行变法维新。

**1899年(6岁)**

入兼习英文之“中西小学堂”，这是北京第一个“洋学堂”。

**1900年（7岁）**

因义和团运动、八国联军入侵北京而辍学。

**1901年（8岁）**

庚子变后，维新势力再起，学堂复兴，又入“南横街公立小学堂”学习。

**1902年（9岁）**

和两位妹妹一起改入彭翼仲先生主办之“蒙养学堂”，学习至次年。

彭翼仲先生是苏州人，梁漱溟父亲的好友，是一个爱国志士、维新先锋。此年他在北京创办了一家报纸，计有三种：《启蒙画报》、《京话日报》和《中华报》，对梁漱溟影响很大。

**1904年（11岁）**

亲友子弟由合请一家庭教师在家中教育，不教四书五经，而读小学课本。

**1905年（12岁）**

入“江苏小学堂”学习，此为旅居北京同乡会所办。

**1906年（13岁）**

夏天考入“顺天中学堂”，学习国文、英文及数理化各科。此时表现出爱做翻案文章的特点，写文章不落俗套，喜欢出奇制胜，老师的评价是“语不惊人死不休”。

开始有自己的人生思想。

## 1907年（14岁）

无论在人生问题上或在中国问题上，梁漱溟在当时已获最好的自学资料。拥有梁任公手编的《新民丛报》壬寅(1902)、癸卯(1903)、甲辰(1904)三整年六巨册和《新小说》(杂志月刊)全年一巨册（以上约共五六百万言）。——这都是从日本传进来的。还有其他从日本传进来或上海出版的书报甚多。

## 1908年（15岁）

这年在顺天中学堂结织好友郭人麟(一作仁林)，字晓峰，河北乐亭县人。结识之后，使梁漱溟思想上发生极大变化。梁漱溟回忆说："他于老庄、易经、佛典皆有心得，而最喜欢谭嗣同的'仁学'。其思想高于我，其精神亦足以笼罩我。他的谈话，有时嗤笑我使我惘然如失；有时顺应我要做大事业的心理而诱进我，使我心悦诚服，我崇拜之极，尊之为郭师，课暇就去请教，记录他的谈话订成一巨册，题曰：'郭师语录'。一般同学多半讥笑我们，号为'梁贤人，郭圣人'。"

## 1909年（16岁）

寄宿校中。

从这时起，对人生问题开始烦闷。从利害之分析追问，而转入何谓苦乐之研索，归结到人生唯是苦之认识，于是遽亦倾向印度出世思想，曾拒绝母亲议婚。

## 1910年（17岁）

注意时局，每日必读《北京日报》、《顺天时报》、《帝国日报》、《申报》、《新闻报》、《时报》等。

结识对其政治思想影响较大的另一位朋友——甄元熙，字亮甫，广东台山县人。1910年甄君从广州、上海来到北京，与梁漱溟同班。甄君"似先与革命派有关系”，同样是对时局积极的，“不久成了很好的朋友，但彼此政见不大相同”。

1911年（18岁）

中学（时改称“顺天高等学堂”，程度同大学预科）毕业。

读张继译日人幸德秋水著《社会主义神髓》有感而作《社会主义粹言》，自己油印数十份散发。

是年春，大胞妹——新铭、二妹谨铭同时毕业于京师女子师范学校简易科；兄焕鼐毕业于日本明治大学商科，12月回国。

是年，开始吃素。辛亥革命爆发。

1912年（19岁）

参加中国同盟会京津支部。2月12日满清皇帝退位，暗杀、暴动一类的事结束。参加革命的许多同学，到天津办报，公开做革命宣传。梁漱溟与一帮朋友，也到了天津办报，定名为《民国报》。《民国报》每日出三大张，规模之大为北方之首，总编辑是孙浚明先生(四川人，民国十六年国民党清党，死于上海)。梁任过外勤记者。现在所用漱溟名字，即是当时一笔名，由孙浚明先生所代拟。报馆原来馆址在天津，后来迁到北京。

曾两次有意自杀。

1913年（20岁）

春，中国国民党《民国报》改为国民党本部机关报。从总编辑而下，换了一批新人。梁漱溟与一些朋友便离去了。

同盟会改组，梁漱溟也就由同盟会员成为国民党党员。之后，离开报馆工作，便自动脱离国民党了。

是年夏间，梁漱溟陪侍父亲到积水潭(一名净业湖)游玩，“爱其清旷，以数百金(购)得敞屋两栋，置为书斋”。

### 1914年（21岁）

正月，从缨子胡同16号迁居积水潭(一名净业湖)小铜井一号新置书斋。潭在城西北隅。迁居小铜井后，仍不时回住缨子胡同宅。

### 1915年（22岁）

9月，编成《晚周汉魏文钞》，交商务印书馆，因商谈发行具体条件未洽而作罢。 开始注意中国文化与学术问题。

### 1916年（23岁）

袁世凯“帝制”失败，恢复民国法统。任南北统一内阁司法部秘书。

有感于名记者黄远生之死，而作《究元决疑论》，发挥佛家出世思想。文章发表于《东方杂志》后，以此求教于北京大学校长蔡元培先生，因而被邀往北大讲授“印度哲学”。

因写《究元决疑论》结识林宰平先生。

### 1917年（24岁）

到北京大学哲学系任教，至1924年止，前后七年。

是年游湘，目睹南北战争之祸，因而写《吾曹不出如苍生何》，自费印刷千册散发，呼吁制止南北军阀内战。

### 1918年（25岁）

在北大哲学系，继续讲授印度哲学。

梁漱溟到北大，正是“五四”运动前夕，国人接受西洋近代思潮（代表资产阶级的)似较以前为深入，而现代思潮(代表无产阶级的) 则适于此时发端，整个学术界风气是极其菲薄东方固有学术的。

《印度哲学概论》出版。

农历十月十日，梁漱溟的父亲巨川先生于60岁生日前三日清晨，自沉于北京净业湖(积水潭)。

### 1919年（26岁）

是年，从“五四”运动而有新文化运动。梁漱溟既倾心东方古人之学，在精神上自感受到一种压迫，必须在自己思想上求得解决。此即研究并在北大哲学系演讲“东西文化及其哲学”的由来。

开始与熊十力先生相交往。结识伍观淇(庸伯)先生。伍先生与林宰平先生相熟，托林先生约梁漱溟相会于林家。

### 1920年（27岁）

在北京大学执教，放弃出家思想，发现世界文化文明三大体系。作《东西文化及其哲学》讲演。

在北大添讲佛家唯识学。《唯识述义》（第一册）出版。

梁启超、蒋方震诸先生由林志钧（宰平）先生引导来访谈。介绍熊十力先生到北京大学讲授佛家唯识学。

### 1921年（28岁）

是年，由挚友伍庸伯之介绍，与伍夫人之妹黄靖贤女士结婚。

《东西文化及其哲学》出版。在伍庸伯的讲座上认识了李济深先生，并结为好友。

### 1922年（29岁）

在北京大学执教。与李大钊先生倡议裁兵；蒋方震先生草出“裁兵计划”。

在蔡元培先生家讨论《我们的政治主张》，并签名。是年，先生曾介绍熊十力先生到北京大学执教。熊先生于冬天到北京，与梁漱溟一起住在地安门吉安所。同住共学的还有当时北京大学学生陈亚三、黄艮庸、朱谦之、王显珠等。

**1923年（30岁）**

陈铭枢先生北来相访。春天，曾到山东曹州中学讲演，提出“农村立国”。

是年12月，商务印书馆印行《漱溟卅前文录》，收集1915年至1922年发表的文章19篇，汇编成集，约8万多字。

**1924年（31岁）**

2月，应武昌师大邀请，到该校讲《孔子人生哲学大要》。

暑假，辞去北大教学工作，赴山东主持曹州高中及重华书院，并筹办曲阜大学。其时，北大的陈亚三、黄艮庸，四川高节的王平叔、钟伯良、张偶知，北师大的徐名鸿等先生，一起到曹州，共同办学、读书、讲学。熊十力先生也参加了办学，任导师。

见印度诗人泰戈尔。

**1925年（32岁）**

春天，因山东政局变化，将曹州高中交陈亚三接办后，离曹州回北京，熊十力先生和一些学生随行，在什刹海东煤厂租房共住共学。

是年为北伐前夕，南方革命空气高涨。李济深、陈铭枢、张难先三位来信，以革命大义相责勉，促速南下，而此时对中国大局之出路正处于疑闷中。年尾，派王平叔、黄艮庸、徐名鸿同去广州了解南方大局，三人旋即随陈真如(铭枢)参加国民革命军北伐之役。

回京后一度暂住清华园，谢绝外务，辑印梁老先生遗著，“出公遗稿校理而纂改之。事既，又成年谱一卷。并付印，敬以布之当世”。辑印遗书有六卷：一、《遗笔汇存》；二、《感劬山房日记》；三、《侍疾日记》；四《辛壬类稿》；五、《伏卯录》；六、《别竹辞花记》。还作《思亲记》一文，回顾父亲养育之恩。

农历九月初十，生长子，名培宽。

1926年（33岁）

1月，与卫西琴先生开讲论会。

春初，在西郊大有庄租房，与熊十力先生、卫西琴先生及门生十余人同住，共同研讨儒家哲学与心理学，前后约一年多。

是年，开始写《人心与人生》一书，边写边给学生们讲。9月，离京南下。不久即返回北京。

是年，王鸿一先生曾避居东交民巷使馆界内，梁漱溟与王先生时常见面。

1927年（34岁）

应李济深等三位之邀赴广州。

南京国民政府发表为广东省政府委员，辞未就职。

1928年（35岁）

在广州，认为宪政应以地方自治为基础，而地方自治又应由基层（乡村）入手，因而作《乡治十讲》；筹办乡治讲习所，未成。

是年，得次子，取名培恕。

1929年（36岁）

离广州，至上海昆山、南京晓庄、河北定县及山西乡村考察乡村工作。

后因广州政局变化，不再南返。经王鸿一先生介绍，与筹办河南村治学院之梁仲华、彭禹廷等相识，并受聘为该院教务长。同时接办北京《村治》月刊。

是年，《东西文化及其哲学》在商务印书馆印第八版时，曾再写自序，说明："这书出版后，不久便有几处颇自知悔，十一年（1922)付三版时曾为自序声明，其后所悔更多，觉悟得根本有一种不对，在十五年(1926)春间即函请商务印书馆停版不印。"

从1927年5月到广州，至1929年2月离开广州，首尾约近两年。

## 在1930年（37岁）

是年，蒋介石、阎锡山、冯玉祥中原大战，村治学院成立未满周年，即以蒋军入主开封而告终(10月间停办)。学生300余人结业散去；其中有以精神感召始终不失联系者数人，为孟宪光、赵道一(德庆)、李健三、常泰和等。

## 1931年（38岁）

与山东省主席韩复榘联系，在山东邹平创办山东乡村建设研究院，梁仲华任院长。内设训练部和研究部，任研究部主任。邹平县划为乡建实验区。

6月，山东乡村建设研究院正式成立。后又在菏泽建一分院，实验县是菏泽。

## 1932年（39岁）

在邹平。

9月，《中国民族自救运动之最后觉悟》一书由北京村治月刊社出版，收入《主编本刊之自白》等16篇文章，全书约25万字。

是年，继续在邹平从事"乡村建设"运动并主编《村治月刊》。

10月，《中华教育界》发表《梁漱溟先生述〈山东乡村建设研究院工作〉》。

12月，应邀参加国民党内政部召集的全国第二届内政会议。这次会议讨论地方自治问题。《中国民族自救运动之最后觉悟》(村治论文集)出版。

### 1933年（40岁）

第一次全国乡村工作讨论会在邹平县召开，作《山东乡院工作报告》。报告中说：“顾今日中国之乱，系由近百年来，遭遇另一种不同文化，……所引发其自身传统文化之十大激变。夙昔社会之组织构造，节节崩溃，……此时而言求治，非从根底上重新建立其自身所适用之一种组织构造不可。……所谓村治或乡村建设者，意在新组织构造必从乡村建其根基。”

4月，《中国民族自救运动之最后觉悟》一书，由中华书局印行。

“乡村建设学会”于是年成立。

### 1934年（41岁）

10月，第二次全国“乡村工作讨论会”在河北定县召开。梁漱溟在会上讲了《乡村建设旨趣》，提出以农业引发工业，农业工业适当的结合；以乡村为本而繁荣都市，乡村、都市为自然均宜的发展的方针。认为乡建运动的旨趣在建设以乡村为重心的新文化。

是年，增划山东济宁专区等14县为实验区。梁仲华先生调任济宁专员，梁漱溟继任乡建院院长，陈亚三先生任菏泽实验县县长。

《乡村建设论文集》第一集即由李渊庭编辑成书。

### 1935年（42岁）

与梁仲华、孙廉泉等，推动山东省政府拟定以改革地方行政和民众自卫训练为主要内容的“三年计划”(1936～1938)，为应付日本入侵，实行自卫做准备。

是年日人策划“华北五省三市自治”，华北局势紧张。

第三次全国乡村工作讨论会在无锡召开。

李宗仁、黄旭初、白崇禧等屡邀梁漱溟前往广西讲学，是年1月间离鲁赴广西一游，李渊庭随行。

《梁漱溟先生教育文录》出版。

8月20日，夫人黄靖贤在邹平因难产去世。黄夫人是满族，1921年冬与梁漱溟结婚。婚后生二子：长子培宽，次子培恕。

### 1936年（43岁）

年初，应广州教育界之约，去广东讲学，途经上海时访蒋百里先生于其寓所，蒋谈日本大举入侵我国将不在远及我方应有之应付策略，应植基山东、山西之农村。赴日本考察乡村工作。

是年，《乡村建设理论》(一名《中国民族之前途》)一书由邹平乡村书店出版。汇集了先生1932年至1936年在研究院讲话之记录共计9篇，分编甲乙两部。

### 1937年（44岁）

《乡村建设理论》与《朝话》出版。

“七七”事变，日本入侵我国。

应聘为国防最高会议参议员，参加会议。自认为这是参与上层政治活动的开端。

因战火延及山东，山东乡村建设研究院建院七年（1931～1937）之后结束，部分人员撤往河南。梁漱溟由山东到四川。

### 1938年（45岁）

1月初，为全国团结抗战，自武汉赴延安，访问毛泽东。

国防会议参议会改组，扩大为国民参政会，被选为参政员。自此任参政员至该会结束时（1947）止。

在四川创办南充民众教育馆。

**1939年（46岁）**

2月，自重庆，经西安、洛阳，去游击区巡视，历经豫东皖北、苏北、鲁南、冀南、豫北、晋东南，前后8个月。亲见国共摩擦，深惧内战爆发，妨碍抗敌。返回大后方成都、重庆，得悉党派关系恶化同样严重。于是与国共及第三方面分别商讨如何避免内战，与第三方面人士组成“统一建国同志会”。

**1940年（47岁）**

年底，皖南事变前夕与黄炎培、左舜生、张君劢共四人商定将“统一建国同志会”改组为“中国民主政团同盟”。盖认为第三方面责任重大，非加强组织不可。

创办勉仁中学。

**1941年（48岁）**

1月发生皖南事变。因不能坐视国内分裂之发展，与民盟同仁奔走于国共双方。为摆脱国民党政府之钳制压迫，被派赴香港创办民盟言论机关拟《光明报》，自任社长。在报上发表了民盟成立宣言及民盟对时局主张纲领。年底太平洋战争爆发，香港陷敌，报纸停刊。

**1942年（49岁）**

年初自香港脱险，至桂林。

着手撰写《中国文化要义》。写出《我的自学小史》前十一节发表。

为蔡元培先生逝世二周年发表《纪念蔡元培先生》一文。

年末，张云川自重庆带来周恩来先生密信，劝往苏北或其邻近地区建立乡建，成民盟据点。因感在苏北缺乏自己开展工作的基础，辞拒未去。

是年，与陈树棻女士结婚。陈是云南人，毕业于北京女子师范大学教育系，当时在桂林中学任教。

## 1943年（50岁）

写《答政府见召书》，寄邵力子。信中说："……其在大后方，则执政党对于党外之压制，转迫转紧，浸至无所不用其极。人不入党，几不得以自存；言不希旨，绝难宣之于笔口""如漱溟者正同处此境地，而身受其苦之一人"。信中最后说："政府诚有取于民主精神，政府自实践之，何用许多人来筹备。"因此，"实施宪政，非所愿闻；践行民主，宁待筹备"。拒赴重庆。

发表《纪念梁启超先生》一文。

## 1944年（51岁）

发表《中国以什么贡献给世界》。

《漱溟最近文录》出版。

8月，日军进犯桂林，避难于贺县八步。同陈此生兄"过着自己烧饭的生活"。此时曾为"策划两广湖南三省交接处展开战时民众动员工作和树立对内政治革新旗帜，召号改造全国政局而奔走"，"尽算是苦心孤诣，卒于一事无成"。

## 1945年（52岁）

日本战败投降。以为"敌国外患既然没有，内部问题亦可望解决"。因此"用不着我再为现实政治努力"。"我要回到文化工作岗位。及至行抵广州，乃悉国内形势未容乐观。"为参加庆政协，年底由粤飞渝。

## 1946年（53岁）

作为民盟代表之一参加重庆政协会议，会后发表《八年努力宣告结束》一文，以为“今幸内战停止，协商告成，中国有步入坦途之望”。“但时局旋即恶化，没有容我抽出身来，更且把我拖入。”4月接任民盟秘书长，从5月初至10月底，整六个月，除一度去昆明调查李闻案外，都在京沪间为和谈尽力。和谈失败后，辞去秘书长，远去重庆北碚，闭户著书，重新撰写《中国文化要义》。

再次访问延安，会见毛泽东等中共领导人。

## 1947年（54岁）

在《观察》杂志发表《树立信用，力求合作》文中说：“我与共产党之间显然有很大距离。……然而根本上还是相通的。……我对于民族前途，对于整个人类前途，有我的看法及其远大理想，除掉这远大理想，便没有我。而他们恰是一个以远大理想为性命的集团。”

## 1948年（55岁）

年末，写成《过去内战的责任在谁》，备发表。文中指出：“过去内战的责任不在中国共产党”，“今天好战者既已不存在，全国各方应该共谋和平统一，不要再打”。

于重庆北碚创办勉仁文学院。

## 1949年（56岁）

《中国文化要义》出版。书中“自序”说：“要认识中国问题，即必得明白中国社会在近百年所引起之变化及其内外形势。而明白当初未曾变底老中国社会，又为明白其变化之前提。”

《梁漱溟先生近年言论集》出版。

蒋介石发布《元旦文告》。解放军将渡江。

发表《过去内战责任在谁》、《敬告国民党》、《敬告中国共产党》。

写信致“民盟主席张澜先生转诸同人”和“中共中央毛周诸公”，“勉励诸先生为国家大局努力负责，而声明自己决定三年之内对国事只发言不行动”；“对民盟则许我离盟；对中共则恕我不来响应新政协的号召。”关于脱离民盟原因说：“我知道我此时言论主张在盟内未必全同意。要我受拘束于组织而不得自由发言，我不甘心；使组织因我而受到破坏，尤非道义所许，……”

**1950年（57岁）**

由重庆北碚来北京。

3月12日应毛泽东邀请晚饭谈话。“主席问我是否可以参加政府，我答自己愿在政府外效力。我希望设一中国文化研究所，或称世界文化比较研究所”，“主席当时未置可否”，而以去参观新老解放区相劝。于是赴山东、河南、平原及东北六省参观，历时近半年。

**1951年（58岁）**

任全国政协委员。

由北京赴四川合川县云门乡参加土改。

**1952年（59岁）**

写出《我的努力与反省》一长文，回顾多年从事社会活动的经过，并试做检讨。

**1953年（60岁）**

在北京，住小铜井一号。

春天，从颐和园西四所迁回城内居住。

是年9月，由于在政协常委扩大会议上发言为农民鸣不平，遭受毛泽东严厉批判，后遭受有组织的大批判，时达一年多。

**1954年（61岁）**

在北京。1月，全国政协在京委员分组讨论宪法起草，梁漱溟分在程潜为组长的一组，参加讨论。

是年，着手写《伍庸伯先生传略》，未完稿。

**1955年（62岁）**

再次撰写《人心与人生》自序。

是年，发表告台湾同胞书，呼吁“台湾同胞归来欢聚”，“使祖国统一达到完整无缺”。

**1956年（63岁）**

在北京。随政协委员视察甘肃。又曾到北戴河疗养，治疗失眠。

**1957年（64岁）**

在北京。周总理召集少数知名人士，座谈关于成立广西壮族自治区问题。梁漱溟应邀出度，并讲了话，赞成成立广西壮族自治区，并说：“一让两有，一争两丑。汉族与少数民族都要互以对方为重。”

**1958年（65岁）**

在北京。3月15日，广西壮族自治区成立，梁漱溟参加了成立大会。在成立大会前后，先生受周总理委托，与陈迩冬、陈巳生、载涛同行，先后到梧州、南宁、桂林、柳州等地，与各界接触，宣传民族团结，积极促成自治区成立。

1959年（66岁）

在北京。动笔写《人类创造力的大发挥大表现》一文。

1960年（67岁）

在北京。春夏之交，由李渊庭陪同前往山东济南、菏泽、郓城、邹平农村视察，了解农村生产情况和农民的生活情况。

着手撰写《人心与人生》。

1961年（68岁）

在北京。

为张次溪先生所藏刘炳堂先生画册题识。

11月，写《读熊著各书书后》一文。

1962年（69岁）

在北京。

上年写《读熊著各书书后》一文，引起往事回忆，因而又写出《略记当年师友会合之缘》。在此文中，首先提到的是1919年与熊十力先生认识和交往的经过，从而引申叙述当年师友会合过程。

1964年（71岁）

在北京。

访问章士钊先生，事后写有《访章行严先生谈话记》一文。本年到外地视察。

1965年（72岁）

于早年所作《悼王鸿一先生》一文后批注："此文写于1930年，其时吾于共产党缺乏了解，且有偏见，故尔出语不合。然此文可存，此语不必改，以存其真，且志吾过。”

1966年（73岁）

《人心与人生》写出前七章，因突遇“文化大革命”，以自己所储备之资料及参考书尽丧而辍笔。

“抄家”后，在手头无任何资料的情况下，撰写《儒佛异同论》。

1969年（76岁）

住北京铸钟厂小东屋。

秋天，开始写《自述早年思想之再转再变》一文。于10月21日完稿，全文将近5000字。

1970年（77岁）

重新着手撰写《人心与人生》。

下半年，政协直属组恢复学习，人数约100人左右。学习恢复不久，据说是准备召开四届人大，提出“宪法草案”，让大家学习、讨论、提意见。梁漱溟因提意见受到批判。

1971年（78岁）

住北京中街。

写出《学习五十年党史所得的感想和认识》一文。文中说：“右倾、‘左’倾的错误在唯物而不是辩证的唯物。”“一致病根都在主观意图不符合客观事实。”

1973年（80岁）

在北京。“批林批孔”运动开始。反对批孔，一开始保持沉默，后决定撰文为孔子辩护。

### 1974年（81岁）

两次发言反对批孔，时间持续8个小时。《我们今天应如何评价孔子》改写完毕。文中说："目前批孔运动中一般流行意见，我多半不能同意。"随后写出《批孔运动以来我在学习会上的发言及其经过的事情述略》。

### 1975年（82岁）

7月初《人心与人生》撰写完毕。在此书后记中说："书虽告成，自己实不满意。"又说："竟尔勇于尝试论述""自己不能胜任的学术上根本性大问题——人心与人生"，是因为"第一，年方十六七之时对人生不胜其怀疑烦闷，倾慕出世，寻究佛法。由此而逐渐于人生有其通达认识，不囿于世俗之见，转而能为之说明一切"，'第二，……当今人类前途正需要一种展望之际，……"

### 1980年（87岁）

住木樨地22号楼（至病逝）。

1月初，移居木樨地22号楼9层17号新居。这是全国政协分配的一套四室一厅的住房。

被推为全国政协常委和宪法修改委员会委员。

夏天，美国芝加哥大学历史系教授艾恺从美国来中国访问梁漱溟，交谈了14个半天。

### 1984年(91岁)

北大教授张岱年、冯友兰、汤一介等教授发起创办中国文化书院，梁漱溟应邀参与创办，并任院务委员会主席、学术委员会委员、发展基金会主席。

《人心与人生》一书自费出版。

## 1985年（92岁）

3月，为中国文化书院筹委会举办的第一期“中国文化讲习班”讲学，主要讲中国传统文化。

3月，香港里仁书局再版《东西文化及其哲学》，至此，已是第9版。

4月，三联书店香港分店出版《人心与人生》。根据学林出版社1984年9月第1版重印。

## 1986年（93岁）

7月，美国艾恺教授来中国访问，主要了解山东乡建运动情况，并到山东邹平访问。于8月5日返美。

《东方学术概观》出版。《人心与人生》一书由学林出版社第二次印刷，增印1．7万册。

## 1987年（94岁）

10月31日，是先生95岁（虚岁）寿辰。由中国文化书院发起、组织的“祝贺梁漱溟从事教学科研70周年国际学术讨论会”，在北京举行。参加这一国际学术讨论会的有来自美国、加拿大、法国、日本、澳大利亚、新加坡等国及香港地区和国内的70余名专家。

本年出版和付印书籍计有：《东西文化及其哲学》、《中国文化要义》、《我的努力和反省》、《梁漱溟教育文集》、《忆往谈旧录》、《朝话》。

## 1988年（95岁）

3月，召开全国政协七届大会，梁漱溟作为主席团成员，出席了开幕式。继续当选为全国政协七届常委。

6月23日病逝于北京，终年95岁。当晚中央电视台报道了梁漱溟逝世消息。第二天(6月24日)，《人民日报》、《人民政协报》等报纸和中央电台都报道了“文化名人梁漱溟逝世”的消息，并介绍其业绩和主要著作，但未提及1953年事件。

### 1989年

《梁漱溟全集》第一卷由山东人民出版社出版，其余各卷以后数年也陆续出版，共8卷。

说明：此年谱的编写，参考了李渊庭的《梁漱溟先生年谱》、梁培宽的《梁漱溟年谱简编》、郑大华的《梁漱溟年谱》等资料，特此致谢。

# 本书主要参考书目

《梁漱溟全集》(8卷)，中国文化书院学术委员会编，山东人民出版社1989—1999年版

《梁漱溟先生年谱》，李渊庭、阎秉华编著，广西师范大学出版社2003年版

《梁漱溟问答录》，汪东林著，湖北人民出版社2004年版

《梁漱溟与毛泽东》，汪东林著，吉林人民出版社1989年版

《10年风暴中的爱国民主人士》，汪东林著，中国文史出版社1998年版

《梁漱溟传》，梁培恕著，明报出版社2001年版

《梁漱溟评传》，马勇著，安徽人民出版社 1992 年版

《梁漱溟评传》，景海峰等著，百花洲文艺出版社 1995 年版

《梁漱溟传》，郑大华著，人民出版社 2001 年版

《最后的儒家——梁漱溟与中国现代化的两难》，[美]艾恺著，江苏人民出版社 1996 年版

《梁漱溟先生纪念文集》，梁培宽编，中国工人出版社 1993 年版

《中国的脊梁：梁漱溟先生纪念文集》，陆铿、梁钦东编，百姓文化事业有限公司 1990 年版

《物来顺应——梁漱溟传及访谈录》，白吉庵著，山西人民出版社 1997 年版

《现代新儒家与中国现代化》，方克立著，天津人民出版社 1997 年版

《梁漱溟与胡适：文化保守主义与西化思潮的比较》，郑大华著，中华书局 1994 年版

《毛泽东文集》六至八卷，人民出版社，1999 年版

《三松堂学术文集》，冯友兰著，北京大学出版社 1984 年版

《冯友兰先生年谱初编》，蔡仲德著，河南人民出版社 1994 年版

《中国文化的展望》，殷海光著，上海三联书店 2002 年版

《中国民主同盟》，张小曼等编，河北人民出版社 2001 年版

本书在写作过程中，得到了梁漱溟先生遗属的大力支持，特此致谢并为可能出现的失误向他们表示歉意。汪东林先生非常支持本书的写作并给予指导，也是要特别感谢的。

此外，本书参考了很多有关的研究成果并利用了一些已有的资料，除在书中一一注明和在参考书目中列出外，谨在此向有关专家学者表示衷心的感谢。

至于出于技术方面的考虑所做的一些修改，读者当能够理解。

为本书的写作，我的家人牺牲了很多，以保证我能够有一个相对舒适的写作环境和充裕的时间，在此也要向他们表示感激之情。本书的编辑为本书的顺利出版付出了大量的劳动，在此表示衷心的感谢！

还有一件事不能不说的，就是笔者的电脑自买来后一直故障不断，但在我开始写作此书后，故障的出现率就下降了很多，以至最后一连几天都十分正常，使我能比较连贯地敲完所有的内容。我在想，大概是梁漱溟先生的在天之灵保佑着我吧。

写完此书，杭州这里还是深秋时节，而在北京就是初冬时分了。此刻，我在书房正中，面向北方，深深地鞠了一个躬——梁漱溟先生，不知您是否满意？

2004年10月底于西子湖畔

梁漱溟的最后39年